Globalized Penal Populism
and its Countermeasures

グローバル化する
厳罰化と
ポピュリズム

日本犯罪社会学会 編

責任編集
日本犯罪社会学会編集委員長 浜井浩一

現代人文社

はじめに

　本書の原題は,「Globalized Penal Populism and its Countermeasures」という.「Penal Populism」というのは聞きなれない言葉かもしれない. 直訳すれば刑罰のポピュリズムということになる. ポピュリズムというのは, もともとは, エリート主義に対する対概念であり, 市民による民主化を意味していたが, 最近は, 大衆に迎合しようとする態度として使われることが多い. 一般的には, マスコミなどを使ってキャンペーンを組み, 直接世論に影響を与えようとする政治手法などを指すことが多く, 大衆迎合的で空気に流されやすいことから, どちらかというと否定的な意味で使われることが多い. 本書でも, 専門家の意見が軽視され, 世論の空気による政策が推し進められるという意味でポピュリズムを使用している. 具体的に言うと,「Penal Populism」とは, マスコミが劇場的な犯罪報道を繰り返すことで(治安悪化キャンペーン), 事実とは関係なく, 治安が悪化したと多くの市民が不安感を持つようになる. それが犯罪に対する不安, 犯罪者に対する怒りや憎しみといった情緒的な反応を市民の中に生みだす. その怒りは, 次第に刑事司法制度にも向けられるようになり, 裁判所等が犯罪者に対して甘すぎるといった批判が巻き起こる. その結果, 専門家による解説や統計的な事実が軽視されるようになり, 政治家も巻き込んで, 法と秩序キャンペーンが巻き起こり, 力による犯罪対策, つまり, 警察力の増強や厳罰化といった分かりやすい対策が選択されるようになる. これが「Penal Populism」の典型的なパターンである.

　いかがだろうか. 戦後, 殺人の認知件数が一貫して減少傾向にあるにもかかわらず, 多くの市民が凶悪犯罪の増加を信じ, 死刑を強く支持している最近の日本の状況とよく似てはいないだろうか. 最近話題となったある殺人事件をめぐる裁判では, マスコミによって裁判の過程が被害者遺族(正義)対加害者の弁護団(悪)という構図で描かれた. そして, 無期刑判決が覆され死刑判決が言い渡された際には, 裁判所前で裁判の結果を待っていた関係者から拍手と歓声が起きたという. 死刑という人を殺す決定に歓声がおきる. ま

さに，市民にとって正義が勝利した瞬間であったのかもしれない．この光景は，刑罰のポピュリズム化の象徴のようにも見える．

　実は，こうした厳罰化は先進国に共通してみられる現象でもある．日本を含め，多くの先進国において，殺人をはじめ犯罪の増減とは無関係に厳罰化が進行しており，その過程は多かれ少なかれ「Penal Populism」的な要素をもっている．これは，ある意味での刑罰分野におけるグローバリゼーションの一つであるともいえる．アメリカの最大の輸出品である規制緩和とポピュリズムが，刑罰分野において生み出したものが自己責任，セキュリティー強化と厳罰化である．ただし，マスコミの市場経済化とユビキタス社会の副産物ともいえるこの「Penal Populism」の進行の仕方は，国によって大きな違いがある．アメリカのようにほとんど抵抗力なく厳罰化に侵される国から，北欧のようにかなりの抵抗力をもって厳罰化への感染を防いでいる国まで様々である．おおざっぱにいえば，格差が少なく，人と政府が信頼され，お互い様の精神が生き，現実を客観視できる社会ほど「Penal Populism」に対する抵抗力が強いといわれている．本書は，国際比較を通して，日本の厳罰化を「Penal Populism」の観点からとらえ直すとともに，「Penal Populism」に対する対抗策を探ったものである．

　なお，本書は，日本犯罪社会学会の機関誌である『犯罪社会学研究』33号（2008年）の課題研究（特集）「Globalized Penal Populism and its Countermeasures」に収録された論文を翻訳したものである．この犯罪社会学研究の課題研究は，海外から著名な研究者の寄稿を得た関係から，日本人執筆者のものを含めてすべて英語論文で構成されている．その結果，日本人読者にはやや手に取りにくいものとなってしまった．そのため，学会員・非学会員を問わず手に取りやすくし，刑罰に関心のある読者層を広く獲得する意味から，すべての論文を翻訳し，単行本として出版することとした．したがって，本書は，日本犯罪社会学会において行われた研究活動の成果の一つでもあり，翻訳は，すべて日本犯罪社会学会の会員によって行われている．本書の編者が日本犯罪社会学会となっているのは，本書が日本犯罪社会学会の成果であることを強調するためである．しかし，学術論文だからといって，一般の人には難しくて読めないといったものではない．独特の難しい言葉遣いの法学や哲学・思想系の論文と異なり，本書を構成する論文は比較的分かりやすい普通の言葉で書かれている．

また，本書の各論文は，原則としてすべて犯罪社会学研究に掲載された英語による論文の翻訳であるが，いくつかお断りしておく点がある．第1は，日本人が執筆者となっている論文については，日本語化する際に，論文の趣旨を損なわない範囲で加筆が行われている．第2は，犯罪社会学研究においては，字数制限の関係でTapio Lappi-Seppälä氏の論文は圧縮版が掲載されたが，本書では，オリジナル原稿を翻訳した．第3は，本書の「序章」は，犯罪社会学研究における課題研究の企画の趣旨や概要を日本語で紹介した「はじめに」を若干修正して転載したものである．第4は，本書には，特別寄稿としてカリフォルニア大学バークレイ校のMalcolm Feeley教授の論文を掲載した．この論文は，『龍谷法学』第41巻第3号に掲載されたもので，課題研究には含まれていなかったが，日本の厳罰化をアメリカとの対比の中で分析した論文であり，本書のテーマと関連の深いものであるため掲載した．第5は，巻末にニューヨーク大学のDavid Garland教授の推薦文を掲載した．Garland教授は，現在，英語圏における刑罰研究においてもっとも頻繁に引用される研究者の一人であり，その著書『The Culture of Control: Crime and Social Order in Contemporary Society』は，刑罰に関わるほとんどの論文において引用されている．Garland教授には，『犯罪社会学研究』33号の課題研究をすべて読んでいただき，Penal Populismを考える上でのいくつかの問題点を指摘いただいた．すなわち，Penal Populismを理解するためには，歴史的視点および国際比較的視点が重要であること，そして，Penal Populismそのものが本質的に厳罰化を志向するわけではなく，そのプロセスを明確にすることの重要性である．

　裁判員制度の開始を前に，本書が，厳罰化や刑罰を考える上での一助となれば幸いである．

2009年2月
日本犯罪社会学会編集委員長　浜井浩一

『グローバル化する厳罰化とポピュリズム』目次

はじめに [浜井浩一] 1

序　章　グローバル化する厳罰化とポピュリズム　　浜井浩一　6
　本書の趣旨　6
　各章の紹介　8
　おわりに　14

第1章　アメリカの刑罰政策が峻厳な理由
　　　　　　　　　　　　　　Michael Tonry／翻訳：布施勇如　16
　政治的偏執病　19
　プロテスタントの原理主義と不寛容　22
　憲法の構造　25
　人種　28
　今後　34

第2章　ニュージーランドのPenal Populismとその影響について
　　　　――Penal Populismは回避不可能であるか？
　　　　　　　　　　　　　　John Pratt／翻訳：本田宏治　39
　ニュージーランドのPenal Populismとその行く末―Penal Populismは回避不可能か？　39
　ニュージーランドにおけるPenal Populismの影響　40
　回避することはできないのか？―近代社会の縮図としてのニュージーランド　49
　Penal Populismの限界　50

第3章　国際比較から見た日本の刑罰
　　　　　　　　　　　　　　David T. Johnson／翻訳：桑山亜也　60
　国際比較から見た日本の拘禁刑　61
　国際比較から見た日本の死刑　67
　死刑とPenal Populism　74
　結論　79

第4章　日本における厳罰化とポピュリズム
　　　　――マスコミと法務・検察の役割, 被害者支援運動
　　　　　　　　　　　　　　浜井浩一・Tom Ellis／翻訳：浜井浩一　90
　はじめに　90

Penal Populism　91
　　統計から見た厳罰化　93
　　刑事司法の管理者としての検察官　100
　　犯罪被害者支援運動とカリスマ的犯罪被害者（遺族）　105
　　日本の厳罰化はPenal Populismなのか　110
　　裁判員制度　114
　　犯罪被害者の公判参加（刑事訴訟法の改正）　116
　　結論　118

第5章 拘禁刑（Imprisonment）の活用をめぐる国家間の差異を説明する
　　　　　　　　　　　Tapio Lappi-Seppälä／翻訳：平井秀幸　128
　　拘禁率に見る経年変化と差異　128
　　刑罰の厳格さの一つの指標としての拘禁率　132
　　犯罪率と拘禁率　135
　　福祉と社会的平等　141
　　信頼と正当性　147
　　政治経済　153
　　刑罰政策における社会的, 政治的, 経済的, そして文化的コンテクスト──その概観　160
　　スカンジナビア諸国における刑罰政策の現在──そして未来？　165

第6章 日本のポピュリズム刑事政策は後退するか──討論者として
　　　　　　　　　　　　　　　　　　　　　宮澤節生　183
　　本稿の役割　183
　　日本のポピュリズム刑事政策　183
　　Tapio Lappi-Seppälä, Michael Tonry, およびJohn Pratt　186
　　David T. Johnsonと浜井浩一・Tom Ellis　189
　　結論　196

特別寄稿 日本と西洋における犯罪の展開に関する三つの仮説
　　　　　　　　　　　Malcolm Feeley／翻訳：藤井 剛　201
　　はじめに　201
　　日本における犯罪への対応に関する三つの仮説　204
　　むすび　213

本書に寄せて──Penal Populismに関する一考察
　　　　　　　　David Garland／抄訳に代えて：浜井浩一　219

著者・訳者略歴　230

序章 グローバル化する厳罰化とポピュリズム

浜井浩一
龍谷大学

本書の趣旨

　内閣府等の世論調査によると，現在，80%を超える人が日本の治安が悪化したと感じ，同じく80%を超える人が死刑制度の存続を支持している．治安の悪化が必ずしも事実ではないことについては，『犯罪社会学研究』の29号（2004年）および32号（2007年）において，殺人の認知件数や人口動態統計における死因統計を使用して，殺人や暴力による死亡者の数が近年減少傾向にあること，そして，何より科学的な手法を用いた犯罪統計である犯罪被害調査（crime victimization survey）を実施した結果，軽微な犯罪においても犯罪被害そのものが増加していないことを示した．しかし，客観的に見た治安（犯罪情勢）は悪化していないとしても，一般市民のみならず，裁判官，検察官，刑事法学者など刑事司法の専門家を含めた多くの人が，治安が悪化したという前提に基づいた刑事政策（刑罰の運用）を支持している．その結果，いわゆる厳罰化政策がとられ，殺人事件そのものは増加していないにもかかわらず，それを主要なターゲットとしている死刑や無期懲役刑の判決は，近時，一貫して増加傾向にあり，刑期の長期化を反映して多くの刑務所が過剰収容に陥った．

　こうした厳罰化は，実は，英米圏を中心とした欧米先進国において共通に見られる現象でもある．本書の執筆者の一人でもあるニュージーランド・ビクトリア大学のPratt教授は，こうした厳罰化をPenal Populismと呼んで研究している．彼の著書（Pratt, 2007:35）の中で，Pratt教授は次のように述べている．

　「Penal Populismのプロセスでは，戦後の刑事政策を形作っていた多くの

前提がひっくり返され，刑罰を運用・執行する権力構造の劇的な再構成が行われる．そこでは，より多くの刑務所が必要とされ，刑罰は，市民から隠されたところで役人によって密かに執行されるものではなく，より劇場的なものとなり，刑事司法の専門家の知識よりも一般市民の常識が優先される．同様に，広く市民の代弁者を自任する個人や市民団体と政府との関係がそれまで以上に緊密なものとなり，司法官僚と政府との結びつきが弱まっていく．その結果，そうした個人や市民団体の考えが刑事政策に強く反映されるようになる」．

つまり，Penal Populism とは，「法と秩序」の強化を求める市民グループ，犯罪被害者の権利を主張する活動家やメディアが一般市民の代弁者となり，政府の刑事政策に強い影響力を持つようになる一方で，司法官僚や刑事司法研究者の意見が尊重されなくなる現象でもある．Pratt 教授は，Penal Populism が進行する過程の特徴として，犯罪や刑罰の議論において，社会科学における研究成果よりも，むしろ，犯罪被害者などの個人的な体験，常識や逸話といったものが重視されるようになり，複雑な問題に対して，分かりやすく常識的な言葉で解決策を語る者に対する信頼感が高まっていく現象が起きると指摘している．

さて，Pratt 教授のいう Penal Populism は，現在日本で起きている厳罰化によく似てはいないだろうか．小泉改革以来，経済をはじめとする複雑な社会現象に対して，力強く，常識的で，分かりやすい解決策がもてはやされるようになった．光市で発生した母子殺害事件は，事件そのものだけではなく，9年間にわたって続いた公判の様子が，マスコミを通じて大々的に報道され，多くの市民の関心を引いた．ここでも，ニュージーランドと同様に，殺害された被害者の遺族がカリスマ的な存在となり，事件や公判の様子は，この被害者遺族の言葉を通して様々なメディアで報道され，世論の強い支持を背景に，検察官の控訴，上告によって，無期懲役刑判決が破棄され，差し戻し控訴審において死刑判決が下された．あとの論考で詳述するが，ニュージーランドと日本との違いは，司法官僚や刑事法の専門家が抵抗勢力とはならず，むしろ世論と一体となって厳罰化を押し進めた点にある．

さて，まえおきが長くなったが，本書を企画した趣旨は，先進各国で進行している厳罰化の流れを Pratt 教授の説明する Penal Populism の枠組みを用いて国際的に比較検討してみることにある．Penal Populism に代表される

厳罰化の流れは，たしかに先進各国を席巻しつつある．しかし，その進行や厳罰化の程度は，各国によってかなり異なっている．アメリカのように200万人を超える人が刑務所に収容され，700万人以上の人が何らかの刑事司法の監督下にあるような国もあれば，フィンランドを中心とするスカンジナビア諸国のように市民からの厳罰化要求に政府が抵抗し，刑務所人口の増加を最小限に抑えている国もある．これは，それぞれの国における政治体制の違い，文化や教育の違いからくる刑罰や犯罪・犯罪者に対する考え方，刑事司法制度の違い（誰が刑事司法を実質的に運営しているのか），裁判官や検察官といった司法官僚の養成の仕方の違いなどによる．本書では，国際比較の観点から，各国においてPenal Populismが誰によってどのように進行したのかを検討する．まず，厳罰化が極端に進んだアメリカや，日本同様に伝統的に修復的司法の観点が刑事司法にいかされてきたとされているニュージーランドの厳罰化の実態やその原因を検討する．その上で，厳罰化に対して最も抵抗力があるとされるフィンランドを中心とするスカンジナビア諸国の刑事政策を検討することで，厳罰化やPenal Populismに対する対抗策を探ってみたい．

各章の紹介

　まず，第1章は，ミネソタ大学教授で，元アメリカ犯罪学会の会長でもあるTonry教授によるものである．Tonry教授は，ケンブリッジ大学犯罪学研究所長なども歴任した英語圏における刑罰研究の第一人者である．Tonry教授は，アメリカの刑事政策が極端な厳罰化に走った原因を国際比較などを交えながら分析している．その上で，犯罪率の上昇や犯罪不安の増大を原因とする議論，後期近代 (late modernity) の議論やPenal Populismといった概念では，アメリカの厳罰化は十分に説明できないと指摘した上で（こうした状況は，それほど厳罰化していない他国においても共通して見られる），独自の説明を試みている．もちろんアメリカでも，Pratt教授の指摘するPenal Populismは発生している．犯罪問題が，宗教団体や市民団体から他の社会問題と同様に「善か悪か」といった単純で分かりやすい二項軸で議論され，政治的に「犯罪との戦争」や「麻薬との戦争」といったフレーズに置き換えられ厳罰化が進行しているのは事実である．しかし，Tonry教授は，アメリカ

の最大の問題点として，合衆国憲法が18世紀のアメリカ社会を前提に作られている結果，市民感情が政治だけでなく刑事政策にもダイレクトに影響を与えてしまうことを指摘している．特に，現代のようにユビキタス社会といわれる社会では，アメリカのどこかで発生した凶悪犯罪に関する詳細な情報が，アメリカのどこにいても瞬時に伝えられ，それが素朴な市民感情を刺激して，情緒的な流れを作り出してしまいやすい．加えて，アメリカの裁判官や検察官といった司法官は，直接選挙で選ばれるため，そうした市民感情に敏感に反応しやすく，それが潜在化している人種偏見と結びついて，結果としては歯止めのきかない極端な厳罰化が進行してしまうのである．Tonry教授は，パラノイア的な厳罰化を止めるには，まず，裁判官や検察官を選挙で選ぶシステムを撤廃し，政治的中立性を確保することが必要だと指摘している．この観点から見ると，日本は，政治や市民感情が裁判官や検察官の採用や人事に与える影響は極めて小さく，厳罰化に対して潜在的に抵抗力があるということになる．

　第2章は，Penal Populism研究の第一人者であるPratt教授によるものである．Penal Populismに関するPratt教授の基本的な考え方はすでに紹介したとおりである．Pratt教授は，メディア等の発達によって，市民にとって（情報としての）犯罪が身近なものとなり，市民団体，被害者支援活動家やメディアの提示する事例に基づいた常識的な分かりやすい議論が，統計などを駆使した犯罪学者，司法実務家や専門家などの複雑な刑事政策の議論を次第に駆逐し，市民感情に応えようとする政治家が次々と厳罰化政策を打ち出す現状をPenal Populismという言葉で表現した．また，Pratt教授は，カナダとアメリカを比較して，アメリカと隣接するカナダでは，厳罰化がそれほど進行していないのは，アメリカという反面教師の存在によって，行き過ぎた厳罰化のもたらす現実をカナダの政策決定者が理解できたこと，加えて，カナダの刑事司法の専門家，特に，矯正を担当する部局が国際的なレベルでの研究成果を次々と発表するなど厳罰化よりも有効な犯罪対策に対する提言を行い，政府がそうした専門家の意見に耳を傾けた結果であると評価している．さらに，ニュージーランドのPenal Populismについても，やや消極的な対抗策ではあるが，大量拘禁による財政の圧迫や刑務所における不適切な処遇によるスキャンダルによって，政府や市民が厳罰化の問題点に気づけば一定の歯止めがかかることを指摘している．この論点から言えば，日本の場合も，

名古屋刑務所における不祥事や過剰収容がなければ，さらに厳罰化による大量拘禁が促進されていたのかもしれない．少なくとも，この事件によって，刑務所における処遇内容に目が向けられたのは確かなことであろう．Tonry教授は，アメリカの行き過ぎた厳罰化はPenal Populismでは説明できないと指摘したが，これは，ポピュリズムだけでは説明できないという意味であり，Pratt教授の議論の枠組みを用いてアメリカの厳罰化を説明すれば，裁判官や検察官が選挙で選ばれるシステムによって，アメリカが他の国以上にPenal Populismの進行に対して体質的に脆弱であったと説明することも可能であると考えられる．

　第3章は，カリフォルニア大学バークレイ校の出身であり，日本の検察官制度の研究などで有名なハワイ大学のJohnson教授によるものである．Johnson教授は，国際的な比較，特にアジア諸国との比較の中で，日本における二つの厳罰化，すなわち刑務所人口の増加および死刑判決・執行数の増加を検討している．Johnson教授は，Tonry教授同様に，Garland (2001)[1]らが主張するような後期近代的な特徴による厳罰化の説明は，同じような社会的変化を経験している複数の先進国，例えばフランス，フィンランド，カナダなどには適用できず，日本やアメリカの厳罰化を説明するのにも適切ではないと指摘している．また，韓国では，死刑の執行を10年以上停止しており，刑務所人口も減少傾向にある．さらに，Penal Populismについては，アジア諸国に目を向けると，市民の動向に全く関心を払う必要のない権威主義的な国家である中国，ベトナム，北朝鮮やシンガポールにおいて死刑執行が多いことの説明にはならないと指摘している．これは，Penal Populismでは厳罰化が説明できないと言っているのではなく，アジア諸国の刑務所人口と死刑執行数の動向を比較検討した結果から，厳罰化による刑務所人口の増加と死刑の存置や執行数は別の原理で動いているのであり，死刑の存置や執行数を説明するのにPenal Populismだけでは十分ではないと指摘しているのである．事実，死刑を廃止または廃止しつつあるタイ，フィリピン，台湾では，厳罰化によって刑務所人口は増加傾向にある．アジア諸国の中で死刑の執行数が最も多いのは中国であるが，最近の傾向として，死刑の執行が増加傾向にあるのは日本とパキスタンだけである．しかも，死刑の執行数と刑務所人口の両方が増加しているのは，アジアでは，最も治安の安定した日本だけである．アジア全体で見れば，中国を含めて死刑の執行は縮小傾向にある．こ

れは，死刑制度の運用が純粋な国内問題である一般的な厳罰化とはやや異なり，人権を含む政治的な問題であり，その国のエリートたちの判断によって変化するからであるとJohnson教授は指摘している．日本の治安状況を見る限り，刑事政策上または政治上，死刑はなくてはならないものではなく，客観的にみれば象徴的な存在である．日本では，専門家を含む多くの人がいまだに死刑の抑止力を信じ，死刑問題は，犯罪抑止や犯罪に対する応報として死刑が必要だという議論が中心であり，台湾や韓国と異なり，エリート層からも死刑を巡る人権上の問題は二次的な問題として扱われている．日本は，明治期に死刑運用を急激に抑制した例にあるように外圧に敏感な国である．日本が死刑を廃止する方向に向かうとすれば，それは外国との関係，特にアメリカが死刑を全面的に廃止した時であろうが，同時に，捕鯨に見られるように外圧に対して，最近は保守的なナショナリズムが刺激され，頑なに死刑存置を打ち出すかもしれない．いずれにしても死刑の存置は，日本のエリート層の意識にかかっているというのがJohnson教授の結論である．刑事政策に影響を与えるエリートは国によって異なる．ヨーロッパ諸国では政治家がそれに当たるが，日本の場合は，政治家，検察官，裁判官や弁護士，マスコミの誰がそれに当たるのであろうか．日本で死刑が廃止されるときに，誰がそれを主導し，誰が反対するのか興味深いところである．

　第4章は，本書の企画者である筆者（浜井）とイギリス・ポーツマス大学のEllis主任講師との共同執筆によるものである．筆者は，これまでにも日本の厳罰化とその弊害（刑務所の実情）について，犯罪学の立場から積極的に発言をしてきた．その際に，治安悪化や犯罪被害に関するマスコミの集中砲火的な犯罪報道によって作られた情緒的な世論の圧力によって，警察や検察，裁判所といった刑事司法機関が次第に裁量を奪われ，厳罰化が進んできたのではないかという指摘をしてきた．つまり，ある意味ではPenal Populismと同様の視点から日本の厳罰化を分析していたわけである．本章では，あらためてPratt教授のPenal Populismの枠組みを前提に，司法統計などから見た刑事司法の意思決定過程や政策立案の過程などから日本の厳罰化をとらえ直してみた．Pratt教授のいうPenal Populismの基本は，マスコミを通して語られる市民団体や被害者支援の活動家の体験に基づいた常識的で分かりやすい声によって，司法官僚を含む専門家が刑事政策の蚊帳の外に追いやられた結果，厳罰化が進行することにある．この観点から，刑事司法

統計や法改正等の議事録を通して日本の厳罰化を見つめ直してみると上記のイメージとはやや異なった姿が見えてくる．もともと，Penal Populismはアメリカのように裁判官や検察官が選挙で選ばれるなど，司法官僚の人事が政治的な影響を受けやすい制度を持っている国で起こりやすい．日本の裁判官や検察官は，司法官僚と呼ばれるように，巨大な官僚機構の一員であり，終身雇用制度のもと人事は政治からほぼ独立している．したがって，ある意味，彼らのキャリアは，官僚組織の論理で動いており，最高裁や検察首脳等の人事当局が市民感情や世論を重視すれば，そこを通して一定の影響は受けるが，それを除けば市民感情や政治の影響が入り込む余地はない．つまり，国際比較的な観点から見ると，日本は，制度的にみて，Penal Populismの影響に対して最も強い抵抗力を有している国だといえる．このことを前提に，近時の日本の厳罰化の過程を見てみる．司法統計を仔細に検討すると明らかであるが，日本の刑罰は，その80％以上が事実上検察官によって運用されている．裁判所には，検察官の処分や意見に対する拒否権があるが，それは統計的（量的）に見た場合，象徴的な意味を持つに過ぎず，現実には，検察官の提出書類に基づいて，検察官の処分を追認する作業に終始している．さらに，刑法や刑事訴訟法の改正や裁判員制度の創設を含めて，近時の刑事司法改革の動きは，市民や被害者遺族の声によって動き出したものであり，そこには政治家の圧力などもあったと思われるが，その改革はすべて司法（法務）官僚である検事を通し，そこで一定のスクリーニングを経て実現されたものであり，検察官の権限が縮小された制度改革はほとんどない．つまり，日本の厳罰化は，組織上，検察官が，それを了承しなければ実現不可能であり，その端緒（原動力）が，アメリカやニュージーランドのようにマスコミを通して語られる常識的で分かりやすい声が世論を作り出したPenal Populismにあることは間違いないが，その声が，いわゆる司法官僚である法務・検察を動かし，むしろ彼らがPenal Populismを追認する形で実現されたものとさえいえる．その意味で，日本の厳罰化は，Pratt教授がいうPenal Populismとはやや異なるものであり，厳罰化にどこで歯止めがかかるのかは，実は司法官僚としての検察官の果たす役割が大きい．

　第5章は，フィンランド国立司法研究所所長のLappi-Seppälä博士によるものである．Lappi-Seppälä博士の論文は，本書のほとんどの論文に引用されていることからも分かるとおり，Penal Populismや厳罰化，特に，その対

抗策を語る上での必読論文である．Lappi-Seppälä博士の貢献を一言で言えば，国際比較，特に，フィンランドを中心とするスカンジナビア諸国と厳罰化が進行する英米圏等を比較して，厳罰化を推し進める国と，そうでない国はどこが異なるのかを明確にした点にある．Lappi-Seppälä博士は，まず，各国の受刑者率（受刑者数÷人口）と犯罪率（犯罪被害調査の結果や殺人の認知件数）の関係を分析して，犯罪と受刑者率（受刑者人口比）が，互いに独立した現象であること，つまり，相関が無いことを実証的に確認している．その上で，受刑者率と所得格差や福祉予算等を比較して，「犯罪との戦い」よりも「貧困との戦い」を重視する福祉的国家ほど犯罪者に対して寛容であり，受刑者率が低いことを確認している．その要因として，Lappi-Seppälä博士は，福祉的国家に共通な要素として，連帯（共生の精神）を基本としてリスクを個人の自己責任ではなく，みんなで負う，何かあってもお互いに助け合う社会であること，つまり，犯罪者も仲間の一人としてとらえ排除しない社会であり，政府や人に対する信頼感が高く，結果として，不安の少ない社会であることを挙げている．また，政治体制についても，福祉的国家は，英米圏のような多数派がすべてを得る二大政党制（コンフリクト型）ではなく，コンセンサス型で，労働者の権利が保障された体制であり，これらのことが，刑事政策が寛容になる要因であると指摘している．スカンジナビア諸国は，英米圏と比較すると上記のような社会と政治体制を備えているため，いわゆるPenal Populismに対して抵抗力があるのである．さらに，Lappi-Seppälä博士は，マスコミの影響と政治体制を関係づけて，二大政党制は，対立型で，相手の政策を完全否定する傾向が強いため，いろいろな意味で危機感が煽られやすい傾向にあることを指摘している．さらに，刑事司法の担い手である法曹養成に実証的な犯罪学の要素が組み入れられていることが寛容な刑事政策に結びつきやすいとも指摘している．これらの指摘は，政治体制としては，二大政党制に向かいつつあり，司法試験から刑事政策を排除した後の日本の厳罰化の現状を分析する上で興味深い．Lappi-Seppälä博士の論文は，国際比較を単なる制度論から行うのではなく，国際的な統計データを駆使して，実証的に分析し，その結果に基づいてPenal Populismに対抗する手段（条件）を示唆している点で重要な意味を持っている．編集責任者としては，この論文が得られたことによって，本書が，単にPenal Populismの枠組みから日本の厳罰化をとらえ直すだけでなく，国際比較の観点からPenal Populismそ

のものをとらえ直し，日本を含めて，それにどう対抗すべきかを考える意味でも深みを増すことができたと考えている．

　第6章は，青山学院大学の宮澤節生教授によるものである．宮澤教授には，上記の論文をすべて読んでもらい，最後のまとめ（discussion paper）をお願いした．宮澤教授は，日本の厳罰化をポピュリズム刑事政策（Penal Populism）と位置づけ，その観点から各論文を批判的に検討している．それぞれの論文に対するコメントの内容は，ここでは紹介しきれないが，宮澤教授は，日本の厳罰化には，全国犯罪被害者の会（NAVS〔あすの会〕）の運動が大きな役割を果たしていると指摘している．NAVSの代表幹事は，日本を代表する弁護士の一人であり，自民党の主要メンバーに対して直接アクセスすることが可能であった．そして，その影響力を行使することで，自民党や国会での政策形成に関与するのみならず，法務省の法政審議会の委員に任命され，法制審議会に直接参加することで政策決定に関与するようになった．

　このように，NAVSはある意味で刑事司法の監督者としての地位を確立し，その影響力を背景に，様々な犯罪被害者支援や厳罰化立法を実現してきた．2007年には，刑事訴訟法改正によって犯罪被害者やその遺族が公判に直接参加する制度を実現させ，それによって裁判所と検察庁をチェックしうる地位を得た．さらに，メディアが，NAVSとその会員の活動を詳細にフォローすることで，NAVSは，世論を代表する地位も獲得した．そして，NAVSは，朝日新聞の風刺コラム「素粒子」が死刑執行に積極的な法務大臣を「死に神」と呼んだことに対する再三の謝罪要求と，朝日新聞の謝罪というプロセスに象徴されるように，マスメディアをチェックする地位をも獲得した．

　宮澤教授は，こうした事実を指摘しつつ，NAVSは，刑罰に関して，今後も世論の唯一の代表者としての地位を維持し続けるであろうし，司法官僚は，厳罰化によって得た既得権を手放さないだろうし，自民党だけでなく民主党の政治家もポピュリズム的な刑事政策をとり続けるであろうことが予想され，近未来に日本のポピュリズム刑事政策，つまり厳罰化が後退するとは考えられないと締めくくっている．

おわりに

　もともと，本書は，筆者が，Pratt教授の『Penal Populism』[2]という著書を

読んで，日本の厳罰化をこの観点からとらえ直すと同時に，国際比較を通して，Penal Populism 的な厳罰化に対して，各国がどのように対応し，それぞれの国の政治，文化，刑事司法機関の違いが，そこにどのように現れているのかを研究してみたいと考え，Pratt 教授に共同研究を依頼するメールを出したことから始まっている．Pratt 教授は，それまで面識がなかった筆者からの申し出にもその日のうちに，二つ返事で引き受けてくれた．その後は，Pratt 教授と相談しながら執筆者の人選を進めていった．その意味で，本書は Pratt 教授の協力がなければ，実現しなかったといっても過言ではない．紙面を借りて，御礼申し上げる．また，多忙な公務の合間を縫って執筆していただいた，Tonry 教授，Johnson 教授，Lappi-Seppälä 博士，宮澤教授，そして共同執筆者である Ellis 主任講師，さらに，特別寄稿に応じて下さった Feeley 教授，推薦文を執筆して下さった Garland 教授に対しても，本書が充実したものとなったのは彼らのおかげであり，ここに深く感謝の意を表する．

なお，本編の外国研究者4人の論文については，筆者の方で，それぞれの研究者の最近の論文を読んだ上で，論文のテーマや内容を指定する形で執筆を依頼していることをあらかじめお断りしておく．

最後に，脱稿後，『法学セミナー』の2008年9月号[3]において常磐大学の西村春夫教授による論考「被害者の刑事裁判参加制度とポピュリズム政治」と出会った．西村教授の視点と著者らの論考には問題意識を共有している点も多く心強く感じた．西村教授と本書の執筆者でもある宮澤教授は『社会のなかの刑事司法と犯罪者』[4]において，それぞれ Pratt 教授らの Penal Populism について紹介している．こちらもぜひ参照願いたい．

[注]

1　Garland, D., 2001, *The Culture of Control, Crime and Social Order in Contemporary Society*, Oxford: Clarendon.
2　Pratt. J., 2007, *Penal Populism*, London and New York: Routledge.
3　西村春夫，2008,「被害者の刑事裁判参加制度とポピュリズム政治」『法学セミナー』53(9):26-30.
4　菊田幸一，西村春夫，宮澤節生編著　2007,『社会のなかの刑事司法と犯罪者』日本評論社.

第1章 アメリカの刑罰政策が峻厳な理由

Michael Tonry（マイケル・トンリー）
ミネソタ大学

　アメリカは欧米で唯一の死刑存置国である．拘禁率は世界で最も高く，人口10万人当たり750人を超え，先進国の刑罰では死刑に次いで最も厳しい仮釈放なしの終身刑（LWOPs）を備えている．ヨーロッパ諸国の大半やカナダと異なり，国際的な人権条約・宣言の持つ倫理的な影響力を敢えて認めず，自国の法律に組み込むことを拒んでいる．50年前に遡ると，アメリカ政府は国際的リーダーとして人権条約の創設と施行を促進しており，拘禁率は西側民主国家と同じ水準で，死刑の執行は停止に向かって減少し，連邦最高裁は犯罪（被疑）者に対する手続き上の人権保護拡充に関して，世界中で定評があった．

　その後，状況はひどくなった．最も単純に物事を見れば，何が，どうして起きたのかを我々は知っている．1975年から1995年の間に，アメリカの政策立案者たちは厳罰化を意図した広範な法律を制定し，実務家たちはこうした法律を適用した．これらの法律の中には，25年以上の懲役刑を求める三振法，薬物や銃器，暴力犯罪に10年，20年，30年単位の懲役を求める義務的最低刑期法，LWOPs法，何万人もの子どもたちを成人として起訴することを認める法律，死刑の適用範囲を拡張する法律が含まれている．

　我々がわかっていないのは，アメリカの政策立案者たちが，西側政府の指導者たちの中でほとんど唯一，そうした厳しい政策と法を定めることを選択した理由であり，今日まで誰も説得力のある説明をなしえていない．示された答えはたいてい，有意義な解釈を示してはいない．

　犯罪率とその傾向というのは答えではない．犯罪率の傾向は1970年以降，西側の各国ともほとんど同じだった——1990年代初頭までは上昇し，以後は下降している（たとえば，van Dijk, van Kesteren, and Smit 2007）．しかし，拘禁率と刑罰政策は大きく異なっている．アメリカでは，1991年以降，

犯罪率は着実に下がっているのに，拘禁率は毎年上がっており，1991年以降では2倍以上，1973年以降では5倍以上に上昇した (Tonry 2004)．

　世論というのも答えではない．少なくとも英語圏諸国においては，刑罰政策と拘禁率は実に多様であるが，世論はほとんど変わらない．犯罪率が実際には下降しているのに，国民の大多数は上昇していると信じている．圧倒的多数は，刑の厳しさに関する誤信を基に，裁判官は甘すぎると考えている．しかし，市民が適切だと考えているという刑は，裁判官が実際に下す刑よりも概して軽い．より懲罰的な政策と，犯罪者社会復帰プログラムへの投資増大のどちらが望ましいかと問われれば，大多数の市民はたいてい，後者だと答える (Robertsほか 2002)．

　国家が選択する刑罰政策が具体化していく理由を説き明かそうと，より複雑な三つの答えが提示されてきた．最も有力で洗練されている第1の答えは，David Garlandの『The Culture of Control』(2001) に示されており，イングランドとアメリカで刑罰政策が峻厳化されたのは，「後期近代」の状況が原因であると指摘している．この状況には，犯罪率に影響を及ぼす政府権限の制約，国民の多様化と「排他的犯罪学」，特権階層が犯罪被害者となる危険性の増大，グローバリゼーションと急速な社会変化に伴う治安の悪化が含まれる．その結果として，これ見よがしの政策がどんどん増えていき，こうした政策の意図するところは，犯罪を減らすことよりも，とにかく政府は動いているということを示し，大衆を安心させ，再選に躍起となる政治家を手助けすることにあると，Garlandは言う．

　Garlandの分析では克服できない難点は，仮に彼の分析が正しければ，すべての西側諸国が経験したはずの拘禁率の急激な上昇と刑罰政策の着実な峻厳化について理由を説明しなければならないという点にある．Garlandが述べている発展的状況はいずれも，至る所で起きたことだ．ところが，拘禁率と政策の潮流は劇的に分かれた．論点をはっきりさせるには，拘禁率で説明するのがいいだろう．1970年から1995年にかけ，犯罪率はほとんどの西側諸国で急激に上昇したが，政策立案者が厳罰化を意図し，結果として拘禁率が上がるような政策を導入した国はほんの数か国しかなかった．犯罪率は似たような傾向だったにもかかわらず，拘禁率はアメリカとオランダで1973年以降，5～6倍に増え[1]，イングランドとスペインでは1993年以降，2倍となったのに対し，フィンランドでは半分に減り，他のほとんどの国は横ば

いで，フランスとイタリアでは増減を繰り返した．

　フィンランドの政策立案者は刑罰政策を緩和し，拘禁率を下げる道を選んだ．カナダとヨーロッパの大半の国々——スカンジナビアの残りの国，ベルギー，フランス，イタリア，ドイツ，オーストリア——は新たな厳罰政策を採用せず，様々な方策で拘禁率を一定に保とうと取り組んだ．わずかに西側諸国のごく一部——イングランド，ポルトガル，スペイン，ニュージーランド——で，しかも1990年代に犯罪率が下がり始めてから拘禁率が著しく上昇したが，その水準はピーク時でも，現在のアメリカの拘禁率の4分の1以下であった (Tonry 2004：第5章；Tonry 2007)．

　二つ目は，Michael Cavadino と James Dignan (2005) が示す分析的な枠組みだ．拘禁の潮流や刑罰政策の違いを政治経済学の体系と結び付けるため，三つの分類（厳密には四つだが，このうち一つにはただ1か国，日本しか含まれない）を用いている．新自由主義国家（イングランド，ニュージーランド，アメリカなど）は最も厳しい政策を，社会民主的協調主義国家（スカンジナビアなど）は最も緩やかな政策を取り，保守的協調主義国家（ドイツ，フランスなど）はその中間だとしている．

　この分析が意味をなすのは，言わば21世紀初頭のみである．例外が少なくとも3種類あり，Cavadinoらの枠組みでは説明できない．第1に，2005年時点においてさえ，彼らの区分にあてはまらない国がいくつかあった．オランダは当時，イングランドとウェールズを除いた西欧で最も拘禁率が高かったが，「新自由主義」とみなされてはいなかった．一方，拘禁率がドイツよりわずかに高い程度だったオーストラリアは，新自由主義とみなされていた．第2に，分析から除外された国の中にも，区分に当てはまらない例がある．カナダは誰から見ても英語圏の新自由主義国に含めるべきであるが，拘禁率は半世紀の間，人口10万人当たり100人前後で安定しており，その点ではフランスやドイツとともに保守的協調主義国家に区分されるべきだった．同様に除外されているスペイン，ポルトガルは1990年代の半ば以降，拘禁率がヨーロッパ有数の高さとなっているが，両国を新自由主義国家として区分する人はいないだろう．第3に，この分類は他の時代にあてはめると破綻する．たとえば1970年，オランダの拘禁率は先進国で最低で，アメリカの拘禁率は中位であり，フィンランドが最も高かった．これに従えば，フィンランド国民は新自由主義，アメリカ国民は保守的協調主義，オランダ国民はまさし

く，社会民主主義ということになったであろう（他の年代の実例的数字については Tonry and Bijleveld 2007：table 2 を参照）．

三つ目の分析様式は，所得格差，政府機関の合法性に対する市民の認識，市民相互の信頼関係と政府に対する市民の信頼，社会保障制度の力，政府の構造といった観点から刑罰政策を解釈しようとするものである（Downes and Hansen 2006; Lappi-Seppälä 2007, 2008; Di Tella and Dubra 2008）．これらはいずれも重要なことだと思われる．中庸を得た刑罰政策と拘禁率の低さは，所得格差が少なく，信頼と合法性が高度に保たれ，強固な社会保障制度を持ち，刑事司法システムが政治化される代わりに専門化され，政治文化が対立的ではなく合意の上に成り立っている，といった状況と関連があるからだ（Tonry 2007）．

しかし，こうした分析でも，アメリカが辿ってきた道について説明できない．上記の各要素をみると，アメリカはいずれも評価の低い方に位置し，その位置付けはより懲罰的な政策・実践と関連しているが，それは解釈を模索した結果として浮かび上がるものではなく，模索に当たっての出発点である．各々の位置付けにおいてアメリカが下位となっている理由が問題なのだ．

アメリカの（どんな国であっても同じだが）刑罰政策に関する解釈は，国家の歴史・文化という明確な特徴の中に求めるべきであろう．四つの際立った特徴が挙げられる．うち二つ――アメリカ政治の偏執病的様式，原理主義者の宗教観と結びついた二元論者的道徳主義――は，アメリカ社会に繰り返し現れる文化的特質である．三つ目は，アメリカ憲法の無用の長物化と，あからさまな庶民感情が政策を動かしうる政治文化であり，四つ目は，最初の三つが悪影響をもたらしている，アメリカ独特の人種関係の歴史である．以下，順に論じることとする．

政治的偏執病

20世紀中葉の偉大なアメリカの歴史家，Richard Hofstadter は，「偏執病的様式」がアメリカの政治に繰り返し現れる特質だと述べた．指弾を受ける対象は邪悪または背徳的だとみなされ，それを根絶するためには，ほぼどんな手段でも認められる．Hofstadter は医学的な定義による偏執病患者と政治における偏執病的様式を区別し，次のように述べている．

「医学的な偏執病患者は，敵意と陰謀の世界に生きていると感じ，そうした敵意と陰謀が特別に*自分に対し*て向けられていると認識する．他方，偏執病的様式のスポークスマンは，敵意と陰謀が国家や文化，生活様式に対して向けられており，自分だけでなく，他の何百万もの人びとがその成り行きに左右されると考える．自分の政治的情熱は自己中心的ではなく，愛国心に基づくものだと考え，実際，自己の正義感や義憤を高めるに至るのである」(Hofstadter 1965: 4, 斜体は原文どおり)

アメリカの政治的偏執病は盛衰を繰り返し，時代によって異なる対象を標的とする．この現象は右派にも左派にも現れるが，ここ数十年は右派に多く見られる．20世紀には3度にわたって高まりを見せた．最初は1920年代と1930年代で，1920年代の禁酒法と赤の恐怖，そしてこの時代を通じての外国人嫌悪に典型的に現れた．しかし，第2次世界大戦の開始によって，国民の間により重要な不安の種が生まれたため，次第に収束していった．

第2期は1940年代後半と1950年代で，上院議員のジョゼフ・マッカーシー，下院非米活動委員会，ジョン・バーチ協会が好例である．1960年代に入り，楽観主義と理想主義に取って代わられ，ようやく衰退した．

第3期は，現在も続いているのだが，1980年代初頭にさかのぼり，近年の薬物，犯罪，生活保護受給者，不法入国者との戦い，さらに2001年以降のアメリカ「対テロ戦争」が示すとおりである．

Hofstadterは政治的偏執病について，次のように述べている．

「政治的偏執病とは，好戦的な指導者を指す．そうした指導者は，実務的な政治家とは違い，社会的対立を仲裁・妥協の対象としてみることをしない．危急の問題は常に，完全なる善と完全なる悪との対立であるから，必要とされる資質は妥協する自発性ではなく，最後まで戦い抜く意志なのだ．完全勝利でなければ無意味なのである」(p.31)

政治的闘争というものはことごとく重大なのだと，Hofstadterは述べた．背徳者，つまり，哲学者たちの言う善に敵対する者たちは，完全勝利を得るまで戦い抜く．すなわち，「(偏執病的様式の実践者が描く)中核的な像は，広漠として不吉な陰謀の像であり，巨大ながらも精密な，影響という名の機械，生活様式を徐々に崩壊させ，破壊するために作動している機械なのである」(p.29)．

1970年代以降，アメリカの刑事政策を衰退させ，刑事政策における人権の価値を低下させた元凶は，共和党の極右である．「アール・ウォーレンを弾

効せよ」．1950年代，高速道路沿いに掲げられていた看板の意味を，私は子どもながらに理解しようとしたのを覚えている．その看板は，ジョン・バーチ協会が設置したものだった．私はずっと後になって知ったのだが，連邦最高裁の首席裁判官だったアール・ウォーレンが弾劾の攻撃を受けたのは，連邦最高裁が黒人と白人の別学を違憲とする画期的な判決を下した Brown v. Board of Education〔ブラウン対教育委員会事件〕，347 U.S.483 (1954) に関係していた．連邦最高裁は早期に人種差別を止め，手続き上の保護を強化しようと心を砕いたわけで，こうした姿勢はその後，刑事被告人の保護にも及んだ．

1950年代，ジョン・バーチ協会は，急進的で過激な集団として広く認識されていた．同協会の思想の多くは，1964年に共和党大統領候補となった Barry Goldwater や (当時の) 共和党極右一派によって，1960年代に受け継がれた．

1970年代には，偏執病的政治観が共和党的修辞の主流となった．ジョン・バーチ協会が精力を注いだように，アメリカ国民の目に触れる形で裁判所の高潔さを攻撃し，権威をおとしめることは，依然としてアメリカの右派にとって支配的なテーマであり，それが悪影響をもたらした．

ジョン・バーチ協会とその継承者たちが望んだとおり，一つの結果として，裁判所と法制度の権威はアメリカの大衆の目に見える形でおとしめられた．「アール・ウォーレンを弾劾せよ」というスローガンに続く40年間は，「活動家的」で「寛大」かつ「リベラルな」裁判官に対し，国民の気持ちを苛立たせているとの攻撃が加えられた．これに関して言えば，何とも奇妙なことに，現在の連邦判事の多くは保守派の共和党大統領が任命し，民主党大統領だったビル・クリントンは，中道・リベラル派判事任命のために本気で立ち向かおうとはせず，しかしまた2008年には，共和党大統領候補に名乗りを挙げた者たちが一様に演説の中で「活動家的な」リベラル派判事を非難した．

ところが，活動家的な保守派の判事たちは，大衆の非難をほとんど全く受けることなく，刑事事件の被疑者に与えられた手続き上の保護を弱め，有罪判決を受けた犯罪者の上訴権を骨抜きにし，死刑執行を加速させてきた．さらに連邦議会は，活動家的判事の抑制という名の下に，受刑者が刑務所の違憲な状況について実効性のある訴訟を起こすことがほとんど不可能となるよう，また，上訴するのがいっそう困難となるよう，法律を制定したのである．

アメリカ人はなぜ，このような反自由主義的政策に寛容なのだろうか．一

つには，裁判官の権威をおとしめようとする保守派政治家たちの50年に及ぶ努力が実を結んだからだ．また一方では，アメリカの裁判官，検察官の多くが臆面もなく政治的であるからだ．検察官は誰から見ても党派的でかつ政治的な選挙によって選ばれる．多数の裁判官は選挙に立候補し，普段は同じ法廷に立っている弁護士たちから寄付を受け，選挙運動の資金に充てており，残りの裁判官のほとんどは，党派的かつ政治的な方法で任命される．検察官も裁判官も，政治的な私利私欲に加え，将来の選挙展望を自己判断し，その結果として考えうる影響によって行動が左右されることが多い——アメリカ人がそのように考える場合，さほど冷笑的になる必要はない．

プロテスタントの原理主義と不寛容

アメリカ建国のもととなる東部植民地のいくつかは，宗教的不寛容から逃れた人びとによって建設された——マサチューセッツ湾の清教徒，ペンシルベニアのクエーカー教徒，ロードアイランドの非国教徒は代表例である——のだが，それから半世紀のうちに，人びとは宗教上の理由で殺害されることとなった．Kai Eriksonの『Wayward Puritans』(1966) は，セーラムの魔女裁判に関する解釈がたいへん有名だが，マサチューセッツが次第に不寛容となり，クエーカー教徒や改宗を試みた他の宣教師たちに過度な暴行を加え，処刑するに至った没落の経緯についても記している．

19世紀のアメリカに関する歴史文学では，宗教に根差した不寛容が頻発した状況について述べたものがかなりある（たとえば，Myers 1943; Davis 1960）．たいていは，新たな民族集団の移住による先住集団の地位不安，外国人嫌悪に関する内容で，移住してきた集団は独自の宗教や宗教に基づく世界観をもたらすことが多かった．たとえば，19世紀中葉，そして後半にも起きた禁酒運動はたいてい，英国から来たプロテスタント開拓者の子孫である禁酒家と，アイルランドやイタリア，東欧から新たに入植してきた酒好きのカトリック教徒との地位抗争を伴った（Gusfield 1963）．新たな入植者に対する不快感や社会的距離は，禁酒支持者にすら認識あるいは認知されない場合もあったため，アルコールに対する道徳的な反対運動は，そうした不快感などを表出する装置として役立った．ほぼ同様に，薬物や犯罪に対する現代の道徳的反対運動は，プロテスタントの原理主義者たちに，アメリカの黒

人層に対する不快感と社会的距離をあらわにする装置を与えているのである．州の権利，犯罪，福祉に関し，人種によるコード化を強調する共和党員たちの南部戦略とは，すなわち，南部白人労働者階層の遺恨や地位不安に訴えかけようという策略だったのだ（Phillips 1969,1991; Edsall and Edsall 1991）．

同様のパターンは昔からあった．David Garland（2005）は，1890年から1930年にかけ，アメリカで最も盛んに私刑が行われた時代が，主として南部の白人プロテスタントが抱えていた地位不安によって生まれたことを実証した．1920年代，クー・クラックス・クランは元々，自身の活動をキリスト教徒の価値観を守る運動だと説明していた．「クランは膨大な会員数を集めるのに，主として福音派プロテスタントの白人たちを誘い込み，指導者層の中では福音派の牧師が突出して目立っていた」（Wald and Calhoun-Brown 2007: 208）．

1960年代にHofstadterが著述した当時，急速に勢力を伸ばし，上り坂にあったプロテスタント原理主義派が，この時代の偏執病的様式の重要な一要素を形成したのは明らかだった．Hofstadterは「原理主義志向のプロテスタントに向けた（マッカーシーの）強力な訴えは，まさに右派の未来を予見させるものであった」と述べた（p.70）．

今の時代において，中絶や同性愛者の権利に対する反対から，死刑や厳しい刑事政策に対する擁護に至るまで，現代の政治的論争の偏執病的様式を最も強力に支持しているのが原理主義者と福音派の一部（決して全員ではないものの）であることは自明である．これらが善対悪，絶対的な正と邪の論争であると考えると，宗教右派の過熱ぶりと不寛容も説明しやすい．アメリカ政治における偏執病的様式がここ数十年間に復活したことを併せて考えると，敵または脅威とみなされる人びとの利益が概して，ほとんど注目されないのも不思議ではない．

これまで述べたことを総括すると，南部戦略の成功と，それが犯罪統制政策と黒人アメリカ人に与えた影響がよりよく理解できる．公民権運動が南部の白人プロテスタントの間にもたらしたのは，黒人の地位よりも伝統的に高かった自分たちの地位が脅かされるという地位不安であり，白人労働者層の有権者の間にもたらしたのは，自身の地位と，新たに解放された黒人層による経済的脅威の可能性を案ずる地位不安であった．1970年以降の政治家はもはや，公

然と反黒人感情に訴えることはできなくなったので，コード化した表現を用いるようになり，その一つが犯罪だったのである．政治家たちが公約を守るに従い，薬物と犯罪に対する戦いは急速に拡大した．収監される割合は黒人の方が高かったため，白人有権者はそれに伴う代償も快く払える気持ちになり，それは特に，社会的に統合されていない黒人下層階級に対し，白人が優位にあるという経済的，社会的伝統が永続することになったからであった．

　アメリカの宗教，政治に関する政治科学，宗教の文献の多くは概して，プロテスタントの原理主義がアメリカの犯罪政策全般に与える影響について，何かのついでに触れる以外，取り上げることはない．取り上げるのは，中絶，女性と同性愛者の権利，政教分離の問題に限られる．近年の主要な文献の中で，索引に犯罪や死刑といった言葉を含むものは一つもない（たとえば，Layman 2001; Green 2007）．しかし，代表的な書物である『Religion and Politics in the United States』（Wald and Calhoun-Brown 2007）は，索引にこそそうしたテーマを含んでいないものの，ここ30年間，プロテスタントの原理主義がアメリカの犯罪統制と刑罰政策を形成してきた過程と理由について説明している．プロテスタントの主流派は，社会福祉の責務が「温かく，思いやりのある神」に対する彼らの信仰と一致するとして支持する一方，原理主義者たちは「冷徹で威信のあるイメージを神に抱き，そのため，秩序と財産を守る政府の役割を支持する」(p.121)．原理主義者の「特質とは，確実性，排他性，明確な境界を追求すること」であり，彼らは「存在を脅かす文化的・宗教的複雑性というグレーゾーンを脱し，道徳的な観点で黒と白の進路を描き分けようと」企てる（Nagata 2001: 481）．こうして，Pat Robertsonが創立したChristian Coalition〔保守的政治団体〕は，1995年に出版した『Contract with the American Family』の中で，有罪となった犯罪者に対する重罰化を求めた（Wald and Calhoun-Brown 2007: 351）．Bennett, DiIulio and Walters（1996）の著作は，原理主義者の犯罪統制政策を分析した学術書として最も充実した労作である．

　政治と宗教の文献に犯罪統制や刑罰に関するものがほとんどないのは妙なことだ．これらの関連は自明なことと思われるからである．最近40年間で共和党が復活したのは，南部戦略に加え，犯罪，福祉，差別撤廃措置といった「是非の分かれる争点」に精力を集中したことによるところが大きい（Edsall and Edsall 1991）．宗教右派が共和党政治に与える政治的影響についてはよ

く知られている（たとえば，Green 2007）．原理主義と保守政治に関し，ある主要な文芸評論が述べているように，「宗教右派は共和党において拒否権のような力を握っている」(Woodberry and Smith 1998: 48) のである．

　対照的に，犯罪学の文献は，わずかではあるが，そうした関連を追究してきた．死刑に対する姿勢に関するUnnever, Cullen and Applegateの考察によれば，「宗教に対して厳粛かつ倫理的な姿勢を持ち，神が正義を執行する公正な存在だとイメージする」原理主義者は，「犯罪者への処罰感情をいっそう抱きやすい」(2005: 304)．オクラホマ・シティの住民を対象とした標本調査を基に書かれたある論文は，短いけれども興味深く，プロテスタントの保守層がほとんどすべての犯罪を「極悪」と考え，犯罪を重大性によって区別しないことを明らかにした（Curry 1996: 462）．この結論は，刑罰の均衡に関する伝統的な思想が現代の量刑法の多くと相容れない理由を説明する際，大いに役立つ．

憲法の構造[2]

　Hofstadterは「西側諸国の多くに比べ，わが国でいっそう偏執病的様式が幅を利かせたのは，この国のある種の歴史的特質によるものだと論じることは無論可能である」と述べた (1965: 7)．解釈に資するそうした特質のうち，アメリカの憲法上の規定が無用の長物と化している状況は，最も重要な点の一つである．そうした規定は，偏執病的政治が生起する際，その影響から保護する機能をほとんど果たさない．

　アメリカの憲法制度の主要な要素は，20世紀でも21世紀でもなく，18世紀の問題に対処するために設計されたもので，時代遅れであり，それゆえにアメリカは，偏執病的様式や宗教的原理主義に絡んで行き過ぎた政策に陥りやすいという点で，ほとんど無比の国となっている．

　刑事司法の政策が極度に政治化する状況は，検察官と裁判官が政治的に選ばれるのか，あるいは実力本位で選ばれるのか，彼らは職業的専門家なのか，それとも政治的な日和見主義者なのか，そしてまた，選挙で選ばれた政治家が個別の事案で意思決定に参画するのを政治的・憲法上の慣例が認めているかどうかということと直接関係している．これら三つの要素ゆえに，アメリカはその他大勢の西側諸国と根本的に異なっているのであり，そうした要素

は合衆国憲法が無用の長物と化している結果として生じているのだ．西欧，カナダ，オーストラリアの中で，裁判官や検察官が政治的に選ばれる国などほとんどない (Tonry 2007)．

　アメリカの憲法は18世紀後半に制定され，18世紀の思想を反映しており，その時代の問題に対処するために書かれたものだ．問題とは，英国の支配に対する入植者たちの強い反対，遠く隔たった英国議会による統治，遠隔の政府から送り込まれた横柄な地方代表による気ままな行動，市民が苦痛の救済を求めることができない，といったことだった．憲法上の主な解決策は，個人の自由を尊重し，傲慢な政府の権力から市民を保護することが中心だった．個人の自由の保護は，基本的人権（言論，宗教，苦痛の救済）と権利付与（陪審裁判，不合理な捜索・拘束を受けないこと，弁護人依頼）を創設した権利章典から取り入れてうたわれた．

　傲慢な政府からの保護は，二つの方法に求められた．まず，政府の権力を分散するため，周到なチェック・アンド・バランスの制度が創られた．主として，連邦政府の三権を横割りにしっかりと分立させ，また，連邦，州各政府の権益範囲を縦割りに区分した（同様に州政府は権力を横と縦に分ける独自の制度を持つことになった）．二つ目に，合衆国憲法の規定は下院選挙（2年ごと）と大統領選挙（4年ごと）を頻繁に実施するよう，州憲法では州の議員，裁判官，検察官の選挙を郡レベルで頻繁に行うよう求めている．こうした規定は主要な選挙を地方レベルで，かつ短い間隔で実施することを強制し，それによって公職者たちが地域の意見に対して責任を持つよう意図したものだった．

　200年以上たった結果として，多くの州では，裁判官と検察官の党派的選挙が行われ，彼らは立候補の際，有権者の感情に訴える．大衆が犯罪に不安を抱き，犯罪者に怒りを感じ，あるいは特定の事件が広く知られたとしたら，検察官が世論を気にしていい格好をしたり，事件が有名になったからという理由だけでそうした事件を特別扱いしたりすることによって個人的な政治的利得を求めても，それを止めることはできない．地方の検察官は選挙を経た責任があり，政府の行政部に属しているため，連邦最高裁は，検察官の自由裁量による判断が実際上，司法審査権の対象外になるとの判断を示した（職務上の不正に関する主張は主たる例外である；Bordenkircher v. Hayes, 434 U.S.357 (1978))．裁判官もまた，ほとんどの州では選挙で選ばれ，判決が多くの大衆の不評を買えば，次の選挙で敗れるかもしれないことを知って

いる．たいていの首席検察官，多くの裁判官は，当選または任命によってさらに上級の政治的官職あるいは司法職を得ることを望んでいる．つまり，彼らは，自身の将来の職業的展望を狭める結果となるかもしれない論争には関心を持たざるを得ず，大衆に媚を売ったり，大衆の非難を避けようとしたりして，特定の事案で特別扱いをしようという誘惑に駆られることだって，必ずあるのだ．そして，刑事政策上の問題が公然と政治上の問題となり，裁判官や検察官の地方選挙で論争の的となるのなら，州や連邦の議会，知事，大統領選挙の候補者たちが同じような行動を取ったとしても，驚くべきことではない．

憲法上の規定ゆえに，アメリカは，合意に基づく政治システムと対立的な政治システムとに区分される連続体の一端に位置付けられる．こうした区分は比較政治学で一般的になされている（たとえば，Lijphart 1999）．合意に基づく政治システムの一般的な特徴は，二つ以上の主要政党の存在，連立内閣，比例代表制，大選挙区制である．主な政策は，連立内閣の内外で幅広く行われる協議に基づいて決定される．選挙の結果，内閣が変わっても，主な政策決定事項が突然変わることはまずない．一つには，旧連立内閣を組んでいた政党は新たな連立内閣にも加わる確率が高く，また，新たに政権を握った政党は，旧内閣が推し進めた政策にかかわってきた確率が高いからである．

対立的な政治システムの典型的な特徴は，二大政党，単独政権，多数代表制，小選挙区制である．これらの特徴は，一人勝ちの選挙という結果をもたらす．政権から外れた政党は，自党の立場を現政権に対する野党と位置付け，既存の政策を推し進めるのに主要な役割を果たすこともなく，そうした政策を維持する特段の理由もない．合意に基づくシステムに比べ，対立的なシステムの下では，大胆な政策方針の転換がはるかに起こりやすい．その一つの理由は，選挙で新たに政権を握った政党は，既存の政策に異議を唱えることを綱領の根底とし，既存の政策を変えることに義務感を抱いているからである．

アメリカは対立的なシステムの典型である（Lijphart 1999）．対照的に，ヨーロッパの憲法の大半は20世紀に形成され，多元的な社会を目指して，幅広い層の政治的代表を確保するように設計された．そうした憲法が施行されると，政治的権力は一手に集中するのではなく分散され，5％と定められることが多い最低得票数を獲得すれば，いかなる政党にも議席が与えられた．

18世紀の政治的問題に対処するためにそもそも設計された憲法を持ち続

けている国など，アメリカをおいて西側にはない．いずれの憲法にも，確立された権利章典が内包されている．たいていの憲法は，多元的社会の実現という難題に取り組み，比例代表制という選挙制度を求めて設計された．ほとんどの国はたいがい，複数政党の連立によって統治されている．すべてのEU加盟国とカナダでは，ヨーロッパ人権条約を国際的な憲法の一部とみなし，ヨーロッパの大半の国々は，ヨーロッパ人権裁判所の決定が拘束力を持ち，自動的に執行されるものとして受け入れている．英語圏あるいは西欧の主な国のうち，検察官を一般選挙で選ぶのはスイスだけで，裁判官の一般選挙を行っている国はない．アメリカは唯一，政府に関する憲法上の特質のせいで，刑事政策が見境もなく政治化してしまう危険にさらされているのである．

　アメリカの政府の構造は，公職者が地域の要望や信頼と緊密につながるよう意図された．世論というものが浅はかで，移ろいやすく，卑劣であろうとも，民主主義のイデオロギーは世論の価値や影響を重要視した．憲法の起草者たちは衆愚政治について危惧したが，局地的な例外を除き，そうした問題が完全な形で現実化することはなかった．20世紀の終わりを迎え，遍在する電子・放送メディアが意図的に，至る所で起こる凄惨な事件を事細かに伝え，感情に訴える報道を全米中に氾濫させるようになるまでは――．

人種

　四つ目の解釈は，アメリカにおける人種関係の歴史である．アメリカの政治文化は今なお，奴隷制度の名残に真剣に取り組んではいない．アメリカの人種的進展について楽観視せず，不公平が永続すると悲観的にみているように思える人びとに対し，私はかつて，ちょっと苛立ったりもした．しかし，私は二つのことを通じて自分が間違っていたと悟った．一つは，私が以前，アメリカにおける人種，犯罪，刑罰について書いた『Malign Neglect〔悪意ある傍観〕』の改編に最近取り組んだことだ．二つ目はバークレーの社会学者，Loïc Wacquantがアメリカの人種関係の歴史について書いた著作が，徐々に認められていることである．

　『Malign Neglect』のことから述べよう．私はその本の中で，黒人アメリカ人が逮捕され，有罪判決を受け，収監され，処刑される確率が，白人に比べてはるかに高い理由を解明しようとした．長期にわたるアメリカの犯罪，犯罪

被害，刑罰の人種的傾向を資料から裏付けたのだ．

私が学んだのは，以下のことである．まず第1に，黒人が収監される確率は，20世紀を通して白人より高かったものの，人種による格差は1960年代に広がり始め，1980年代にはかつてない拡大を見せた．そのころには，黒人の人口はアメリカ全体の12％に過ぎなかったのに，アメリカの受刑者の半数が黒人であり，黒人の拘禁率は白人の7倍という高さだった．第2に，強盗，強姦，加重暴行，殺人といった「刑務所に入れられるべき」容疑で逮捕される確率は，黒人の方が白人よりはるかに高かった．殺人事件を対象に，加害者について被害者が供述した被害調査の資料と，被害者と加害者の特徴に関する警察資料とを比較したところ，重大犯罪の逮捕資料に示されている加害者の人種別割合というものは，現実とかけ離れてはいないと考えられた．しかし，3番目として，重大なことに，逮捕者の人種別割合は四半世紀の間，目立った変化がなく，したがって，黒人の拘禁率が急に上昇したのは，重大な暴力犯罪に関与したからだと説明することはできなかった．4番目に，主として黒人の拘禁率を押し上げたのは，薬物犯罪に対する拘禁であり，政策立案者は薬物との戦いにおいて，敵の歩兵が未熟で，境遇に恵まれず，アメリカのマイノリティに属するスラム街の住民であることを知っていたか，あるいは当然知っておくべきであった．そうした戦いというものが甚だ愚かで，人道にもとる政府権限の行使であると，当時の私には思えたし，今でもそう思える（Tonry 2005）．

その著書で行った分析を書き改めて，私たちは三つの重要なことを学んだ．そのうち一つは朗報であり，二つは悲報だ[3]．朗報とは，逮捕資料に示されるとおり，重大犯罪に関与した人種別割合が変化したことである．加重暴行，強盗，強姦，殺人で逮捕された黒人の比率が減少を続け，1985年に比べ，2006年は大幅に下回った．これに見合う形で拘禁の人種格差も縮まったのではないかと期待，予想する人もいるかもしれない．

二つの悲報について．まず一つは，黒人は相変わらず，刑務所人口の約半数を占めており[4]，黒人死刑囚の割合も1980年代とほぼ同様である．2007年に黒人アメリカ人が在監している確率は，白人アメリカ人が在監している確率に比べて依然，6～7倍となっている．重大な暴力犯罪に関与した黒人の比率が減ったにもかかわらず，刑務所内の人種格差には何の影響もないのである．

二つ目は，黒人アメリカ人の利益に対する悪意ある傍観が相変わらず，ア

メリカの犯罪政策の原動力となっているということだ．政策の選択が依然として拘禁における人種格差の動因となっており，そうした選択が恵まれない境遇の黒人アメリカ人に偏った影響を与えることは認識されていたし，もしくは当然認識されるべきであった．アメリカの薬物政策は1980年代以降，まったく無意味に転換され——主として黒人が犯す結晶コカインの罪に対して，白人が中心で100倍の量を伴う粉末コカインの犯罪と同等の厳罰を科す連邦法は，その象徴である——年少の黒人に加え，年少のヒスパニック系アメリカ人をも次第に対象として，極端に偏った形で逮捕し続けているのだ．また，暴力犯罪に対して厳罰化するアメリカの政策も，同様の影響を与えてきた．恵まれない境遇にあるマイノリティの若者が，置かれている生活環境のせいで暴力犯罪にかかわる確率が極端に高いのだとしたら，暴力犯罪に対して過度に厳罰化する政策は，マイノリティの若者に偏った影響を与えるだろうし，現に与えてきた．

そのようなことがどのようにして起こり得たのかが，Loïc Wacquantの著作で説明されている．アメリカの文化的風習と法制度は2世紀にわたり，人種的優位と支配層の型を維持するために機能してきたとWacquantは説き，現代では薬物・犯罪政策がその機能を果しているという．南北戦争までは，奴隷制度が白人層の支配を確かなものにしていた．南北戦争後30年もたたないうちに，「Jim Crow」法として知られる差別の実践と法形態が，黒人層に対する白人層の支配を復活させた．1910年代から20年代にかけての「大移住」で，何百万人もの黒人がJim Crowによる差別を逃れようと南部から北部に移った後は，大都市のゲットーと居住差別によって，黒人は引き続き低い地位に置かれた．そして，産業の空洞化と雇用機会の郊外化によって，恵まれない黒人たちが都会のゲットーに取り残されると，今日の薬物・犯罪との戦いが勢力をふるうようになったのである (Wacquant 2002a, 2002b)．

刑事司法システムが黒人層に対して全く異なった扱いをしている，という退屈な説明は，よく知られているが，それでもなお驚くべきことであり，7対1という拘禁率の人種格差はほんの序の口だ．司法統計局 (2003) は2001年に生まれた黒人男性の32％が，一生のうちのある時期を州または連邦の刑務所で過すだろうと推計したが，この数字には，毎年，刑務所よりも多くの入所者を扱う拘置所が含まれていない．司法統計局はまた，常に20代の黒人男性の約3分の1が刑務所あるいは拘置所に入所しているか，執行猶予

または仮釈放中であると推計した.

　Wacquantの言説は, 刑事司法の政策と実践に込められた意図についての政治的な言説というより, 政策と実践によってどんなことが起きるのかについて述べた機能主義者の言説である. そのように考える, つまり, 刑事司法システムの仕組みが何を生み出すのかを考える時, その仕組みというものが, 黒人アメリカ人の生活機会を破壊的に減少させていることを看過するわけにはいかない. 黒人男性がしっかりと生計を立て, 首尾よく結婚して良き父となり, 社会が共有する価値観に適応するといった機会を減少させることがその目的だとしたら, そうした状況を好転させるのに刑事司法システムが貢献できる手立てを見つけ出すのは難しい. 刑事司法システムが黒人アメリカ人に対してこれほどひどい扱いをする理由, システムが黒人, 白人各層に全く異なった形でもたらす予見可能な影響が軽視されている理由が必要であり, Wacquantの分析は, 従来の解釈に比べ, より適切な解釈を提供している.

　アメリカの刑事司法の実践が貧困な黒人層の地位を定着させている, と唱えているのは, Wacquantだけではない. 『American Apartheid』はDouglas Masseyの著書 (Nancy Dentonとの共著) で, 居住差別に関する報告として定評があり, 決して物議を醸すような内容ではない. そのMasseyが社会成層に関する2007年の著書, 『Categorically Unequal』の中で述べたことを以下に紹介する.

　「白人層が認めたがるかどうかはさておき, 彼らは人種的成層を永続させる絶対的な仕組みを維持するという, 利己的な関心を抱いている. その結果として, 公然たる差別的実践の終結を連邦政府に強いられると, 白人層は社会における特権的地位を維持するため, 新たな, そしてより狡猾な方法を導入するきらいがある. 差別的な仕組みが維持不能だということがわかると, 白人層はそれに代わる仕組みを編み出そうという気になる. それは, 人種と間接的にかかわりがあるに過ぎないものであるかもしれず, したがって, 明確な公民権法違反とはならない. 人種的成層が生起する特定の仕組みは, このように, 次第に進化するものと予想される……」(2007: 54)

　「新たに報復と刑罰が強調され, それが達成されたのは……政治的策士が意図的に, 犯罪と暴力に関する差別意識を大衆の中に植え付けたからであった」(2007: 94)

　「差別の潜在化が進むにつれ, 黒人アメリカ人を排除する新たな仕組みが

刑事司法システムに構築された」(2007: 251)

さらに，この政治的観点を補完するために，保守派の黒人経済学者で『The Anatomy of Racial Inequality』(2002)の著者であるGlenn C. Louryが2007年，スタンフォード大学でのTanner Lectures〔著名な学者による講演〕の冒頭で述べたことを以下に引用する．

「我々は犯罪学者のMichael Tonry (1995)が『悪意ある傍観』と称する政策を支持してきたし，それによって，我々は社会として，思いもかけず，だが多少なりとも意識的に，とんでもない袋小路へと追い込まれた．こうした仕組みがわが国の人種的侮蔑と服従の歴史（私刑，黒人に扮した白人のコミックショー，隔離，ゲットー化）につながっていることはほとんど自明であり，法と秩序を重んじる政治的言説に過去30年間込められた人種的な意味も明白であったと，私は申し上げたいのです」(Loury 2007, 出典は省略)

Wacquant, Massey, Louryが示した人種的支配／地位不安の分析を一度理解すると，ほかにも多くのことがわかってくる．David Garlandは，1890年から1930年という時代に行われたアメリカの私刑に関する論文の中で，「私刑という見世物による刑罰の過剰性は，近代化された法の手続きでは表現できないことを表現した……そうした過剰性は，手に負えない黒人の呼応的地位，すなわち，つまらない存在で，権利も擁護者もなく，個人としての尊厳や人間的価値もないという地位を回復させたのだった」(2005: 817)と述べている．

犯罪統制政策に対する態度や見解が，人種によってどう異なるかについて書かれた多くの文献によれば，白人層は黒人層に比べ，刑罰に関する意見がはるかに厳しく，司法制度とその実践者に対し，より大きな信頼を寄せている（たとえば，Unnever, Cullen, and Lero-Jonson 2008）．Lawrence BoboとDevon Johnsonは，死刑，そして粉末コカインの売買人（多くは白人）よりも結晶コカインの売買人（多くは黒人）をはるかに厳しく罰する法律に対し，黒人と白人の見解がどう異なるかを広範に分析した結果，次のように述べている．

「刑事政策に対する見解の予測因子として，最もぶれがないのは，実際のところ，人種的偏見の一形態である．見解を数値測定した結果，白人層と黒人層の比率は大きく異なり，この相違を人種的不公平感によって説明することは決してできないものの，それでもなお，人種的不公平感は，人種別自体を

除けば，それらの相違に常に影響を与える最たる変数である．こうした傾向は……刑事司法システムの主な機能の一つが，アフリカ系アメリカ人のような社会的に無視された集団の規制と統制であるという説を補強するものだ」(2004: 171-72)．

このような人種的無感覚という悲しむべき傾向も，他の三つの解釈に照らせば理解できる．犯罪と薬物が善悪の問題で，犯罪者と薬物使用者が邪悪だとするならば，こうした考えを持つ人びとからの同情，共感を期待する理由はほとんどない．死刑囚，仮釈放なしの終身刑あるいは懲役何十年という受刑者は，そうした刑を受けるべくして受けたのであり，刑をいったん受けたら，それ以上，彼らのことを考慮する理由などないのだ．さらに，Hofstadterが40年以上前に述べたのと同様，Wacquantの分析も，人種カードが切られる状況と理由を明確にするのに役立つかもしれない．Hofstadterが述べるには，共和党員たちも歴史的には，アメリカ南部の黒人が置かれている窮状に同情を寄せたことがあったものの，「Goldwaterの取り巻きは『南部戦略』を採用し，こうした同情心を受け継がなかった．彼らは大統領選挙団における南部州の中核を求めることに力を注ぐ一方で，人種差別主義者の票の掘り起こしを望む北部において，戦略的パートナーになろうと誓いを立てた．街頭での暴力，犯罪，少年の非行，母や娘が直面している身の危険について語ることにより，白人層の激しい反感を間接的に利用することができ，そうした反感の中に大衆的な関心を呼ぶ争点を見いだしたと考えたのである」(Hofstadter 1965: 99)．

『The Emerging Republican Majority』(1969)で「南部戦略」の計画を明らかにしたKevin Phillipsは，以後長らく，人種をコード化した表現として犯罪と暴力を用いようと企図したことが誤りだったとし（1991），これを非難してきた．1970年代に共和党全国委員長を務め，南部戦略作成の中心人物だったHarry Dentは，1980年にはもう既に考えを撤回し，後悔の念を表明した（ニューヨークタイムズの追悼記事は80年代のインタビューを引用，その中でDentは「黒人たちの妨げとなった」自身のあらゆる行為に対する悔悟を述べている〔Stout 2007〕）．

こうした撤回にもかかわらず，アメリカの刑務所における人種格差は相変わらずひどく，その格差を生み出した法律や政策はいまもなお，ほとんどそっくり，執行されている．極端に厳しいアメリカの犯罪統制政策の発展を

支えたのは，右派による政治の偏執病的様式，宗教的原理主義双方の道徳主義と不寛容であった．そうした政治がいったん軌道に乗ると，アメリカの憲法上の規定が歯止めをかけることはほとんどできず，黒人アメリカ人の利益に対する無関心さゆえに，黒人が被った過酷な人間的犠牲は黙認され，かつ黙殺されたのだ．

今後

　今の時代をHofstadterが書いた1950年代，1960年代と比べた場合，また，アメリカの歴史の初期と比べた場合，その違いは，アメリカ政治の偏執病的様式が二次的なものから中心的性格へと移行したこと，さらに，その様式が過去四半世紀のほぼ全期間にわたり，国内外の敵に関係するアメリカの政策を方向付けてきたということである．偏執病的様式が影響力を失うとすれば，方法はただ一つ，アメリカ国民がそうした政治の実践者たちを当選させず，それによって，政府が行使しうる政治的権限の範囲を我々国民が狭めたのだということを示すほかない．私が冒頭で示した「アメリカの刑罰政策はなぜ，これほど厳しいのか」という問いかけに対する答えは，すなわち，刑罰政策をそのように厳しくすると公約し，実践した候補者をアメリカの有権者の大多数が支持したから，ということになる．

　第2次世界大戦後，ヨーロッパ人は，傲慢な国家の危険性と，国家権力から個人を守る重要性を学んだ．これが一つの理由となって，他のヨーロッパ諸国は死刑を廃止し，アメリカが率先した仮釈放なしの終身刑，三振法，10年単位の懲役刑には追随せず，子どもを成人として扱うことを拒んでいるのだ．

　ウィンストン・チャーチル（1910）は100年近く前にこう述べた．「犯罪と犯罪者の扱いに関する国民感情というものは，どの国でも絶えずつきまとう試練の一つである．被告人の権利，有罪判決を受けた犯罪者にさえある権利を冷静に，感情を排して認識すること，矯正や更生の過程を見いだすためにたゆみなく努力すること，どんな人間の心の中にも，見つけ出すことさえできれば，宝があるのだと常に信じること．これらは，犯罪と犯罪者の扱いに関し，蓄積された一国の力が示され，評価される象徴であり，国の中に息づいている徳のしるしと証しなのだ」．

　犯罪と犯罪者にいかに対応するかは，国によって大きく異なる．その違いが

なぜ起きるのかについて，我々はさらに多くのことを学ぶことができるし，おそらくは見識を養うことによって，蓄積された力をアメリカという国がより有効に示し，息づいている徳をより確かに証明できるようになるはずだ．

［注］
1 ある意味では，オランダはアメリカよりずっと例外的な事例である．オランダの拘禁率は1973年から2004年まで絶えず，アメリカの拘禁率をはるかに上回って上昇を続けた――絶対値ではなく割合において――が，政策を峻厳化させずに，意図的に拘禁率を高めたのだ（Tonry and Bijleveld 2007）．
2 合衆国憲法の構造の起源と無謀さに関する考察は，Mullet（1966）とWood（1969）を基にしている．
3 この考察はTonry and Melewski（2008）で報告した分析を基にしている．
4 司法統計局（BJS 2007）の2006年上半期の資料によると，黒人男性は男性拘置所・刑務所の入所者のうち，41％を占めた．人種よりも肌の色を重視した国内の真正値は，46～48％となる（というのは，BJSは数年前にヒスパニック系の黒人を黒人として数えるのをやめ，それによって黒人の割合が10～12％減ったからである．ヒスパニック系は男性入所者の21％にのぼったが，このうち4分の1から3分の1は肌が黒い）．47％という数字は確かに半数以下ではあるが，これは，近年，ヒスパニック系の人びとの拘禁が急速に増えた結果である．2007年に拘禁された非ヒスパニック系の黒人は，非ヒスパニック系の白人よりも多かった．

［文献］

Bennett, William J., John J. DiIulio and John P. Walters, 1996, *Body Count: Moral Poverty...And How to Win America's War Against Crime and Drugs*, Simon and Schuster.

Bobo, Lawrence and Devon Johnson, 2004, "A Taste for Punishment: Black and White Americans' Views on the Death Penalty and the War on Drugs," *Du Bois Review* 1, pp:151-180.

Bureau of Justice Statistics, 2003, *Prevalence of Imprisonment in the U.S. Population, 1974-2001*, Washington, D.C.: Bureau of Justice Statistics.

―― 2007, *Prison and Jail Inmates at midyear 2006*, Washington, D.C.: Bureau of Justice Statistics.

Cavadino, Michael and James Dignan, 2005, *Penal Systems: A Comparative Approach*, Sage.

Curry, Theodore R., 1996, "Conservative Protestantism and the Perceived Wrongfulness of Crimes: A Research Note," *Criminology* 34, pp:453-464.

Davis, David Brion, 1960 "Some Themes of Counter-Subversion: An Analysis of Anti-Masonic, Anti-Catholic, and Anti-Mormon Literature," *Mississippi Valley Historical Review* 47(2), pp: 205-224.

Di Tella, Rafael and Juan Dubra, 2008, "Crime and Punishment in the 'American Dream'," *Journal of Public Economics* 92, pp:1564-1584.

Downes, David and Kirstine Hansen, 2006, "Welfare and punishment in comparative perspective," In S. Armstrong and L. McAra (eds.) *Perspectives on punishment: The contours of control*, Oxford University Press, pp:133-154.

Edsall, Thomas and Mary Edsall, 1991, *Chain Reaction: The Impact of Race, Rights, and Taxes on American Politics*, Norton.

Erikson, Kai T., 1966, *Wayward Puritans: A Study in the Sociology of Deviance*, Wiley.

Garland, David, 2001, *The Culture of Control: Crime and Social Order in Contemporary Society*, University of Chicago Press.

—— 2005, "Penal Excess and Surplus Meaning: Public Torture Lynchings in Twentieth-Century America," *Law and Society Review* 39(4), pp:793-834.

Green, John C., 2007, *The Faith Factor: How Religion Influences American Elections*, Praeger.

Gusfield, Joseph, 1963, *Symbolic Crusade: Status Politics and the American Temperance Movement*, University of Illinois Press.

Hofstadter, Richard, 1965, *The Paranoid Style in American Politics and Other Essays*, University of Chicago Press.

Lappi-Seppälä, Tapio, 2007, "Penal Policy in Scandinavia," In Michael Tonry (ed.) Crime, Punishment, and Politics in Comparative Perspective, *Crime and Justice: A Review of Research*, Volume 36, University of Chicago Press, pp:217-296.

—— 2008, "Trust, Welfare, and Political Culture – Explaining Differences in National Penal Policies," In Michael Tonry (ed.) *Crime and Justice: A Review of Research*, vol. 37, University of Chicago Press.

Layman, Geoffrey, 2001, *The Great Divide: Religious and Cultural Conflict in*

American Party Politics, Columbia University Press.

Lijphart, Arend, 1999, *Patterns of Democracy: Government Forms and Performance in Thirty-Six Countries*, Yale University Press.

Loury, Glenn C., 2002, *The Anatomy of Racial Inequality*, Harvard University Press.

—— 2007, "Racial Stigma, Mass Incarceration and American Values," The Tanner Lectures in Human Values delivered at Stanford University on April 4 and 5, 2007. (available at: http://www.econ.brown.edu/fac/Glenn_Loury/louryhomepage/).

Massey, Douglas S. and Nancy Denton, 1993, *American Apartheid: Segregation and the Making of the Underclass*, Harvard University Press

Massey, Douglas S., 2007, *Categorically Unequal*, Russell Sage Foundation.

Mullet, Charles F., 1966, *Fundamental Law and the American Revolution, 1710-1776*, Octagon.

Myers, Gustavus, 1943, *History of Bigotry in the United States*, Random House.

Nagata, Judith, 2001, "Beyond Theology: Toward an Anthropology of 'Fundamentalism'," *American Anthropologist* 103, pp: 481-498.

Phillips, Kevin P., 1969, *The Emerging Republican Majority*, Arlington.

—— 1991, *The Politics of Rich and Poor: Wealth and the American Electorate in the Reagan Aftermath*, Harper Collins.

Roberts, Julian V., Loretta J. Stalans, David Indermaur and Mike Hough, 2002, *Penal Populism and Popular Opinion*, Oxford University Press.

Stout, David, 2007, "Harry Dent, an Architect of Nixon 'Southern Strategy', Dies at 77," *New York Times*, October 2, 2007, p. B7.

Tonry, Michael, 1995, *Malign Neglect: Race, Crime, and Punishment in America*, Oxford University Press.

—— 2004, *Thinking about Crime: Sense and Sensibility in American Penal Culture*, Oxford University Press.

—— 2005, "Obsolescence and Immanence in Penal Theory and Policy," *Columbia Law Review* 105, pp:1233-1275.

—— 2007, "Determinants of Penal Policies," In Michael Tonry (ed.) Crime, Punishment, and Politics in Comparative Perspective, *Crime and Justice: A Review of Research*, Volume 36, University of Chicago Press, pp:1-48.

Tonry, Michael and Catrien Bijleveld, 2007, "Crime, Criminal Justice, and Criminology in the Netherlands," In Michael Tonry and Catrien Bijleveld (eds.) Crime and Justice in the Netherlands, *Crime and Justice: A Review of Research*, Volume 35, University of Chicago Press, pp:1-30.

Tonry, Michael and Matthew Melewski, 2008, "The Malign Effects of Drug and Crime Control Policies on Black Americans," In Michael Tonry (ed.) *Crime and Justice: A Review of Research*, vol. 37, University of Chicago Press.

Unnever, James D., Francis T. Cullen and Brandon K. Applegate, 2005, "Turning the Other Cheek: Reassessing the Impact of Religion on Punitive Ideology," *Justice Quarterly* 22, pp:304-339.

Unnever, James D., Francis T. Cullen and Cheryl N. Lero-Jonson, 2008, "Race, Racism, and Support for Capital Punishment," In Michael Tonry (ed.) *Crime and Justice: A Review of Research*, volume 37, University of Chicago Press.

van Dijk, Jan, John van Kesteren and Paul Smit, 2007, *Criminal Victimisation in International Perspective Key Findings from the 2004-2005 ICVS and EU ICS*, Netherlands: WODC.

Wacquant, Loïc, 2002a, "From Slavery to Mass Incarceration," *New Left Review* 13(Jan.-Feb.), pp:41-60.

―― 2002b, "Deadly Symbiosis: Rethinking Race and Imprisonment in Twenty-First-Century America," *Boston Review* (April/May).

Wald, Kenneth D. and Allison Calhoun-Brown, 2007, *Religion and Politics in the United States*, 5th ed., Rowman and Littlefield.

Wood, Gordon S., 1969, *The Creation of the American Republic: 1776-1787*, University of North Carolina Press.

Woodberry, Robert D. and Christian S. Smith, 1998, "Fundamentalism et al.: Conservative Protestants in America," *Annual Review of Sociology* 24, pp:25-56.

翻訳：布施勇如

第2章 ニュージーランドの
Penal Populismとその影響について
Penal Populismは回避不可能であるか？

John Pratt（ジョン・プラット）
ヴィクトリア大学

ニュージーランドのPenal Populismとその行く末
——Penal Populismは回避不可能か？

　20世紀，欧米諸国において，刑罰問題は国民の舞台裏で，有識者や知的エリートからの助言を受けながら，行政官や官僚組織といった政治機構の関係者のもとで運営されていた (Loader 2006)．そして一般の国民は，もっぱらそうした事柄の関与の外にいたのである．結果として，「法と秩序」はおおよそあまり重要でない事柄とされ，教育や健康といった政府の中心的課題と比べて二義的なものとして位置づけられていた．しかし，1990年代の初頭から，政府と外部団体との強力な結びつきが目立つようになっている．そうした外部団体として，「法と秩序」に関するロビー団体やタブロイド新聞，司会者と視聴者との応答形式からなるラジオ番組などがあげられるが，それらは国民のためと称して，あるいは犯罪と処罰の事柄に対する国民的感情を代弁するものであると主張する．その結果，世論の代表として，外郭団体が政策の方向性を大きく左右するようになってきた (Garland 2001; Freiberg 2003; Roberts *et al.*, 2003)．それに伴い，刑事司法「当局」は次第に政治政策における影響力を失いつつある (Pratt 2007)．この二つの状況——世論の影響力の高まりと，当局がその犠牲となって影響力を低下させる状況——は，今日においてもっぱら「Penal Populism」として呼ばれている．
　本稿の目的は，ニュージーランドにおいてPenal Populismが引き起こした影響力を検証することである．ニュージーランドはこのPenal Populismに対して影響を受けやすい社会である．そしてニュージーランドは，さまざまな点で，一つの社会がPenal Populismによって厳罰化に傾いてゆく過

程を知るうえでの典型となりうる．その一方で，後述するカナダのように，Penal Populismは回避不可能というわけではない．その社会構造の特質として，Penal Populismに対する耐性が備わっている社会もあるのである．一方で，Penal Populismの影響下にある社会にはどのような行く末があるのだろうか？　ニュージーランドの最近の動向はPenal Populismとしては一定の限度があることを示している．仮にPenal Populismがその社会の価値や感性の限度を超えて厳罰化へ傾倒してゆくとすれば，正当性を失い，その影響力を維持しきれなくなるのである（Beetham 1991）．

ニュージーランドにおけるPenal Populismの影響

　われわれが「ポピュリズム」と呼ぶものは，「世論」という概念と同じではない（Bottoms 1995）．ポピュリズムとは，国民の総意をあらわしたものではなく，また世論調査によって評価や測定されたものでもない．そうではなくて，ポピュリズムとは——優遇される集団がいる一方で，自分達は政治機構から疎外され続けていると感じている——国民の一部による有形無形の主張を反映するものである．ポピュリズムは，そのような疎外と不平をもつ集団に対して発言の機会をあたえる．そしてポピュリズムは，その集団の代弁者として，引いては大衆の代弁者であるかのように主張し，現行の政府が国民のための取り組みを怠っているとする手法で声高に非難をおこなうのである．これに加えて，ポピュリズムは「刑事司法当局」に対しても共犯関係にあるとして痛烈に糾弾する．当局は，エリート集団や裁判に影響をあたえる世論形成者を構成する裁判官や行政事務官および大学研究者からなり，犯罪者を寛大に処遇することで，罪のない人間や被害者を無視し，遵法な社会構成員を安全から危険にさらしていると主張する．

　政治家はポピュリズム的感情が選挙を左右することを嗅ぎつけており，その点につけ込もうとしがちである．このポピュリズムの先陣を切ったのは，1960年代の米国のリチャード・ニクソンや1970年代と1980年代のマーガレット・サッチャーであった．しかし，「法と秩序」を厳格に保守する政治的態度は，今や右翼的な政治家や政党の専売特許といったものではなくなっている．1990年代のビル・クリントンの米国大統領選挙戦の勝利にあるように，ポピュリズムは，英国やニュージーランド，オーストラリアなどでも，リ

ベラルや左派傾向の政党にとっての戦略的手法となっている．それはしばしば有権者の支持を引き出そうとする主要政党間の「争奪戦」を誘発するまでになる (Newburn 2002)．各政党は，有権者の支持獲得のために他の政党勢力の取り組みに先駆けて，厳罰化の姿勢を顕示するようになっているのである (Robert *et al.* 2003)．このように，グローバル化の過程は，政治家や政党がもつ思想や戦略を急転させ，その一方で，ニュースメディアの「タブロイド化」が政治家や政党の声明を都合よく加工して報道する．このことは，「3度の有罪で終身刑 (Three strikes and you're out)」[訳注1]，「一生の服役を意味する終身刑 (Life means Life)」，「真実量刑 (Truth in Sentencing)」といった常識で簡単に理解できる刑罰の俗語を新しく生み出し，流通させるまでになっている．このように政策とは，根拠にもとづいて決定されるのではなく，大衆の人気取りをめぐって敵対者に出し抜かれることを恐れる政治家の動機がはたらいて決定されるのである．結果として，今日における刑罰や犯罪に対する見方は，戦後の多くの時期に培われたものとは根本的に違う構造によって成り立っている (Pratt 2002)．この新しい構造とは，従来のように社会科学的調査，専門家の見解や知識に拠るのではなく，むしろ個人の経験や一般常識や逸話にもとづいている．このなかでは，刑罰の「有効性」とは，刑期の長さや抑止力の強度，被害者に対する贖罪といった点から判断され，刑事司法当局が基準としてきた財政コストや再犯率 (reconviction rate)，人道主義や「社会良識」といった点は省みられないのである (Loader 2006)．

こうした進展に伴って，多くの近代社会で複数の爪痕が確認されるが，そのなかでもニュージーランドは，近代化の過程で深刻な Penal Populism に侵されている点でサンプルとなりえる社会である．ニュージーランドの特徴として，第1に，一院制の議会システムを採用していることがあげられる．このシステムは，政治家を直接的な国民感情から守るうえで極めて脆弱である．第2に，現行の主要2政党に対する深刻な失望感があげられる．この2つの政党を構成する労働党と国民党（保守）は，確固たる平等主義や国としての規制を伝統として維持してきたニュージーランドにおいて，1984年から1993年のあいだに，──有権者に対してそれに先立つ説明責任をおこなうことなく──急速な新自由主義経済改革を断行したのである．1991年の世論調査ではじき出された国民党への支持率19%，労働党への支持率11%という結果が，両政党に対する国民の低い評価を物語っている．第3に，実用性

を重視し，教養主義に懐疑的なニュージーランド社会では，刑罰に携わる専門家の権威が低下している一方で，犯罪問題に対する国民の目線に立った常識的な犯罪対策が国民の利益を担うものとして権威を高め，有望なものと見なされるようになった (Pratt and Clark 2005). 第4として，1980年代におけるフェミニスト主導の犯罪被害者活動が，ポピュリズム的治安運動に組み込まれたことがあげられる．「法と秩序」の範疇にレイプや家庭内暴力といったフェミニストの視座が取り込まれたことで，国民は潜在的な被害者であると啓蒙する権利活動が一段と勢いを強めた．フェミニスト・グループが唱えていたジェンダーの再構築にもとづく犯罪撲滅という思想と，「法と秩序」を志向するロビイストがもつ厳罰化の思想とが結びついたのである．第5に，規制緩和と新しいメディア技術が影響し，ニュージーランドのメディアに変化が生じている．1989年のニュージーランドでは，たった2チャンネルの公共放送が，英国BBCのような強力な公共教育としての機能を保有していた．その後，テレビ放送を所有する国家の財源基盤は利益追求型へと向かい，民間の地上回線放送や衛星放送との競争に追われるようになっている．それは時事問題を取り上げる放送枠を削減するだけでなく，多くの視聴者を引きつけて広告収入をできるだけ多く得るように放送内容を簡略なものにしてしまう．その結果として，「法と秩序」に関する話題が報道番組の主要なテーマとなった (Cook 2002). というのは，この種の話題は「衝撃や恐怖感，興奮や気晴らし」をもたらす本質的な側面を宿しており (Jewkes 2004: 3)，幅広い視聴者を生むためである．

　その結果，1990年代のニュージーランドでは，国民が，問題解決に従事する当局から目をそむけ，疑いをもった目で見るようになった．他方で国民は，耳馴染みのある話や，複雑で――解決が容易でない――問題を，解決が容易であるかのように話す人物に信頼を向けるようになったのである．それには，変質したメディアによる安易な報道が国民に発せられていることがある．とはいえ，これらの要因は，そのほとんどがニュージーランドに固有というわけではない．しかし，ニュージーランドにとって固有であるのは，過去10年で劇的に変化した民主主義の過程である．その変化によって，ニュージーランド社会の民主主義は，懐疑や不信，不寛容さなどが，政策決定において公的な影響を及ぼすまでに至ったのである．従来の小選挙区制[1]という選挙制度に対する国民の信頼の失墜を緩和するために，1996年には，複数

名からなる比例大選挙区制度に加えて国民主導による国民投票制（Citizens Initiated Referendum: CIR's）が導入された．この国民投票制は目安のようなものであったため，政府への拘束力はない．しかし，登録有権者の10％にあたる全体でおよそ320,000名の署名を記載した請願書が議会に提出されることで有権者の判断をあおぐことになる．

1996年の国民投票によってもち上がった四つの議案[2]のうちの最後にあたる1999年の議案は，以下の問いかけに賛同する91.75％の選挙票を引き出すものであった．その問いかけとは，「われわれは，すべての重大な粗暴犯罪に対して最低刑期や重労働を科し，また犯罪被害者に対しては，その者たちへの弁償や償いを整備し，犯罪被害者の要望をいっそう強く押し出すべきではないか？ それに向けた刑事司法システムの改革が必要ではないか？」というものであった．これは，クライストチャーチに住む自営業者(Mr. Norm Withers)からの声明である．昼休みに彼が店内にいたところ，彼の母親は深刻な暴行の被害に遭っていた．彼は，自分の母親がこのようにして暴行に遭ったということは，すべての人々が母親と同じように被害に遭うことを意味しているのではないのかと訴えかけた．それゆえ，彼の母親は，全く非がなく，か弱くもあり，自己防衛の手段をもたない「完全な被害者」というシンボルとなった．この事件は，犯罪に対する日常的な危険についてのわかりやすい根拠として使われた．そして，——後にこの事件の被告人には12年の拘禁刑が科されたという事実が周知されない一方で——この事件は，刑事司法というものが罪なき国民を守ることができない無力なシステムであると喧伝し，国民の怒りや憤りを引き出した．また一方で，国民投票制の過程は，この国民の怒りを権力に変える手段であった．この事件を契機として，それ以降の投票議案に賛同する大規模票が，犯罪と刑罰に関する業務を取り扱ってきた従来の権威を上回る権威となった．それに加えて，当局が，国民の怒りと不満の連鎖から，疑念を向けられるようになったのである．すなわち，国民は，日常に重く圧しかかる——と頻繁に語られ始める犯罪不安（fear of crime）といった——後期近代の過剰不安や不確実性に苛まれている．そして国民は，当局がそうした不安や不確実さの発生に共犯的な関わりをもっていると見ているのである．

こうした岐路において新たに成立した労働党政権は，国民投票制との親近性をもつためにすぐさまポピュリスト的な政治姿勢をとる一方で，刑事司法

当局を無力化するような意味ありげな動きを見せるのであった．たとえば，労働党政権は，2000年に不服申立手続を導入することで，任官や監査や研修といった裁判官業務の監督に乗り出した．「法相は，多くの国民がもはや司法システムに十分な信頼を置いていないとし，これを遺憾とした」(*The Dominion* 26 February 2000: 3)．同じ発言のなかで，法相は裁判官らに対して，量刑手続を国民の感情や期待に留意するように警告した．裁判官たちは，この大臣の発言に従わなければ，職務の自立性と決定権が脅かされる危機にさらされることになったのである．法相によれば，「世論は無視されることを受け入れない．尊大な態度で要求が退けられたと疑いを抱いた場合は特にそうなのである」(*The Press* 26 February 2000: 1)[3]．しかし，国民投票制の成立から10年目を迎えた時，拘禁刑と刑期の長期化を欲求する票が著しく増加していたものの，犯罪発生件数は1992年から2005年までのあいだで，25%減少していた．このように国民投票制は余分なものであり，憲法上の拘束力をもつものではなかった．さらに，状況にそぐわないだけでなく，制度としての実効性についても乏しかった．そもそも刑務所での「重労働」は実用的でないばかりか，ニュージーランドが署名した多くの人権条約に違反するものとなっている．国民投票制に向けた取り組みは，未だ大きな困難を抱えている．国民投票制は，今まで極めて多くの国会議員から支持されてきた．なぜならば，国会議員は選挙における勝利を見込んで，国民投票制を「法と秩序」の問題と結びつけて頻繁に取り上げていたからである．これとは対照的に，当局の関係者たちは，安易な独善さに突き進むもうとするポピュリストの危うさに批判的であった．そのため，司法長官(the Secretary for Justice)[訳注2]は，疑念の声明を表明したのであるが, Mr. Withersの反応は「彼らは国民を馬鹿にしているのだろうか？　われわれは学術的な質問をしているのではない．普通の人が理解できる常識的な言葉で質問しているのだ」というものであった (*The Dominion* 12 October 1999: 9)．そこには，反対する者といえば，エリートや匿名の上流階級や少数の先端的知識人ぐらいしかいないだろうと想定するMr. Withersの考えがあらわれていた (同上)[4]．

　また，国民投票制は，2002年の量刑手続法や仮釈放法，犯罪被害者権利法といった法案が，議会で承認されるかを占う指標となった．法相は(2002:1)，この法案の制定目的が，「1999年の国民投票に対する応えである」との姿勢を明らかにした．「重大な粗暴犯への量刑手続に対する国民の懸念が表面化

した」1999年時の国民投票制のことである．「ニュージーランド人もまた，危険な犯罪者から保護される願望を表明したのだ」というわけである．量刑手続法が通過したとき，一般の国民にも刑罰問題に影響をあたえることに成功したMr. Withersに，時の法相は祝電を送ったのであった．この法案が多くの関心を集めた理由は，粗暴犯罪に対する厳罰化として，裁判官に犯罪者の有責性と行為の重さを考慮するように義務づけた点にある．さらに，最高刑を積極的に適用するように勧告した点もあげられる．仮釈放法では，粗暴犯や性犯罪者に対する仮釈放の機会をいっそう制限し，「コミュニティの安全に対するリスク」を仮釈放について判断する際の唯一の基準とした．犯罪被害者権利法では，犯罪被害者に仮釈放の審査会において書面や出席者に対する意見表明が権利としてあたえられた．また，犯罪者の公判の場面で判決の鍵となる意見提出をおこなう権利があたえられた．しかし，あまり注目されなかったが，この法案は受刑者の大半を占める粗暴犯以外の受刑者に対して，仮釈放の資格の発生を刑期の3分の2から3分の1へと短くした．なおそのうえ，――量刑は増やさず，減らさずという――量刑手続法のもとで，裁判官たちは刑の加重と減軽について一段と考慮が求められた．法案の立案者は，そうした手法で，より厳格な刑罰を求める国民に応えるとともに，その結果が収容人口の微増に留まることを意図していた．実際に，法務省（2002）は，収容人口の増加が200～300人ほどで済むものと予測していたのである．

とはいえ，刑罰論争のキャスティング・ボードは，政府ではなく，議会の外部のポピュリスト勢力が握っていた．2001年にはthe Sensible Sentencing Trust (SST)という任意団体があらわれ，政府に対して国民投票の結果を実行に移すよう圧力をかけるようになったのである．この団体は，2002年の総選挙キャンペーンにおいて，「法と秩序」を訴える団体としてマスコミ報道から注目された．SSTは，自分たちのウェブサイト――（www.safe-nz.org.nz）――を所有し，有名な2度のデモ行進を組織した団体であった．政府首脳や他の主要政党の国会議員は，こうした団体の集会にこぞって参加し，これら圧力団体が大きな存在感をもつ団体であることを証明したのであった．総選挙の結果，労働党が再び政権を握ることになったが，この際，労働党が選挙に勝利すべく用いたのが，ビル・クリントンがあみ出し，その後に英国のトニー・ブレアが模倣した手法であった．それはブレアが――tough on crimeやtough on causes of crime――というフレーズと結びつ

けて犯罪統制政策を描いたのと，類似したフレーズを用いる手法である．このような手法を通じて，Penal Populismの影響力がニュージーランドを方向づけるようになった．そして，その流れに，ニュージーランドのメディアやSSTに，ポピュリスト政治家が同調することで，2002年の——仮釈放法と犯罪被害者権利法などの——立法化を阻んでいた勢力が一掃された．そして，拘禁刑の刑期が最長を記録することになったのである．2004年における7,327人という受刑者数は，過去に類例がない多さであった．拘禁率で見た場合，受刑者は1999年の時点で人口10万人に対して150人であったが，2004年には179人という上昇を記録したのである．その結果，ニュージーランドは欧米社会のなかで2番目に拘禁率の高い社会となった．また，このように予測された拘禁刑の上昇に合わせるかたちで，4箇所の新たな刑務所の建設が計画されることになった．その際，法相は断言したのである．「1999年の国民投票では，ニュージーランド国民は犯罪に対する強化策を望んだのであり，政府はその要望に応えたのだ．こうした（刑務所の）数は，その証なのだ」と（*The Dominion Post* 10 March 2004: A11）．

　一方で，過剰収容の結果として劣悪化する刑務所の状況は，拘禁生活の実態を徹底的に歪曲する新聞記事のために顧みられなかった．とある記事の見出しには「単に閉じ込めるだけでなく，自由を奪うのだ．監獄内で携帯電話の使用や夜間拘禁の免除や鹿肉やザリガニのバーベキューといった行為が続けられていることがおおやけになれば，国民は国会議員らを問い詰め，議会を責め立てることになろう」とあった（*The Dominion Post*, 18 May 2005: A8）．この時期のニュージーランドは，犯罪に対する刑事手続をまともに履行できない社会に変貌していたと思われる．労働党政権は，2005年に「受刑者と被害者請求法」を通過させた．この法案は，犯罪被害者やその家族，SSTといった自助団体に元受刑者に対する訴訟権を認めるものである．この権利をもつ人々は，釈放後6年以内であれば，元受刑者がたまたま当たりくじや稼ぎのよい仕事，裁判所が認めた損害賠償などによって利益を得た場合，犯罪被害によって損なわれた利益のために元受刑者を相手取り，訴訟を提起することが可能となったのである．2004年は，その立法化を促した刑務所当局から虐待を被ったとして，10万USドルの賠償を認められた6名の受刑者に対して国民の狼狽と怒りが噴出していた時であった．しかし，この国民の憤りは，6名の受刑者が被った——米国の過剰収容施設と同様に法的権利を欠

く状況下での拘禁という——虐待に対してではなく，受刑者の立場で政府を訴えることができたということに向けられていた．法案の説明について法相は，「自分を含め，大半の国民がこの事件に強い遺憾の意を抱いている．その遺憾とは，重大犯罪者が劣悪な待遇に対する賠償を受けたことに対してであり，被害者に対する賠償をせずに虐待に対する賠償金を得たことである」と述べた (*New Zealand Parliamentary Debates* 2004, 622, p.17986)．後に法相は，受刑者は拘禁中に「社会に対してツケを返している」という考えを撤回したのであるが，他方で，刑務所について以下のように述べたのであった．すなわち，「刑務所では誰かを拘禁するために，1年に5万NZドルの負担を国民に課している．……つまり，刑務所に入ったからといって，被害者に対して罪が償われたわけではない．……（この事件の原告たちは）拘禁中に受けた犠牲を自分たちの借りで支払うということはしないのである．」と (*The Dominion Post* 8 January 2005: E3)．法相は，この事件によって生まれた国民感情に応える姿勢を意欲的に示し，拘禁刑はもはや処罰として十分に有効ではなく，国民感情を鎮められるのであれば，付加刑の導入も臭わせたのである．

　それと同じくして，深刻な粗暴犯や性犯罪で有罪判決を受けた人々（もともと，こうした人々に対しては，7年以内の懲役刑が科せられていた）を対象として，タクシーやバス，電車などの乗務員としての雇用が禁じられることになった．しかし，この処罰が執行されるまでには多くの年数を要した．時代に逆行するこの法律は，交通機関当局による意見を跳ね除け，タクシー運転手による性的暴行など少数の事件が喧伝されたことが余波となって2005年に可決されたのである．ある議会で国会議員が以下の説明をおこなっている．「われわれが言及しているのは，乗客の安全性だけではない．乗客の安全性は旅客輸送産業への国民の信頼にかかわる事柄である．すべての人たちは乗ったタクシーの乗務員が殺人者やレイプ犯ではないことを知る権利がある」(*Hansard* 10 May 2005: 20434)．しかし，この発言は，旅客輸送産業に対して国民の信頼はもはや残っていないのであるから，古典的な法案を再び持ち出す以外にないと述べているようなものなのである．一方で，SSTは性犯罪歴をもつ多数の元受刑者への自警活動や，こうした元受刑者と著名な殺人事件の遺族とが接触をもたないように調整するといった活動をおこない，一躍その名が知れ渡るようになった．SSTは，一段と長期の懲役刑を要

望する遺族を支援することや，仮釈放中の粗暴犯受刑者に身内を殺された複数の事件において，矯正局を相手取って訴訟を起こした遺族に，法的な助力を提供していた．そのうえさらに，2002年の法案に隠れていた本性が公然と暴露され始めた．この法案はこれを促進していた政府の見込みに沿う類のものでなかったのである．この法案は，国民の意見と利益を巧みに調整するような法案ではなく，捏造された怒りを持続的に引き出し，それをなだめあやすという試みによって創りあげた獣であり，今やその獣のような法をさらに突き詰めなければいられない法案であることが明白となったのである．仮釈放は，実際のところ大半の受刑者に対して普通に与えられているのであり，犯罪被害者は，物質的な支援ではなく，シンボリックな見せかけの援助を供与されているだけであった．大半の犯罪被害者にとって，仮釈放の審査会に出向くことは，彼らの被害や深い悲しみが酌量されるというよりも，被害者としての経験を再び味わうだけであったのである．

　2005年の総選挙を控えたなかで，主要各政党によって競り合いがおこなわれていた．国民党の党首は，2004年のSST会議の場で「法と秩序」政策を立ち上げる演説をおこなった（この組織に議会の要人が出向くことは現在でも通例となっている）．その演説の中身については，以下の演説が世論に向けた新聞記事の見出しに掲載された一方で，犯罪と処罰の事実に関する言及が削ぎ落とされていた．すなわち，「私は，持論を述べるうえで，統計の多くに依拠しない．われわれは皆，ニュージーランドがひどい記録を抱え込んでいることを自覚している．われわれは毎日……実に毎日，メディアが報道するおぞましい犯罪の記事に直面しているのだ．ぎょっとする家族虐待であり，そのなかには死に至るケースやむごたらしい痕跡が母子の外見に残っているケースもある．またドラッグに狂った犯罪者が仮釈放後に無差別殺人をおこなったケース，若い観光客による残忍な強盗犯罪があげられる．さらに，交通事犯では，飲酒運転を常習とする危険な運転手，多数の交通事犯の前科をもつ者たち，交通事故死させた者たち，といったケースがある．こうしたケースに対するわれわれの対応とはどういうものであったのであろうか？　大したものではなかったであろう」（Brash 2004: 1）．彼の所属する国民党の対応は，仮釈放を廃止し，刑務所の増設という約7億5,000万ドルの追加予算がかかる政策に着手するというものであった．彼が事実として認めたように，その後の刑務所の人口は5割増しに膨れ上がった．これに呼応するかた

ちで，労働党は再び，tough on crime 政策を公約として掲げ，2005年度に再び連立政権の主要政党として勝利した．また，この連立政府のパートナーであったポピュリスト政党である New Zealand First 党もまた「法と秩序」を政策の中核議題としていた．

回避することはできないのか？
——近代社会の縮図としてのニュージーランド

　しかし，ニュージーランドが陥った Penal Populism について，これを近代社会の普遍的な現象として捉えることは誤りである．その他の社会においても同様に，メディア規制が緩まり，政治家不信や犯罪に対する不安の高まりが生じている．それでも，刑務所の収容人口が安定的であったり，なかには減少していたりする社会も存在するのである．これについてカナダはもっとも的確な例を示してくれる．カナダの刑務所の収容率は，1995年の人口10万人に対して131人であった数値が，2005年には105人に下降した．犯罪と刑罰に関するカナダの世論は，他の英語圏と極めて似ているようである．犯罪が減少し続けている時にでも，世論は，法廷が寛大であるために犯罪が増加していると考えている（Roberts *et al.* 2003）．それでは，なぜカナダがポピュリズムに扇動された政策を跳ね除けることができているのであろうか？

　妥当な説明としては，世論調査の結果に縛られず，米国のような状況になることを回避する政治的決断を優先したという点があげられる．米国と地理的に近接するカナダでは，過剰な刑罰政策によってもたらされた隣国の現実を，まざまざと見せつけられている．米国の二の舞を避けるために取り組まれているのは，政策の重要な要素として，カナダ社会の異なる文化から刑罰に対する価値観を受け入れることを可能にしている．また，カナダの矯正当局は中央集権的な傾向が強く，社会復帰を通じた矯正的改善に努力するだけでなく，たとえば Paul Gendreau や James Bonta といったこの分野における国際水準の専門家との連携に尽力している．このことは，カナダ政府が専門家を信頼し，刑罰問題の解決のために彼らに期待を寄せていることを意味している．ポピュリズムが根強い社会では，専門家は軽んじられ，情報を欠いた国民感情や世論に比重が置かれている．

　カナダの民主化の構造は，ポピュリズムに抵抗する方法を提示してくれ

ている．カナダ社会は連邦政府と州政府から成り，それぞれが刑罰機関を保有している．刑罰の権限は，このように分散されているのであり，「法と秩序」問題を扇動する団体にとって手の届きにくいところにある．こうした進歩を遂げるまで，カナダ社会は，幾代もの政官構造を経て，さらに緩やかな連帯を維持してゆくために相当の検証を費やさねばならなかった．このカナダの事例は，ニュージーランドと明らかに対照的である．ニュージーランドは一院制であり，単一の刑罰機構のもとに刑罰の権限が集約される傾向にあり，ポピュリスト団体で構成される政府と刑罰権力が直接結びつく危険性にさらされている（Pratt and Clark 2005）．強固な市民文化を推進するために国家がとるべき役割は，ポピュリズムに対する防疫を設けることである．カナダの社会福祉制度は，他の英語圏の国々とくらべて，充実した規模をもつ（たとえば，Castles 1996を参照）．つまり，カナダにはスカンジナビア諸国に比類する相対的に高い社会的資源と強固な市民文化が発達しており，それは拘禁刑の適用についても同様のことがいえるのである．カナダやスカンジナビア諸国といった社会では，経済再編に伴う不安要素に対して安全の確立に努めている．これに対して，ニュージーランドでは，――刑罰は別として――社会福祉に対する国家の役割は抑えられ，限定的なものになっている．ニュージーランドのような社会は，こういった場合，国民の命運は国民自身の手に委ねられてしまい，小さな国家はその役割を国家の脅威となる外的諸力からの防衛に留めてしまう．細切れのような社会関係が広がるなかでは，国民が潜在的な脅威と見なされる「他者」をすべて疑い，警戒することは驚くことではない．このように，ニュージーランドがPenal Populismの強い影響下の社会である一方で，カナダでは対照的にその影響を無効化する作用が広くはたらいているのである．

Penal Populismの限界

しかし，Penal Populismが顕著な影響を及ぼしている社会でさえ，明らかにその影響力には限界がある．というのは，政府が，Penal Populismによって増加の一途を辿る刑務所の収容状況に無限に耐えることはできないためである．どのような社会でも国民が期待するのは，国家による――拘禁刑の増大によって生じるように仕向けられた――安全と危機管理だけでは

ない．教育や保健医療，年金といった生活水準の向上を図る公的サービスや物質的支援も国民の期待に含まれている．そのため，拘禁刑の適用水準が各種公共サービスの供給を阻害するまで及んだとき，そのときを契機としてPenal Populismから正当性が失われ始め，影響力が減退してゆく（Beetham 1991）．ニュージーランドにおける近年の動向は，まさにこれを絵に描いたものといえる．2006年の8月，首相は，元首相およびニュージーランド法律委員会（Law Commission）の会長を引き連れ，「効果的な介入計画」という政府案を立ち上げた．1999年から2005年にかけて厳罰政策が追求されていたにもかかわらず，現在では，受刑後の人々を社会に包摂する政策が一段と強調されるようになった．このことは，1999年以降の国民投票制ではほとんど言及されなかった政策である．すなわち，拘禁刑に対する代替刑の発展――特に自宅拘禁や集中保護観察――，修復的司法，保釈法の緩和といった政策である．とりわけ重要であるのは，量刑委員会が設立されたことであり，現在，2007年の刑事司法法のもとで法制化がおこなわれている．予期されたとおり，この委員会によって，量刑手続の精度を高め，裁判に対する柔軟性と確固たる指針を築くことで，量刑手続から政治的な要素が取り除かれた．同時に，この委員会によって設定された刑罰は現行の基準から25%軽減され，他方，仮釈放の有資格条件は，刑期の3分の1から3分の2に引き上げられた．受刑者は従来通り同じ期間を刑務所で費やすことに変わりはなかったが，量刑手続については，「真実量刑（Truth in Sentencing）」という表現に値するほどの透明性が確保されたのである．それによって，刑事裁判の手続きに対する国民の信頼の回復，および「法と秩序」に関わる要求の減少，究極的には拘禁刑の減少が見込まれたのである．

首相は自ら立ち上げた新しい計画について，「刑務所の収容水準はあまりにも高い．……目標はわれわれの国家にとって妥当な水準にまで収容率を抑えることである．……刑事司法システムは受容できないほどの拘禁刑をそのまま維持することはできないのである」と述べた（*The New Zealand Herald* 16 August 2006: A1）．ところで，どうしてこのような劇的な大転換を引き起こしたのであろうか？ 2005年度の選挙直後から，この計画に向けた意思決定が政府内で存在していたことは明らかである．政策転換をうまく乗り切るために，法律委員会が計画の遂行にとりかかっており（Law Commission 2006），さらに，矯正や司法を担当する大臣たちが新しく任命

された．しかしながら，この計画にはずみをつけたのは，2006年に相次いだスキャンダルによって「tough on crime」戦略が下火になったことにある．こうしたスキャンダルの数々は，お粗末かつ不適切であり，保身のために脱法行為に手を染めるという良識的感覚を逸脱したものであった．それまでは，スキャンダルと言えば，Penal Populismから主張されるもので，刑期があまりに短すぎるとか，拘禁環境は手ぬるく，執行猶予を安易にあたえすぎるといったことがむしろスキャンダルと言われていた．しかし，刑罰政策はスキャンダルと見なされるほどにリベラルすぎるようなものではなかった．刑罰政策には，国民の局所的な価値や感覚とは相容れない厳格な側面があるのである (Brown 2005)．そして，事実，次の四つの事例に見られるような，異なるタイプのスキャンダルが浮上してきたのである．

　一つ目は，刑務所の収容人口の規模に関連して，平等主義と寛容性で知られたニュージーランドの国際的評価が暴落するという懸念の高まりである．他の欧米諸国のなかでは，唯一米国だけがニュージーランドよりも高い拘禁率となり，「欧米社会における第2位の拘禁率の高さ」という認識は，国民的議論を引き起こすことになった．たとえば，「拘禁環境の調査．アムネスティ・インターナショナルは，ニュージーランドの刑務所における受刑者処遇の調査を請け負っている」(*Sunday Star Times* 15 February 2005: 2)．「缶詰状態の刑務所は厳格な取り締まりに原因がある．量刑や執行猶予，保釈に関する (2002年の) 法改正は，受刑者の増加の原因となっている」(*The New Zealand Herald* 15 February 2006: A3)．「悪化するわが国の収容人口」(*The New Zealand Herald* 12 May 2006: A11)．「加速するパンク状態の刑務所の見直しを」(*The Dominion Post* 25 February 2006: A10)．「刑務所人口は破綻へと向かっている」(*The Dominion Post* 8 March 2006: A2)．このように刑罰に対する認識が改められたことによって，当局の関係者の声に一段と耳が傾けられるようになった．たとえば，「法律委員会に不名誉な刑務所政策と揶揄された政府」(*The New Zealand Herald* 15 May 2006: A3) や，「専門家によれば，高い収容率は政治に起因しているとのことである」(*The Dominion Post* 13 May 2006: A8) などである．

　二つめのスキャンダルとして，各報道機関が，これまで重点としてきた「行楽地のような刑務所」報道ではなく，むしろ劣悪で品位を欠く刑務所の状況を報道するようになったことがあげられる．「昨日，矯正局はマウントエデ

ン刑務所外側にて受刑者を路上のトラックに仮設収容する運用を中止した」(*The Dominion Post* 25 March 2006: A3).「床に眠る受刑者.膨れ上がるこの国の受刑者のために,ダニディン警察署の留置所は超過状態のままである.そして,再び刑務所に拘禁された受刑者は,インタビュールームの床のマットレスで眠る羽目になる」(*Otago Daily Times* 23 May 2005: 1).「刑務所職員組合によれば,ニュージーランドの刑務所の過密状態は,自殺や暴行,ほかにも抑えきれない振る舞いが横行し,破綻へ突き進んでいる」(*The Dominion Post* 27 June 2005: A5).

　三つめのスキャンダルとして,過剰収容問題を緩和すべく導入された4箇所の新刑務所の建設費用が,早くも見積予算を超過したことがあげられる.「新刑務所が,1億4千万ドルという建設予算を超過した」(*The New Zealand Herald* 19 January 2006: 3).「刑務所のパンク.5億ドル.4箇所の新刑務所建設の実際の超過した予算が5億ドルであったことに国内の批判がもちあがり,各施設の長は国会喚問を突きつけられた」(*The Dominion Post* 21 January 2006: A2).「2箇所の刑務所で2億1千万ドルの予算超過」(*The Dominion Post* 19 January 2006: A2).国民投票制によって刑罰感情を解放するということの次の議論として,政策が実現した場合にかかる歳出コストについておおやけに議論されていなかったのである.そのことで明らかになったのは,受刑者の費用が当初の見積もりの2倍(5億ドル)にのぼるという結果であった.さらに,受刑者に対する刑罰効果も損なわれるとのことであった.ドミニオン・ポスト紙 (20 January 2006: A2) の報道によれば,「刑務所の――独房は,造りの良い家の5倍以上の費用がかかる」とのことであった.

　そして四つめのスキャンダルとして,救世軍やオンブズマン事務局は,――これらの組織は,刑事司法当局に対する社会的な信頼が低下するなかでその汚名を免れているが――大半の受刑者が時間のほとんどを何もせずに過ごしているということが明らかにした.重労働はなく,リハビリテーションもなく,単純に何もないのである.この程度の予算から導き出される当然の帰結である.この何もないことが刑罰権力の再編につながっていった.ニュージーランド・ヘラルド紙は,「我らの無意味な刑務所」という見出しで,2006年1月25日から1週間の特集を掲載した.お粗末な収容状況や労役,教育の欠如といった記事があり,社説は「致命的に誤った刑務所政策

を見直すべきだ」という見出しで結ばれていた（*The New Zealand Herald* 6 March 2006: A10）．ドミニオン・ポスト紙（28 February 2006: A4）もまた社説で同様の懸念を示した．そこでは，「欠陥システムの受刑者．ニュージーランドは犯罪者を閉じ込めることにご執心であることを露呈させた．信じ難い失敗を押し込めた刑務所の扉の奥で何が起きているのであろうか」という記事が掲載されている．以上のような不祥事によって刑務所に対する見方が様変わりしたことで，報道機関は，刑務所を行楽地のように取り上げる記事ではなく，ニュージーランドが受刑者の社会復帰にとって十分な努力をしていないことを取り上げ始めるようになったのである．すなわち，「刑務所での矯正はないほうがましである」（*The New Zealand Herald* 16 February 2006: A3）という具合である．「ベッド不足は，受刑者たちの増加を抑える」（*The New Zealand Herald* 27 February 2006: A5）．「刑務所の矯正は大失敗に向っている」（*The Dominion Post* 8 March 2006: A1）．「改善プログラムに，わずか2，3人の受刑者」（*The Dominion Post* 27 March 2006: A2）．こうした2006年の一連の不祥事には，報道機関が主要な媒介役を果していたことに加えて，ゴールデンタイムのラジオやテレビ番組もまた関心を示していた．

　かつての刑罰権力が，敵対するポピュリストの反発や抵抗を生み出してしまったのと同様に，今回の構造的再編は，ポピュリストの刑罰権力に反発し，抵抗する団体を生み出すことになった．この改革の中心的役割を果たしたのはPrison Fellowship Trustという団体である．この団体は，元来，ニュージーランドの複数の刑務所の部門間を信頼でつなぎ合わせる団体であった．それが現在では，政治に関与し，刑罰改正に関心ある諸団体や諸個人に団結を呼びかける統括団体として活動を展開している．この団体は，参加者の素性に関係なく，政府政策に対する批判を取りまとめる．2006年にこの団体が組織した会議には300名以上が出席し，そのなかには閣僚や政治家も含まれていた．そして，政府の政策方針がおおやけに議論され，批判されたのである (Prison Fellowship Trust, 2006)．ここで，よく比較されたのは，フィンランドであった．刑罰を検討課題とするために，刑務所の収容率が過剰な英国や米国との比較をおこなうのではなく，欧州のなかで現在，収容率がもっとも低い国家の一つであるフィンランドを学ぶべき模範例として取り上げたのである．2006年半ばまでには，ともかくも，「効果的な介入計画」を立ち上

げるための素地が築かれていた．法務省は専門家グループにむけたセミナーを開くために，2名の英国人の教授（Julian RobertsとMike Hough）を招きいれた．このセミナーの副題は，「犯罪と刑罰に関する世論の解釈と事実の誤解」であり，国民感情を無批判的に現実化し続けた国民投票制の方向性とは対照をなすものであった．テレビやラジオなどの多くのインタビューを含め，彼らによるセミナーの中身が以下のように報道された．「国民は犯罪が起きれば直ちに裁きを求める．法務省の要請で迎えられた2名の国際的専門家によれば，犯罪と量刑に対する国民感情は根拠がないことがあり，国民の観点に立つことで刑罰政策が悪い方向へ向かうことがあるとのことである」（*The New Zealand Herald* 26 July 2006: A3）．

　もちろんこの時代でも，Penal Populismの正当化を企てる主張は連綿と続いていた．SSTとポピュリスト政治家たちは，刑務所の豪華さと量刑の寛容さに対する批判を続けていた．「刑務所での結婚式の撤回を呼びかけよう．SSTの見解では……獄中結婚は許されるべきではない．われわれは，刑務所が本質的にどのような理由で存在しているのかという点に立ち返るべきである．この施設は，社会的な規則に違反した人間を処罰するためにあるという原点に立ち返るべきである」（*The Press* 4 September 2006: A1）．結婚が社会復帰の手助けとなるという矯正局の説明は，「馬鹿げた」ことである（同上）．有罪判決を受けた放火犯やドラッグの密造業者が1年減刑されて，9年6カ月の刑期を受けた後，SSTは「控訴裁判所は誤りを犯し続けている．彼らは悪党やコミュニティに間違ったメッセージを発信しているのではないか」（*The Press* 16 September 2006: 4）と申し立てた．しかし，Penal Populismによる悪評はもはやスキャンダルとしての威力を発揮しきれなくなっている．他の権力システムと同様に，人間がPenal Populismに強く影響される条件は，Penal Populismを通して実際にもたらされる成果と公約が一致しているかに依存している．Penal Populismは，ある社会が耐えうる基準とのあいだに矛盾が生じ始めたときに，その影響力を失う．そして結局のところ，ニュージーランド政府は，ポピュリストの影響を離れ，刑事司法当局——そのなかでも特に，処罰権力の行使について判断を下す法律委員会という組織——のもとに立ち返った．それゆえ，2006年の「効果的な介入計画」の立ち上げに関して，象徴としての法律委員会の存在が重要であったのである．

2007年度の刑事司法法の実施のもとで，量刑委員会が2009年度半ばに始動する予定である．その他の実施項目のうち複数——保釈金や刑務所の代替となる自宅拘禁の奨励など——がすでに実施されている．2007年9月の時点で，刑務所の収容人口は8,457人というもっとも高い数を示し，国民における受刑者の割合は人口10万人につき202人であった．しかし，同年12月には収容人口は8,200人に減少し，割合についても195に低下した．量刑は，かくして政府が示そうとする新たな方向に向かってすでに変化しているのかもしれない．とはいえ，この動向が永続するものなのか，それとも処罰権力に固執するPenal Populismの一時的な停滞であるのかは，現時点では不明である．事実，2007年に，世論をPenal Populismに立ち返らせる事件が発生し，政府方針をサービスや援助から安全や危機管理へ見直す要求の声があがったのである．その者は殺人罪で終身刑を宣告され，14年間の刑期を送った後に仮釈放されたのであるが，仮釈放の条件を遵守せず，姿をくらましたのである．その際，矯正局では，刑務所への召喚状の発行に遅れが生じた．この逃亡犯は——警官との銃撃戦の末——逮捕前にまたもや殺人を犯し，さらに3名に傷害を負わせていた．この逃亡犯は結局，最短26年の拘禁刑を追加されたのであるが，この事件の余波によって，メディアは，上限を超える拘禁刑や刑務所が抱える悲惨な状況に対する関心を失ってしまった．それに代わって，おなじみの犯罪不安が再び現れるようになった．そうした社会的混乱は，粗暴犯の経歴をもつ無差別殺人者と，この事件の背後に矯正局および更生保護委員会が共謀しているとする思考を具現化する．それゆえ，事件当日の周辺の新聞の見出しでは次のように，「危険極まりない逃亡犯が，ナイフで他人を死に至らしめた」(*The Dominion Post* 6 January 2007: A3)，「打ち砕かれた一つの家族」(*The Dominion Post* 10 January 2007: A1)，「遺族は訴訟をおこす見込み」(*The Dominion Post* 29 January 2007: A1)，「政府は，仮釈放中に逃亡した殺人犯に下した決定について答弁を求めた」(*The New Zealand Herald* 6 January 2007: A5)，「仮釈放制度に対する失望」(*The New Zealand Herald* 9 January 2007: A10)，「悲嘆にくれる父親は，更生保護委員会が釈放条件を満たさない人物に許可を下したことについて，その応答を求めてゆく決意である」(*The New Zealand Herald* 9 January 2007: A1)となったのである．
　そうした余波を受けて，仮釈放の適格性は格段に厳しいものとなり，刑務

所への召喚条件は再犯行為以外にまで拡大されることになった．こうした出来事によって，刑務所の収容人口は再び上昇に向かう一方である．とはいえ，このことを理由として，Penal Populismが行き詰まりつつあることから目を背けるべきではない．他の国家にもみられるように[5]，ポピュリストの権力と，その権力の表象と政府とのあいだの社会的距離が著しく広がりつつある．それゆえに，ニュージーランドではPenal Populismの影響が限界にまで達しているのである．加えて，Penal Populismを有用なものとして追い求める政治的な局面も破綻している．つまり，主要政党の右左両翼が厳罰的態度を表明することで凌ぎを削ってきた政局が破綻しているのである．国民党は，仮釈放に対する新たな制限の設置を支持する一方で，量刑の軽減については強い懸念を表明するなど，政府による「効果的な介入計画」に対してはあいまいな態度をとり続けている．労働党である司法大臣が国民は「専門家の意見に耳を傾けるべきだ」（*Radio New Zealand News*, 3 February 2008）と発言したことに反応し，国民党は保釈法の厳格化をも企てている．上述の発言の真意を「解釈」することは難しいことだが，おそらく，右左両翼の政党間のつばぜり合いが終結したことのあらわれだといえる．しかし，もし仮に労働党が1999年の時点で「専門家の意見に耳を傾ける」という姿勢であったならば，Penal Populismによってニュージーランド社会が被った損失の多くは，避けられていたのかもしれないのである．

［訳注］
1 　別名「三振法」と呼ばれる．
2 　日本の場合，事務次官に該当する．

［注］
1 　これは「勝者が権利を独占する」という英国の選挙過程の特徴についてである．最多票ではなく，最多の議席数を獲得した政党が政権をつくるのである．ニュージーランドやドイツの特徴である比例大選挙区制度は，有権者に2回の投票権をあたえる．一つは，当地の国会議員を対象として有権者の代表者を選出するものである．二つめは，国家の運営を委ねる政党を選出するものである．その際に最多票を獲得した政党が最終的に最多の議席数を獲得する．
2 　その他の三つの議案は，消防士の待遇改善，ゲージ飼育養鶏の禁止，そして議会の規模

を120名から99名に縮小することであった．この議会縮小案は81％の賛成票を獲得し，「法と秩序」に関する国民投票と同じ時期に可決したのであったが，議会はこれを完全に無視した．

3　これは皮肉な話である．「国民が抱く印象」に関する調査報告（UMR Research Ltd. 2004）では，17種の職業のうち政治家はもっとも尊敬を欠く職業とされ，裁判官は尊敬される職業として7番目に位置づけられている．

4　Mr. Withersはおそらく正しいかもしれない．もっとも富裕な二つの選挙区で，それぞれ77.5％と87.33％の投票率であったにもかかわらず，「賛成」票は最低であった．

5　たとえば，米国について（Jacobson 2005; Steen and Bandy 2007）を参照されたい．

［文献］

Beetham, D., 1991, *The Legislation of Power*, Macmillian.

Bottoms, Anthony, 1995, "The Philosophy and Politics of Punishment and Sentencing," in Clarkson, C. and R. Morgan（eds.）*The Politics of Sentencing Reform,* Clarendon, pp: 17-50.

Brash, Don, 2004, *Law and Order - A National Priority; Address to the Sensible Sentencing Trust, 4th July 2004,* Wellington: National Party of New Zealand.

Brown, David, 2005, "Continuity, rupture or just more of the 'volatile and contradictory'?" in Pratt J., Brown D., Brown M., Hallsworth S. and Morrison W.(eds.) *The New Punitiveness*, Willan, pp: 27-46.

Castles, Francis G., 1996, "Needs-Based Strategies of Social Protection in Australia and New Zealand," in Esping-Anderson, G.（ed.）*Welfare States in Transition: National Adaptions in Global Economies*, Sage, pp: 88-115.

Cook, Diane, 2002, "Deregulation and broadcast news content: ONE Network News 1984 to 1996", in Fransworth J. and Hutchinson I.（eds.）*New Zealand Television: A Reader*, Dunmore Press, pp: 139-144.

Freiberg, Arie, 2003, "The Four Pillars of Justice," *Australian and New Zealand journal of Criminology*, 36, pp: 223-230.

Garland, David, 2001, *The Culture of Control*, Oxford University Press.

Jacobson, Michael, 2005, *Downsizing Prisons: How to Reduce Crime and End Mass Incarceration*, New York University Press.

Jewkes, Y. 2004, *Media and Crime*, Sage.

Law Commission, 2006, *Sentencing guidelines and parole reform*, New Zealand Law Commission, NZLC R94.

Loader, Ian, 2006, "Fall of the 'Platonic Gurdians': Liberalism, Criminology and Political Responses to Crime in England and Wales," *British Journal of Criminology*, 46, pp: 561-586.

Ministry of Justice, 2002, *Reforming the Criminal Justice System*, Ministry of Justice.

Newburn, Tim, 2002, "Atlantic Crossings," *Punishment and Society*, 4, pp: 165-194.

Office of the Ombudsmen, 2005, *Ombudsman's investigation of the Department of Corrections in relation to the detention and treatment of prisoners*, Office of the Ombudsmen.

Pratt, John, 2002, *Punishment and Civilization*, Sage.

—— 2007, *Penal Populism*, Routledge.

Pratt, John, and Marie Clark, 2005, "Penal Populism in New Zealand," *Punishment and Society*, 7, pp: 303-322.

Prison Fellowship Trust, 2006, *Beyond retribution----Advancing the law and order debate*, Prison Fellowship Trust.

Roberts, Julian V., Loretta Stalans, David Indermaur and Mike Hough, 2003, *Penal Populism and Public Opinion*, Oxford University Press.

Steen, Sara, and Rachel Bandy, 2007, "When the Policy Becomes the Problem: Criminal Justice in the New Millenium," *Punishment and Society*, 9: 5-26.

Smith, Leanne and Robinson, Bonnie, 2006, *Beyond the holding tank: pathways to rehabilitative and restoractive prison policy*, Salvation Army social Policy and Parliament Unit.

UMR Research Ltd, 2004, *Mood of the Nation Report, New Zealand 2004*, UMR Research Ltd.

翻訳：本田宏治

第3章 国際比較から見た日本の刑罰

David T. Johnson（デイビッド・ジョンソン）
ハワイ大学

　Michael Tonryの報告によれば，刑罰政策の「決定権者」による最近の言論を要約すると「欧米諸国における刑罰政策に関する議論においては，多くの一般化（generalizations）が流布している」(Tonry 2007: 1)．また，同報告によれば「刑罰政策は，世界のあらゆる地域で厳罰化しているわけではなく」，多くの点に鑑みて「刑罰政策の決定権者と特徴には，興味深いことに，なお地域的な独自性が見られる」と結論づけられている（Tonry 2007: 2）．実際，刑罰政策にかかわる研究者が，刑罰の厳しさ（severity）を計測するために複合的な方法を用いると，「アメリカとイギリス（England）は，刑罰制度がおしなべて厳罰化の報告に向かっている」ことがわかる（Tonry 2007: 5）．本稿において，以下検討するが，無益な一般化という問題を解決するためには，より「真摯な国際比較による研究」が「ほぼあらゆる既存の先行研究に見られる，1カ国の視点からなされた説明や分析に代えて」必要であり，さらに拘禁率のみならず，刑罰の他の特徴にも幅広く焦点を当てた，より多くの研究が必要である（Tonry 2007: 7）．

　本稿は，上述の（Tonryによる）提言を念頭に置き，明らかに国際比較の視点で，アジア地域の代表的な国の一つである日本に見られる刑罰の変化に焦点を当て，また拘禁刑と死刑の両者に見られる傾向に焦点を当てることとする．以下，第1節では，20の欧米諸国と24のアジア諸国における過去約20年間の拘禁率(訳者注：人口10万人あたりの被拘禁者数)を検討する．そして，検討結果においては，アジアと欧米の両地域において拘禁刑の適用が広く増えていることを明らかにする．さらに，日本の拘禁率は，1992年から2007年の間で75％上昇しているが，変化率でみると，アジアの7カ国と欧米の2カ国が日本よりも高い上昇を示していることも明らかにする．第2節では，

アジアに見られる最近の死刑の傾向に焦点を当て，日本は，同地域において死刑の適用が増加しているただ2カ国のうちの1カ国であることを明らかにする（なお，もう1カ国はパキスタンである）．したがって，日本は，アジア地域で，近年，拘禁刑と死刑の両者について，その適用が拡大している唯一の国なのである．第3節では，日本の死刑について見られる傾向を，他のアジア諸国におけるそれと比較している．これは「Penal Populism」が死刑にかかわる政策と実務を形成していく際にどのような役割を果たしているのかを明らかにするためである．また，本節では，死刑を求める世論に対する政治的な対応が，多くのアジア諸国では，限定的な影響しかもたらしていないことが明らかとなる．そして，結論においては，日本における死刑適用の拡大傾向を抑制するために，また政治を動かす者（body politic）にとっては目の上の瘤であり，まるで天候をコントロールするための雨ごいとほとんど同様に用いられている刑罰の適用を抑制するためには，どのような見通しがあるのかについて検討したいと思う．

国際比較から見た日本の拘禁刑

　刑罰政策にかかわる研究者の圧倒的多数が，刑罰の実態が「より顕著に厳しくなったとまでは言えない」国々を一定数含む欧米の国々を研究対象としている（Tonry 2007: 5）．**表1**は，過去15年間における欧米地域20カ国の拘禁率の傾向をまとめるために，the International Centre for Prison Studiesが収集したデータを用いて作成したものである（同センターのウェブサイト www.kcl.ac.uk/depsta/law/research/icps を参照）．

　表1にあげた国々は，世界的にも頂点にあり，欧米諸国内でも拘禁刑適用においては牽引役とも言えるアメリカとそれ以外の国々を大きく三つの類型に分類することができる．1973年以降，アメリカの人口比で見た拘禁率は，5倍以上上昇しており，その拘禁率は，2008年現在で人口10万人あたり751人であり，これは，拘禁率が次に高いルクセンブルク，スペインおよびイギリス（United Kingdom）のおよそ5倍以上である[1]．しかし同時に，1992年からアメリカの拘禁率は49％上昇しているが，変化率でみると，欧米の5カ国すなわちオランダ，ルクセンブルク，スペイン，イギリスおよびギリシアがアメリカを上回っている．これら6カ国は，もっとも高い変化率の上昇を示した第1の

表1　欧米地域20カ国における拘禁率（人口10万人あたりの被拘禁者数）の傾向

国	期間	初年・拘禁率	最終年・拘禁率	変化率（%）
オランダ	1992-2007	49	117	+139
ルクセンブルク	1992-2007	89	160	+80
スペイン	1992-2008	90	149	+66
イギリス	1992-2008	90	146	+62
ギリシア	1992-2007	61	99	+62
アメリカ	1992-2006	505	751	+49
ベルギー	1992-2007	71	95	+34
ドイツ	1992-2007	71	92	+30
ノルウェー	1992-2007	58	75	+29
スウェーデン	1992-2006	63	79	+25
アイルランド	1992-2007	61	76	+25
オーストリア	1992-2007	87	108	+24
ポルトガル	1992-2007	93	112	+20
フランス	1992-2007	84	91	+8
フィンランド	1992-2007	65	68	+5
デンマーク	1992-2007	66	66	0
スイス	1992-2006	79	79	0
イタリア	1992-2007	81	75	-7
アイスランド	1992-2007	39	36	-8
カナダ	1991-2006	123	108	-12

初年・拘禁率の中央値＝75（ベルギーとスイスの中間）
最終年・拘禁率の中央値＝94（ベルギーとドイツの中間）
変化率の中央値＝＋25%（スウェーデンとアイルランドの中間）

注：これら20カ国は、ヨーロッパ連合の初期の加盟国15カ国（1995年時点）に、アイスランド、ノルウェーおよびスイス（現在同連合の加盟国ではない）、さらにアメリカおよびカナダを加えたものである．
出典：the International Centre for Prison Studies at King's College in London（2008年4月に閲覧）．データは、以下のウェブサイトで閲覧が可能である．www.kcl.ac.uk/depsta/law/research/icps．

類型に分類される．第2の類型は、拘禁率の変化がより緩やかな7カ国すなわちベルギー、ドイツ、ノルウェー、スウェーデン、アイルランド、オーストリアおよびポルトガルが含まれ、これらの国々では過去15年間に拘禁刑の適用が各々20%から34%上昇している．第3の類型には、拘禁率の変化がきわめて小さい国（フランスおよびフィンランド）、拘禁率に変化のない国（デンマークおよびスイス）あるいは拘禁率が低下している（イタリア、アイスランドおよびカナダ）が含まれる．これらの三つの類型における拘禁率の変化率の中央値は、それぞれ64%、25%、そして0%であるが、他方20カ国すべてにおける中央値は25%である．

表1から導き出しうる主要な結論は次の2点である．第1に，欧米諸国の3分の2において拘禁率の変化率は中位から高位の割合を示しているが，拘禁刑の適用が，すべての国々で増えているわけではない．自国における厳罰化の高まりに懸念を有している日本の識者は，フランス，フィンランドおよびカナダのような国々において拘禁率が変わらないかあるいは低下している原因と状況とを説明した研究成果が増えてきているので，これらに注目すべきである（フランスについてはLévy 2007; Roche 2007．フィンランドについてはLappi-Seppälä 2007．カナダについてはWebster and Doob 2007）．第2に，「後期近代」の社会的および文化的変化が厳罰化の度合いをますます強めていることを強調する説明(Garland 2001)では，よく見ても不完全である．なぜなら，後期近代に見られる変化は，欧米諸国のすべての近代民主主義国家で，多かれ少なかれ経験されていることであるが，これらの民主主義国家のうちの一定の国々，すなわち表1にあげた20カ国のうちの7カ国では，拘禁刑の適用が増加していない．仮に後期近代であることが，欧米諸国において何らかの関連性があるにしても，拘禁刑の適用が増大するための条件としては，それだけでは不十分であることがわかる．「厳罰化予防因子(protective factors)」と言われる，コンセンサスを尊重した政治的文化，政治的な意思決定よりも専門的知識に基づく意思決定および専門家による情報に基づいた政策過程は，より厳罰化を招く後期近代社会の傾向に歯止めをかけるものと見られている(Tonry 2007: 34)．

　世界の人口の半分以上が居住する地域であり，消費力の点で世界の4経済大国のうちの3カ国（中国，日本およびインド）を含むアジア諸国[2]についてはどうだろうか．表2は，the International Centre for Prison Studiesによって収集されたデータを用いて，過去10年から15年間における東・南・東南アジア地域24カ国[3]の拘禁率の傾向をまとめたものである（www.kcl.ac.uk/depsta/law/research/icps）[4]．

　表2では，以下の2点が特徴的である．まず，現代のアジア諸国における拘禁率は，一般に考えられている以上にきわめて高い．「大部分のアジア諸国において10万人あたりの被拘禁者数は20～50人と様々である」(Tonry 2007: 40)とする論者もあるが，実際には，表2における24カ国のうちのたった2カ国（ネパールおよびインド）だけが，現在このレベルまでに低下したのであって，24カ国のうち15カ国は，10万人あたり100人を超える拘

表2　アジア地域24カ国における拘禁率（人口10万人あたりの被拘禁者数）の傾向

国	期間	初年・拘禁率	最終年・拘禁率	変化率（％）
カンボジア	1995-2006	24	66	+175
インドネシア	1993-2006	21	52	+148
スリランカ	1992-2007	53	121	+128
ベトナム	1996-2006	56	116	+107
タイ	1992-2007	127	253	+100
シンガポール	1992-2007	196	263	+100
フィリピン	1993-2005	55	108	+96
日本	1992-2007	36	63	+75
バングラデシュ	1993-2007	36	59	+64
ニュージーランド	1992-2007	129	197	+53
オーストラリア	1992-2007	89	130	+46
マレーシア	1992-2006	114	164	+44
マカオ	1995-2007	106	174	+39
中国	1995-2005	101	119	+18
ブルネイ	1995-2007	108	124	+15
インド	1999-2005	28	32	+14
台湾	1992-2007	200	228	+14
パキスタン	1993-2005	54	57	+6
モンゴル	1993-2006	262	244	-7
香港	1993-2007	179	156	-13
モルジブ	1996-2004	414	343	-17
ネパール	1994-2008	29	24	-17
パプアニューギニア	1993-2005	87	69	-21
韓国	1992-2007	126	97	-34

初年・拘禁率の中央値＝95（中国とオーストラリアの中間）
最終年・拘禁率の中央値＝120（中国とスリランカの中間）
変化率の中央値＝＋42％（マレーシアとマカオの中間）

出典：the International Centre for Prison Studies at King's College in London（2008年4月に閲覧）．データは，以下のウェブサイトで閲覧が可能である．www.kcl.ac.uk/depsta/law/research/icps.

禁率を示している．実際，統計値が入手可能な最新年におけるアジア諸国の拘禁率の中央値（120）は，**表1**の欧米20カ国の中央値（94）よりもずっと高く，アジア諸国の中央値を示す国々（中国およびスリランカ）の拘禁率（119および121）は，**表1**における欧米諸国の上位4分の1に位置する．

さらに，アジア諸国においては予想以上の拘禁率の高さに加えて，長期的にみると著しい拘禁率の上昇も見られる．**表2**にあげたアジア諸国の少なくとも70％は，拘禁刑の適用において非常に急激な上昇を見せている（カンボジア，インドネシア，スリランカ，ベトナム，タイ，シンガポール，フィリピン，日本，

バングラデシュ,ニュージーランド,オーストラリアおよびマレーシア)か,緩やかな上昇を見せている(マカオ,中国,ブルネイ,インドおよび台湾)かのいずれかである.変化率の上昇について首位に位置するアジア諸国のうち6カ国は,少なくとも過去15年で拘禁率がほぼ2倍になっているが,他の6カ国においては,拘禁率の上昇幅は44〜96%のあいだである[5].これら12カ国における変化率の中央値——表2にあげた国々の上位半分にあたる——は98%であり,表1に見られる欧米諸国の上位半分にあたる国々の変化率の中央値(56%)よりもきわめて高い割合となっている.全体として見れば,表2にあげたアジア24カ国すべての変化率の中央値は42%で,表1にあげた全欧米諸国の変化率の中央値である25%よりもきわめて高い.これらの比較が示しているように,表2においてもっとも特徴的なことは,拘禁率の上昇であり,その傾向は,欧米諸国よりもアジア諸国においてより顕著で,かつ急速に上昇している.実際,アジア地域における拘禁刑適用の伸びは,非常に拡大的で,近年の日本において拘禁率が75%上昇しても,この地域における拘禁率の順位の変動には何ら影響を及ぼさない.つまり,日本は,表2の初年と最終年のいずれにおいても,アジアの24カ国のうち19位に位置づけられたままなのである.

　アジア諸国の多くは,拘禁刑の適用が比較的多いが,パキスタン,モンゴル,香港,モルジブ,ネパール,パプアニューギニアおよび韓国の少なくとも7カ国においては,拘禁率は横ばいかあるいは低下している.これらの国々では,拘禁率の変化率の中央値は-17%で,もっとも拘禁率が低下しているのは韓国で,過去15年間に34%低下しており,同じ期間におけるカナダの変化率のほぼ3倍低下している.韓国に見られる減少傾向を説明しうる要素または条件が何であるかは不明であるが,同国は,刑事司法過程において,検察官が強力な役割を果たすという点を含め,多くの文化的および法的側面において日本と相似している.1点,減少傾向を説明しうる要素としては,1998年に金大中大統領に対して,右派から左派への政権移譲がなされたことにともない「人権」が強調され,それと同じ年に死刑の執行停止状態がはじまり,さらには後任である盧武鉉政権下においてもこの状態が継続しているという点にある(Johnson and Zimring 近刊).また,二人のリベラル派の大統領の在職期間においては,拘禁刑の適用もより抑制的であった.実際,韓国の拘禁率は1979年から1997年にかけて横ばい状態が続いており,10万人あたりの被拘禁者数は,1998年の147人を頂点として,2003年には

123人，さらに2007年には97人にまで減少している（Han 2007）．この減少傾向の理由が何であれ，韓国の拘禁刑にかかわる政策についてケース・スタディを行うことを，日本の刑事政策・犯罪学において重視すべきであり，それは日本において何が拘禁刑の適用を増加させているのか，その真に重要な要素を明らかにするヒントとなりうるからである．

　表2に見られるもう一つの特徴は，アジア諸国の2大国すなわち中国とインドにおいて，拘禁率の変化率がそれぞれ18％と14％であり，きわめて緩やかな上昇を見せていることである（ただし，インドの変化率は，他国より短い7年間の値である）．この2カ国が，アジア諸国の3分の2の人口を擁しているので，国境線を考慮しなければ，アジア諸国全体の拘禁率を決定づける大きな影響力を有することになる．

　表2からは次の二つの結論が導き出される．第1に，アジア諸国が欧米諸国に比して拘禁率の高い上昇を示している理由の一つとして，多くのアジア諸国では，本稿で対象とした期間の初年には，この地域における経済発展がまだ低いレベルであったと考えられる．表2の上位半分に位置づけられるアジアの12カ国のうち4カ国すなわち日本，シンガポール，オーストラリアおよびニュージーランドだけが，経済発展を遂げた国と言いうる段階に到達している．その他の国々すなわちカンボジア，インドネシア，スリランカ，ベトナム，タイ，フィリピン，バングラデシュおよびマレーシアは，1990年代初頭にはあまり経済発展が見られないので，拘禁刑をより頻繁に適用することは，財政面でもまた人的資源の面でもその受容能力を超えていたと考えられる．これらの発展途上の国々では，対象期間の初年における拘禁率の中央値（54）は，アジア地域の全24カ国における中央値（95）のほぼ半分であり，アジア地域のより経済発展している国々（台湾，シンガポール，香港，ニュージーランド，韓国，マカオ，オーストラリアおよび日本）の中央値（128）のおよそ5分の2である[6]．拘禁刑を継続的に適用するためには，十分な経済的および組織的インフラを必要とし，これらを発展させるには時間と資金とを必要とする．また，表2は，アジア諸国でも，国によっては，インフラは現在建設中であるが，それが被拘禁者数の急激な増加という結果を伴っていることも示している（Sung 2006も参照）．現在までのところ，拘禁刑の「過剰適用」に関する関心の大半は，経済発展を遂げた国々に向けられている．今回の研究成果からは，発展途上国に分類される国々の拘禁率がもっとも顕著な

上昇の大半を占めている[7]ことから，刑事政策学・犯罪学者および改善を提言する者は，発展途上の国々における拘禁刑の傾向に，より注意を向けることが賢明と言えるだろう．

　アジアの多くの発展途上諸国に見られる急速な拘禁刑適用の増大は，刑事施設が，近代化のプロセスにあるということの標準的な特徴となっていることを示しているように思われる．そして，このことは，**表2**から導き出しうる以下のようなもう一つの結論と関係している．アジア諸国の特徴としては，拘禁刑適用の拡大にとって，「近代化の遅れ」は，必要条件でも十分条件でもない．アジア諸国におけるもっとも急速な拘禁率の変化は，大半がインドネシアやベトナムのような発展途上国において生じており，他方，台湾，香港および韓国といった経済発展している国においては，近年，拘禁率の上昇が小さいかあるいは変化が見られず，香港および韓国においては拘禁刑の適用は減少している．日本について言えば，アジアの経済発展している国々に見られる異なる拘禁刑適用の傾向に鑑みると，日本の急速な拘禁率の上昇は，地域的に近接する国々が，近隣諸国の刑罰政策について注意を払いまたこれを模倣することによって「密集している（clustering）国々」が見せる地域的特徴の一部分をなしているものではおそらくないであろう（Brodeur 2007: 77）．実際，**表2**にあげたアジアの他の諸国に比べて，より顕著に「欧米的である」という理由でニュージーランドおよびオーストラリアを考慮に入れなければ（Hood and Hoyle 2008: 40），日本以外ではシンガポールが，拘禁刑適用の顕著な増大を見せている，アジアで唯一の経済発展している国ということになる[8]．

国際比較から見た日本の死刑

　法制度上あるいは事実上死刑を廃止した国の数は，1970年の21カ国から2008年には134カ国に増加したが，世界には死刑を存続している三つの主要な地域すなわちアメリカ，イスラム教徒が多くを占める中東と北アフリカ諸国，およびアジア諸国とが存在している（Bae 2008）．今日，アジアの95％の国々で死刑は存続されたままであり，世界中の執行数の90％以上はこれらの国々で行われ，そして中国でもっとも多くの執行が行われている．このことによって，アジアは，死刑適用の世界的な中心地となっており，死刑を研究する

表3 アジア地域の29カ国における死刑の傾向

あらゆる犯罪について死刑を廃止した9カ国： 　オーストラリア（1985年に廃止．以下，廃止年を示す），ニュージーランド（1989年），カンボジア（1989年），香港（1993年），マカオ（不明），ネパール（1997年），東チモール（1999年），ブータン（2004年）およびフィリピン（2006年）．
少なくとも10年間に執行が行われなかった7カ国： 　パプアニューギニア（最新の執行は1950年に行われた．以下，最新の執行年を示す），モルジブ（1952年），ブルネイ（1957年），スリランカ（1976年），ラオス（1989年），ミャンマー（1989年）および韓国（1997年）．
最近執行数が減少している8カ国： 　バングラデシュ，中国，インド，インドネシア，マレーシア，シンガポール，台湾およびタイ．
統計資料が不十分である3カ国： 　モンゴル，北朝鮮およびベトナム．
最近執行数が増加している2カ国： 　日本およびパキスタン．

出典：Johnson and Zimring近刊．

者は，火山学者が，噴火活動が活発な場所であるということからハワイと日本とを研究するように，この地域に焦点を当てるべきである．

しかし，アジアが死刑適用の世界的な中心地であるとしても，ここは死刑の適用が減少している地域でもある．表3は，アジアの29カ国における死刑適用の傾向を示している．これらの国々のうち9カ国は，あらゆる犯罪について死刑を廃止しており，また別の7カ国は最近10年間にわたり一切執行を行っておらず，（ある標準的な定義によれば）いわゆる「事実上の死刑廃止国」となっている．つまり，アジアの29カ国のうち16カ国（55％を占める）は，法制度上または事実上死刑を廃止しているのである．

それ以外のアジア地域の13カ国のうち，8カ国が大幅な執行数の減少を見せている．中国では，執行数は国家機密であるが，政府高官によれば，2007年初めに最高人民法院が死刑判決を見直す権限を復活させることを内容とした制度改革が行われ，これによって，同年に執行数が15％減少したと述べている．過去10年間で（1997年から2006年にかけて），中国のなかでも最大かつもっとも経済発展を遂げた諸州における死刑判決数は48％減少しており，他方，2001年（北京が2008年のオリンピック開催国に選出された年）から2007年の間においては，全国的に執行数が40％程度減少することになると見られる．バングラデシュでは，1997年から2005年の間の執行率（訳者注：人口100万人あたりの執行数）は落ち込んでおり，アメリカの20分の1にすぎず，同国テキサス州の執行率の100分の1に充たない．インドでは，

1998年から2007年の10年間でたった1件の執行しか行われなかった（2004年に同国西ベンガル州において）ため，この世界で最大の民主国家における執行率は，日本における同じ10年間の執行率の300分の1となる．タイでは，最近20年間のうち合計で12年の間（1988年から1995年および2004年から2007年），執行が行われていない．インドネシアは，世界でもっともイスラム教徒が多い国であるが，司法省が1945年から2005年の間にたった20件の執行しか行わなかったことを公表している（これと比較して，イスラム教徒がより少ない日本では601件の執行が行われている）．マレーシアでは，2000年から2005年の間に11件の執行が行われたが（同じ期間に日本でも同数の執行が行われた），やはりイスラム教徒が人口の大半を占める同国では，1965年に独立するまでマレーシアの一部であった隣国シンガポールにおける執行率の60分の1以下となっている．執行数については，シンガポールでも減少しており，1994年に76件，1999年に43件，2002年に28件，2005年に6件，2006年に5件，そして2007年にはたった2件と推移している．この都市国家では，最近3年間（2005年から2007年まで）の執行数の年間平均は，1990年代の10年間における年間平均のほぼ8分の1であり，21世紀に入ってからの最初の5年間（2000年から2004年まで）の年間平均の5分の1以下となる．最後に，かつて中国やシンガポールとともに世界の執行数を引き上げる地位にあった台湾では，執行数が1990年の78件から2006年および2007年には0件となり，劇的に執行数が減少している（Johnson and Zimring 近刊）．

表3にあげたアジア地域29カ国のうち24カ国においては，死刑が廃止されたか（9カ国），10年以上執行が行われていないか（7カ国）または近年執行数が顕著に減少している（8カ国）．よって，5カ国のみがこれらに分類されることなく残される．そのうち北朝鮮，ベトナムおよびモンゴルの3カ国については，執行の傾向を明らかにするための情報が不十分である[9]．パキスタンについても，情報が部分的にしか存在しないが，同国における死刑判決の数は近年横ばいとなっており，2004年から2007年にかけては1年あたり平均およそ400件の判決が宣告されたが，執行数は顕著に増えており，2003年に18件，2004年に21件，2005年に52件，2006年に83件，そして2007年に134件となっており，たった5年間に約7倍増加している（Inter Press Service News 2008）[10]．

執行数が加速度的に増加している日本にも同じことが言える．40カ月にわたり停止されていた死刑の執行が1993年に再開された後，日本では，同年からの14年間（1993年から2006年まで）に，1年に平均3.6件の死刑執行が行われた．ただし，杉浦正健氏が法務大臣の職にあった2005年から2006年にかけての11カ月間は，彼が死刑執行命令書への署名を拒んだために執行はまったく行われなかった．しかし，杉浦氏を引き継いだ2名の大臣のもとで執行は急増した．長勢甚遠氏が死刑執行命令書に署名する責任を負う法務大臣の職にあった2006年から2007年にかけての11カ月間に10名に対する絞首刑が執行され，鳩山邦夫氏がその職にあった2007年から2008年にかけて，任期の最初の8カ月の間にさらに10名が執行された．本稿執筆時（2008年4月）において，この19カ月間に20人が執行され，これは1970年代以降，同国では見られなかった執行頻度である．2008年には，日本の執行数は，1976年以来初めて2桁を記録すると見られる．執行の最近の潮流に鑑みて，多くの論者は，日本は新たな，かつより積極的な死刑適用の時代に入ったと結論づけている（Hamai 2008; Nakamura 2008; Forum 90 Newsletter 2008; Forum 90 Newsletter 2007）．2008年に入って最初の執行が行われた後，国会議員のなかには日本は「大規模執行時代」に突入したと嘆いた者もいた．

　日本における死刑判決の増加は，執行数の増加以上に一層顕著である．1980年代には，「一審死刑判決」は1年に平均6件と比較的横ばいであったが，その後1990年代前半においては，1年に平均3.6件にまで減少し，同年代後半には1年に平均6件とまた以前のレベルに戻り，そして2000年から2006年にかけては1年間に平均14件と2倍以上に増加した（Kubo 2006）．21世紀に入って最初の5年間においては，その前の13年間と比べてより多くの死刑判決が宣告されたが，ピークを迎えた2002年の1年間の死刑判決数（18件）は，1990年代の最初の5年間に宣告された判決の合計数と一致する．2007年には，あらゆる審級の裁判所は，日本で比較可能な統計値が存在する最初の年である1980年以来，もっとも数多くの死刑判決を宣告し，あるいは上級裁判所の場合には，下級審の死刑判決を支持している．日本の裁判官の一人は「死刑適用基準が緩和された」と述べている（asahi.com 2007）．

　死刑判決が増加するにつれて，日本の死刑確定者数も増加し，1985年には26人であったのが，1995年には54人に，2007年末には106人と増加した．内閣府による世論調査では，死刑支持の回答の割合も同様に上昇してお

り，2005年発表の調査結果では戦後で最高の81％という値に達した．これは，1975年に示された戦後最低の57％という値，および死刑確定者が冤罪によって釈放された年である1989年の67％という値と比べてもっとも高い．最近の世論調査では，日本の成人の6％のみが死刑は廃止されるべきであると回答し，アメリカおよび韓国において同様の世論調査で示された割合と比べて非常に低いレベルにとどまっている（Hamai 2008: 116）．死刑に対する世論の支持および死刑確定者の増加は，法務省官僚や政治指導者によって，時期または人数にかかわらず執行を継続する理由として頻繁に引用されている．

　日本における死刑適用の再活性化を示すこれら多くの指標に加えて，死刑適用の拡大を示す少なくとも四つの質的指標（qualitative signs）が存在する．第1の指標は，検察官が，死刑事件として起訴し，また死刑適用の可能性が考えられる事件について死刑判決が得られなかった場合に上訴するという，より積極的な政策をとるようになったことである．ある検事総長経験者による，日本の「検察官は，可能な限り死刑求刑は回避する」という発言は，1990年代には既にそうであったように今日においても，現実は，彼の発言通りにはなっていない（Johnson and Zimring 近刊）．近年，検察官は，以前であれば死刑適用が考慮されることのなかった非常に多くの事件，例えば被害者が一人の事件，被告人が少年である事件について死刑を求刑し，下級審において死刑判決が宣告されなかった事件については検察官上訴を行っている．同時に，検察官は自身が死刑を求刑している事件について，ますます大衆の感情を引き合いに出したがるようになった．例えば，2003年に行われた裁判では，「東京地検の検察官は，7万6千人の署名が添付された嘆願書を裁判官に手渡すことによって，死刑判決へと導いた」（Lane 2005a; Lane 2005b）[11]．死刑適用事件として起訴するというインプットおよび死刑執行命令書に署名を行うよう法務大臣の面前に事件を提出するというアウトプット，という両方を検察官がコントロールするという意味において，日本では死刑への道のりをコントロールしているのは他の誰でもない検察官ということになる．ゆえに日本の検察官による死刑への要求がより積極的になされている，という点に注目するのである[12]．

　第2の指標は，第一審裁判所が，量刑において死刑の適用についてより積極的になり，上級審裁判所はその死刑判決をより支持する傾向を示すようになったという事実である．2004年に「確定した」死刑判決数（13件）は，それ以前

の5年間の死刑判決の合計数と同数であることから，この傾向を説明するにあたり最高裁判所は重要な位置にある．30年前，最高裁は，「確定した死刑判決を再び見直す（再審への）道を開き」，白鳥事件および財田川事件という1970年代の再審無罪事件は，なお日本の死刑事件にかかわる判決のなかで，もっとも進歩的なものとして位置づけられている（Foote 1992; Foote 1993）．日本の死刑廃止論者にとって，判決の傾向が最悪となったのは近年ということになる．例えば，1999年には，最高裁は，強盗殺人罪で起訴された男性に対する無期懲役判決を覆し，1983年以来はじめて無期判決を死刑判決に変更するよう求める意見を述べた．このことは，日本の裁判所の頂点に位置する最高裁が，死刑適用に向かって「バーを低くした」また「ブレーキを解除した」サインであるとして捉えられた（Nakamura 2008）．さらに，2008年には，広島高等裁判所は，9年前山口県光市において若い母親とその幼い娘とを殺害した未成年の男性に対して，以前自らが宣告した無期懲役判決を変更して死刑を宣告した．この高裁の「方針転換」は，最高刑に値することを考慮に入れて判決を見直すべきである，という最高裁の意見に対応したものであった（Fuchigami and Nii 2008）．

　第3の指標は，現在の日本における死刑適用の再活性化は，起訴・判決および刑の執行の全段階における死刑の適用に対する，日本のメディアのより熱心な支持にも顕著に見られる（Miyazawa 2008）．今日では，日本でもっとも進歩的な全国紙とされる朝日新聞でさえ，一定の事件について死刑は「回避できない」または「やむをえない」との見解を示している[13]．より一般的には，紙媒体であれ電子媒体であれ，その報道内容は，常に殺人事件の凶悪性，被害者のニーズや要求，さらには死刑に対する世論の支持に焦点を当てている．このことは，1993年に死刑執行が復活して後，死刑が報道される際のその仕方と明らかなコントラストをなしており，この変化は，日本において死刑が急速に「標準化（normalized）」されていることを示している．

　第4の指標は，鳩山邦夫元法務大臣によるイニシアチブであり，それは執行の実施をより容易にし，日本が数十年にわたり見せてきた以上に，死刑の適用について自信を高めたことを反映したものと見られる．彼が行った提案の一つは，彼が言うように「だれだってはんこをついて，死刑執行をしたいと思わない」ので，執行のために法務大臣による署名を要求している現在の規定を廃止しようというものである．そして，そのために，より「自動的かつ客観性のある」

執行のための手続をとることが可能かどうかを検討するために「勉強会」が法務省内に設置された．また，鳩山氏は，先代の多くの法務大臣が行ったように執行時期やその間隔のあり方を検討するよりも，「ベルトコンベアー」のようにより「粛々と」かつ「自動的」に執行を遂行したいと述べた[14]．この提案は，批判されることもあったが，鳩山氏は，単に現在の執行実務を法律に従ったものにしようとしているだけだと主張している．すなわち，法律の規定では，法務大臣が死刑判決確定後6カ月以内に執行命令書に署名をすることを定めているが，実務では，通常5年以上は執行がなされておらず，法規定とはほど遠い状況にある．鳩山氏のもう一つの提案は，死刑執行のプロセスを，おそらく薬物注射のような他の執行方法に代えることによって，執行される者にとってより「穏やかな」ものにするということである．アメリカや中国といった国々で執行方法を薬物注射へと変更したのは，「より穏やかに，よりやさしく」見える方法によって執行を正当化するためであった．日本において同様の施策変更が，やはり執行の正当化という効果をもたらすかどうかを検討することは合理的に見える．

　最後に，鳩山氏は，執行された者の名前およびその者の犯罪の詳細を公表することを指示し，また国会会期中に執行を実施することによって，法務省が長きにわたってとってきた執行の秘密主義という政策方針を打ち破った．批判する者は，法務大臣は十分な情報を開示していないと非難する．すなわち，なぜその者が執行され，なぜ今なのか，執行時にその者は精神疾患にかかっていたのではなかったのか，また，執行された者は悔い改めていたのではなかったのか，という点についての情報が開示されていない，さらには執行終了後にしか情報が与えられない，として批判するのである．しかし，大臣の「公開性」の拡大化という施策は，日本の法律における最近の二つの変化を反映しているように見える．すなわち，行政機関の情報開示が拡大していることと，2009年に開始され，死刑適用事件をも審理することになっている，裁判への市民参加の制度（裁判員制度）の導入である．ただし，透明性の拡大に向けた動機付けは，確かに複合的なものだと言える．私見によれば，そこには，日本の不透明な執行プロセスに対する批判的な問題関心のほかに，犯罪被害者やその家族の要求をより考慮に入れるべきであるとする要求の高まりがあり，さらには情報公開の拡大が死刑に対する世論の支持をさらに引きだすであろうという確信を含んでいると考えられる．最後の点につい

ては，日本が裁判員制度を1年以内に導入するにあたって，特に重要であるかもしれない．朝日新聞が述べているように，死刑適用についてより積極的な政策に向かう動きは，以下のことを目指しているように見える．すなわち「死刑事件裁判に参加する市民の一定範囲に存在する死刑に対する拒否反応の減少」であり，「したがって執行は法の下で適正な手続によって行われているという証明」である（Jong 2008において引用されている）．

つまり，日本は死刑の適用が加速しているアジア地域の2カ国のうちの一つであり，死刑および拘禁刑の両者において厳罰化がより進んでいる唯一の国である．次節では，なぜ死刑にかかわる政策が国によって異なるのか説明するために，日本と他のアジア諸国とを比較検討する．

死刑とPenal Populism

アメリカ，イギリスおよびその他の欧米諸国における多くの研究が「Penal Populism」[15]の高まりを指摘してきた（Beckett 1997; Bennett, DiIulio, and Walters 1996; Feeley 2003; Garland 2001; Gottschalk 2006; Pratt 2007; Roberts et al. 2002; Simon 2007; Tonry 2007）[16]．最近では，同じ概念を用いて日本における刑事司法の厳罰化が説明されている（Hamai 2004; Hamai and Serizawa 2006; Hamai and Ellis 2006; Hamai and Ellis 2008; Kawai 2004; Iwao 2004; Tamura 2004; Ota 2004; Goto 2004; Leheny 2006）．ある研究者は，日本において厳罰化が強まっているという傾向は，「犯罪被害者およびこれを支援する政治家によって助長されたPenal Populismの枠組みにおいて」説明されなければならない，と述べている（Miyazawa 2008: 47）．私自身の研究でも，日本の厳罰化が強化されていることを説明する際に，Penal Populismを引き合いに出すこともあった（Johnson 2007a: 352; Johnson 2007b: 409）．しかし，本節においては，日本における死刑の再活性化を説明するために，このコンセプトで十分と言えるかにつき懐疑的であることを明らかにしておく．いくつかの点において，この懐疑主義は，他のアジア諸国における死刑の傾向を検討した結果に基づいている．

Penal Populismが，死刑政策および実務を決定する主要な要因であるならば，Penal Populismがより強化されている地域では，死刑判決および執行数

がより増えているべきである．しかし，アジア地域においては，こうした傾向は見られない．アジア諸国でもっとも執行数が多い国々，すなわち中国，ベトナム，北朝鮮およびシンガポールは，きわめて権威主義的な国である．こうした非民主主義国家にあたる国々においてはいずれも，政治的指導者は，世論に従わなければならないと感じていながら，ほとんど考慮していない．

　同様に，Penal Populismが，死刑政策および実務を決定する重要な要因であるならば，各国がPenal Populismへと変化する前よりもこれへと変化した後に，より多くの死刑判決および執行数を示すと期待される．しかし，ここでもまたその期待は外れる．例えば，フィリピンにおいては，Penal Populismは，日本よりもより急速に拘禁率の上昇に寄与しているが，同国における民主主義政治のもとでは，表2と同じ1993年から2005年までの期間にはわずか7件の死刑執行しか行われておらず，さらに同国における拘禁率は上昇し続けているにもかかわらず，2006年に死刑は廃止された．タイでは，Penal Populismは1992年から2007年の間に拘禁率が2倍に上昇したことに寄与しているが，この16年間の半分にあたる期間内に執行は一度も行われていない．カンボジアは，アジア諸国のうちでもっとも急速に拘禁率が上昇しているが，1989年に死刑が廃止されてから，同国では死刑の執行はまったく行われておらず，死刑を再導入する真摯な試みも存在していない．同国では，ヨーロッパまたはアジアのいずれの地域でも同じ期間内に見られた拘禁率の上昇を顕著に上回る拘禁率を示していたにもかかわらず，死刑については，このような状況が見られるのである．さらに，台湾では，1980年代後半に民主化されて以来，同国の官僚は，パロール適用の厳格化，判決に対する検察官上訴の拡大，一定の犯罪に対する刑期の上限の倍化，義務的最低刑期の設定，自動的終身刑の導入といった内容を含む幅広い「厳罰化」政策をとってきた（Hebenton 2007）．こうした厳罰化政策は，台湾の拘禁率に対して緩やかな効果しか及ぼしてはいなかったが，「法と秩序（law and order）」政策は，過去20年間の大半において国内の最優先政治課題の一つであり続け，政治家はより厳しい刑罰を望む大衆の欲求を充足させようと努力を重ねている（Roy 2003: 205）．しかし，こうした政策が行われている一方で，台湾における死刑の執行数は，1990年の78件から2006年および2007年には0件へと推移しており，台湾は，もっとも死刑執行に積極的な国の一つから，明らかに死刑廃止への道を進む国の一つへと変貌したのである．パ

キスタンやインドネシアといった国々においても同様に，死刑は他の刑罰運用との関係性は緩やかであるとする徴証しか見られない．

簡略に述べると，以上のようなアジア諸国における実証結果にみられるように，Penal Populismからは，中国，ベトナム，北朝鮮およびシンガポールといった国々において高い死刑執行数を見せていることを説明できないばかりか，フィリピン，タイ，カンボジアおよび台湾といった国々における少ない執行数をも説明することができないのである．アジア諸国における刑罰については，欧米諸国における刑罰と比較すると分析が進んでいないことを確認するためにも，もっと多くの調査がなされる必要がある．そうだとしても，Penal Populismは，積極的な死刑政策をとるための必要条件でも十分条件でもないことは明らかである．日本における死刑の再活性化を説明するために，Penal Populismと何らかの関係があるとすれば，それはおそらく間接的な要因として機能しているのであり，またおそらく二次的な要因としてである．日本の死刑政策を動かしているもっとも重要な要因は，別のところにあると思われる．

日本およびアジアの他の諸国における死刑政策の変化についてもっとも適した説明をなしうるものが，Penal Populism——すなわち官僚が，より厳しい刑罰を求める大衆に対して，大衆による要求以上の厳罰化政策を実施することによって対処すること——ではないとすれば，おそらくそれは「先頭からのリーダーシップ (leadership from the front)」だろう（Johnson and Zimring 近刊）．ヨーロッパ地域等と同様にアジア地域でも，——どれだけの執行がなされるか，より根本的に言えばそもそも死刑は存続するか——を決定したのは，世論や大衆の要求ではなく，政治指導者たちである (Zimring 2003: 22)．このことは，執行を一度も実施しないまま10年以上が経過し，アジア諸国における死刑廃止の「先駆者」となるかもしれない韓国において明らかである．韓国における執行停止は，執行に対する人々の嫌悪によって誘引されたのではなく，むしろ韓国の人々のおよそ3分の2は，死刑を支持し続けている．より一般化すれば，信頼できるデータが存在するどのアジア諸国においても死刑に対する人々の支持は強固であるが，これらの国々での執行にかかわる政策は，もっとも執行数の多い中国およびシンガポールから，執行数がもっとも少ない韓国，台湾およびフィリピンまで大きく異なっている．以上については，**表4**を参照されたい．

表4 アジア諸国における死刑と世論

国	年	死刑支持率(%)	執行の程度
日本	2005	81	中程度（1993年から2007年の間は1年あたりの平均4名）
韓国	1999	66	低程度（1997年以降執行なし）
香港	1986	68	低程度（1993年に制度廃止）
フィリピン	1999	80	低程度（2006年に制度廃止）
台湾	2001	80	低程度（2006年から2007年の間に執行なし）
タイ	2005	84	低程度（最近20年間において12年間執行なし）
シンガポール	2006	96	高程度（1993年から2007年の間は1年あたりの平均28名）
中国	2008	58	高程度（最近は1年で6,000人から15,000人）

出典：Johnson and Zimring 近刊；Oberwitter and Qi 2008.

　死刑が廃止されたか，あるいは執行人がリタイアした韓国およびその他のアジア諸国において起きていることは，死刑が，刑事司法あるいは犯罪統制政策の問題としてではなく，人権問題として根本的に再構成されたということである．枠組みの変換が生じるのは地域的特性によるが，こうした視点の変化が重要なのは，同様の変化がまだ生じていない日本について鍵となる洞察を生み出す点にある．大方，日本において死刑は，抑止可能性があり，応報を遂げる方法として適切であり，また世論に一致したものとして考えられてきている．台湾や韓国といった近隣諸国と比較すると，人権を考慮することは，日本で執行にかかわる政策遂行を決定する指導者にとっては，明らかに二の次の問題なのである．

　そうであるならば，日本の政治指導者が，台湾や韓国の多くの指導者が経験したような死刑の枠組みを変更する，との見込みはどこにあるだろうか．他方で，死刑の適用は，世界の多くの国々で見られるように（**表3を参照**），アジア諸国でも減少しており，そのうちの数カ国は日本と同様に国際社会の勢力に敏感に反応してきた（Pyle 2007）．近代の大半において，日本の政治指導者は非常にプラグマティックで，国際社会の潮流に乗ろうとする傾向があり，日本の位置づけや評価に対する関心に動かされてきた（Pyle 2007: 45）．

　死刑という分野について言えば，日本の明治時代においては，日本は国際社会の流れに敏感であった，というきわめて説得的な実証がある．つまり，30年弱の間に執行数が97％も減少したのである．すなわち1870年から1872年（信頼できるデータが存在した最初の年）においては，1年で平均1,151件であったが，19世紀の最後の3年間においては，執行は1年で平均36件にまで減少した．これについては，**図1**を参照されたい．

図1　1870年〜2006年における日本の死刑執行数

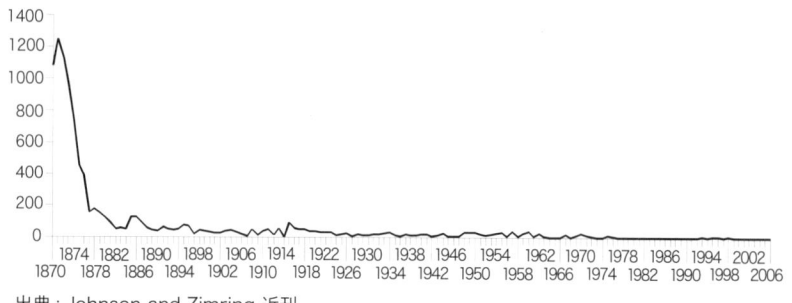

出典：Johnson and Zimring 近刊.

　死刑について明治時代に生じた大きな変化は，日本の社会が突然死刑廃止という立場に変化したからではなく，日本の指導者が，当時アジアを植民地化しつつあった「文明化された世界（civilized world）」として認識され，そのように尊敬されることが肝要であり，積極的な死刑適用政策をとることはそのためには障害であると認識したからである（Botsman 2005）．

　国際社会における変化を日本が受け入れ，これに対応するという傾向は，同国が結果的には死刑廃止の波に乗り，過去30年間に多くの国々が到達した岸にたどり着くのではないか，という希望を生み出すものと考えることもできる（Bae 2007; Hood and Hoyle 2008）．この見解について，日本の死刑廃止にとってもっとも大きな障害は，厳罰化に向かう一般的な傾向ではなく，また独特な「アジア的」または「日本的」という文化的価値観[17]でもなく，アメリカにおける死刑の存続が，日本を含む世界中の多くの死刑制度を正当化する機能を果たしているのである．仮にアメリカが2010年に（まったくありえない見込みであるが）死刑を廃止したならば，日本は相当短期間のうちにこれに従うと思われる（McCann and Johnson 近刊）．

　他方で，日本の制度は，近代において外部的な圧力のみならず内部的な圧力によってその多くが形作られてきたのであるとするならば，日本は「他の文明の普遍的な主張（universalistic claims）」を否定するという傾向によって国際社会で孤立してきたとも言える（Eisenstadt 1996: 436）．この見方について，重大犯罪を行った者に対しても保障される「生命権」および人間の「尊厳」といった人権の普遍性の主張が日本で牽引力となるには非常に困

難を伴う．これは，「非軸文明（non-Axial civilization）」では，超越的秩序と現世的秩序との間のギャップを知る備えが十分ではないために，ある種の「超越的ヴィジョン」によって「現世秩序を再構築」しようとすることには抵抗感があるという理由による（Eisenstadt 1996: 13．訳者注：翻訳は，アイゼンシュタット 2004: 20を参照）．この説明が正しいとすれば，「人権」の絶対性に対する日本の反感は，日本における死刑の再活性化に歯止めをかける努力，究極的には死刑廃止のための努力に対して大きな障害となりうる．

結論

　日本における死刑執行は，数十年前に犯罪統制政策との関連は見られなくなった．今日において，死刑に関する真の問題は，日本が執行をする必要があるのかないのかではなく，死刑を「したいか，したくないか」にある．死刑を廃止したいと願っている人々にとって，現実の問題は，どのように日本がこれを止めたいと考えさせるか，という点にある．その方法の一つは，世論における変化であるが，死刑を支持する人々の数は，13対1でこれに反対している人の数を上回っている現状にあり，その可能性は乏しい．より高い可能性を有する方法は，裁判員制度の導入にあり，2009年に施行された後には，死刑の判決数が減る可能性が見込まれる[18]．しかし，日本が死刑廃止に向かうもっとも高い可能性を有する方法は，世界中のほとんど多くの廃止国が辿ってきたのと同じ途を辿ること，すなわち先頭からのリーダーシップ（leadership from the front）によることである．端的に述べれば，日本における死刑の再活性化を抑止することが，政治指導者によって着手される必要がある．

　したがって，私の最後の問いは，日本の指導者に死刑の抑制を促すためにはどうしたらよいのか，ということである．スカンジナビア諸国では，1960年代にフィンランドの高い拘禁率と，近隣のスウェーデン，デンマークおよびノルウェーにおける低い拘禁率とを比較し，フィンランドの政治指導者の間に，同国の拘禁率の高さが「不名誉である」とする「統一的確信」を作り出した（Lappi-Seppälä 2007: 241）．そして，この確信は，フィンランドの拘禁率をその後の40年間に50％以上低下させるほどの政策変更を生み出すことを促したのである．おそらく，日本と近隣諸国との比較という同様の方策が，死刑についても同様の効果を及ぼすであろう．とにかく本稿執筆の契機

はそこにある．日本の政治指導者は，長く他の国々や文化による評価に対して敏感であったが，東アジアおよび東南アジアの多くの国々で見られる死刑適用の減少が，この日本の感受性を呼び覚ますものとなるかどうかはまだわからない．ただ，今のところそのようなことにはなっていない．

私は，そのような覚醒が最終的には起こることを望んでいるが，日本の捕鯨に関して継続的に行われている主張を，日本の政治指導者が，国際社会の意見に対して頑なに無反応を貫いているもう一つの例として存在していることを認識しなければならない．実際，捕鯨と死刑とをパラレルに考えることによって，日本に見られる，死刑は例外であるとする考え方（exceptionalism）が何年もの間固守されてきたことがわかるであろう．捕鯨と死刑との両者において，いずれについてもそれらの廃止を目指す国際社会の動きは，「権利」への感受性に根ざしている．両者において，日本は異端者であって，国際社会に対しあざけりを示している．両者において，日本の例外論という（特に占領時において）アメリカ人が用いていた理由が使われている．両者において，日本政府は，安全性（捕鯨については食料の確保，他方死刑については人間の安全確保）および文化（「鯨肉を好む」文化であり，他方は「死刑を好む」という文化）という反論を引き合いに出して国内の慣例を固守している．両者において，文化を基調とした反論が，特に最近，ナショナリストにとっては明らかに切望された論法として用いられている．そして，両者において，日本の多くの人々が変化を迫る外部からの圧力に憤慨しているのである．日本における死刑廃止を求める外国の圧力は，現状維持に向けた強い要求を引き起こす可能性がある．いずれにしてもそれは捕鯨については起きているのである（Onishi 2007; McNeill 2007）[19]．

しかしながら，当然のごとく死刑問題は，捕鯨問題とは異なる．近い将来においても，国家による殺人の適用を減少させるのか，またはこれを存続させるのか——おそらく適用の拡大につながるであろうが——，いずれかの立場をとりながら，日本は他のアジア諸国や世界各国と交流していくであろう．私は，アジア諸国と国際社会とに見られる死刑廃止の傾向が，日本の政治指導者によって過去に度々とられてきた，ある種受容的なリーダーシップを刺激するのではないかという希望を抱いている．日本にはもはや死刑は必要ではなく，世界各国に見られる諸事実は，他国では死刑がなくてもうまくいくということを示しているのである．

［注］

1 アメリカの拘禁率は，メイン州の273人からルイジアナ州の1,138人まで州ごとに大きく異なるが，もっとも拘禁率が低い州でも，表1にあげた国々のなかで2番目に高い拘禁率を示すルクセンブルクよりも70％高い．2008年について言えば，世界のすべての国々における拘禁率の中央値は125人で，これはアメリカにおける拘禁率のおよそ6分の1にあたる（Liptak 2008）．

2 本稿において「アジア」とは，Johnson and Zimringによるアジア地域における死刑についてまとめた書（近刊）のなかでカバーされている29カ国を含む総称として用いているが，ブータン，ラオス，ミャンマー，北朝鮮および東チモールについては，部分的に統計値が入手不可能であったので，表2には含めていない．

3 香港およびマカオは，中華人民共和国（中国）の一部分であるが，表2においては，異なる「国家（jurisdictions）」として取り扱っている．なぜならば，これらの国々は中国の「特別自治区」として，広範囲にわたって独自の刑罰政策を決定しているからである．

4 the International Centre for Prison Studiesから入手した拘禁刑に関するデータには，未決被拘禁者の人数（いわゆるremand prisoners）も含まれている．刑罰の厳しさを計測する場合に拘禁率をどのように用いたら良いかについてはTonry 2007: 7-13を参照されたい．

5 少なくとも，アジアの7カ国のうち，高い拘禁率の上昇を示しているタイとフィリピンにおける拘禁刑適用の増大は，Penal Populismの高まりに部分的には依拠していると考えられる．その余の5カ国におけるPenal Populismの役割については，充分に研究対象となりうる．

6 本文で言及したアジア諸国において「より経済発展している」と言える8カ国のなかでは，日本の拘禁率は，表2の初年と最終年との両者において第8位（最下位）に位置づけられる．実際，日本が拘禁刑の適用を75％増大させた後も，2007年の10万人あたり63人という拘禁率は，いまだにその他の「より経済発展している」7カ国における拘禁率の中央値（174人）の36％でしかなく，それほどにアジアの先進諸国においては拘禁刑適用の急激な上昇が見られるのである．

7 ただし，顕著な上昇の大半を占めているのであって，そのすべてを占めているわけではない．表2に掲載した「より経済発展している」アジアの8カ国においては，拘禁率の中央値は，調査対象の初年の128から最終年の165へとほぼ30％上昇している．

8 シンガポールは，1990年代のはじめには，拘禁率は日本の5倍以上あり，拘禁率の変化

率は，日本が75％であるのに対して，より大きく100％を超えているのである．

9　北朝鮮およびベトナムの共産党独裁政権下で，死刑に関する情報はきわめて不足しているが，両国の官僚は現在では死刑は以前ほど多用されていないと主張しており，注目される．北朝鮮においては，死刑適用犯罪が33種類から5種類へと削減され，2000年代初頭においては，1992年に行われた最後の執行以降，執行は行われていないと主張されている．このうち後者の主張内容は虚偽であるが，国際的な規範に対して頻繁に明白な拒否の態度を示しているこのアジアの一国家が，国際社会で死刑の正当性が減退していることをおそらく反映して，世界に対して執行は稀にしか行っていないという主張を発信するという「自己アピール」の必要性を感じていることは注目に値する．ベトナムでは，2004年以降執行の明らかな減少が見られ，これは，同年における死刑統計を最高国家機密として扱うという政府の決断を反映したものと思われる．それによって，死刑統計は，すでに高レベルとされていた機密性をも上回るレベルの機密性をもつものへと徐々に高められている．報じられた変化と言えば，共産党政権が，ヨーロッパ諸国の政府や国際的な人権組織からの批判を抑えたいという意思を有しており，少なくとも部分的には動きが見られるということである（Johnson and Zimring 近刊）．かつて共産党政権下にあったモンゴルにおいては，死刑は「国家が課している秘密のベールのもとで存続されている」ため，執行数を把握することは困難である．しかし，モンゴルにおける1993年の刑法改正によって，死刑適用犯罪の種類が顕著に減少した（Hood and Hoyle 2008: 90）．

10　パキスタンにおける執行数は，近年増加しているが，2008年4月には，同国の死刑確定者について「（ムシャラフ政権下の）政府によって，終身刑に減軽する提案を前向きに検討するために執行が延期されたと見られる」との報告があった（Syed 2008）．

11　日本の検察官と世論の関係性については，『犯罪社会学研究33号』の同テーマに関する浜井浩一・Tom Ellisによる論文（日本語訳は，本書第5章に所収）を参照されたい．

12　検察官の厳罰化への積極姿勢は，死刑判決が最高裁で確定した後，ますます短期間でその確定者を執行するという現象にも示されている．1993年から1999年にかけては，判決から執行までに少なくとも7年かかっているが，2000年から2005年にかけては，12件の執行のうち1件のみが，7年経過した後に行われたもので，この期間の平均は5.5年であった．宅間守は，上訴を自ら取消し，死刑に服したいと述べたが，彼の有罪判決が確定してわずか1年後の2004年に執行され，判決確定から執行までの期間がここ数十年の間でもっとも短い執行となった．

13　例えば，光市事件について，当時未成年であった被告人に対する死刑判決の直後に掲載

された朝日新聞の社説（2008年4月23日付東京版），2007年4月に伊藤一長長崎市長に対する殺人罪で有罪判決を受けた暴力団員の城尾哲弥に関する同新聞の社説（2008年5月27日付東京版）を参照されたい．

14 鳩山邦夫前法務大臣の死刑に関する発言に関してより詳細は，鳩山氏に対する「週刊朝日」のインタビュー記事（鳩山邦夫「私が死刑を執行する理由」〔インタビュアー・上杉隆〕，2007年10月26日号121～125頁），同記事のMichael H. Fox教授による英訳は，オンラインジャーナルであるJapan Focus（2007年12月19日付）に掲載されている．さらに，鳩山氏は，「欧州は，……死刑を廃止してもいい，という方向になるんです」と述べ，それは「もともと命を尊ぶ思想は日本人よりも弱い」からだと主張している（訳者注：なお，法務省ウェブサイトの「大臣会見等」2007年9月25日付も参照）．

15 「Penal Populism」の高まりとは，以前に比べて犯罪に対してより厳罰をもってのぞみ，犯罪者に対して同情的であることに否定的な世論の態度に対し，政策決定者がこうした態度に応えるべきである，という確信のことを意味する（Tonry 2007: 31）．なお，多くの社会において，また大半の時代において犯罪者に対してはきわめて非同情的であったという反論については，Zimring and Johnson 2006を参照されたい．

16 アメリカとヨーロッパとの間に見られる刑罰慣行の大きな違いが文化的および歴史的な要因にあると強調する書（Whitman 2003）の著者であるJames Q. Whitmanでさえ，アメリカの拘禁率の急激な上昇を分析するためには，「多くの回答は，ちょうどトクヴィルが説いたものとしての民主主義にある．（アメリカに居住する）我々は，高度に政治化された刑事司法制度を有しているのだ」と確信している（Liptak 2008における引用）．

17 多くの点から，死刑は「アジア的価値」とは言えない．アジア的文化の伝統に現行の死刑が根ざしていることを説明しようとする人々がぶつかるもう一つの困難な問題は，孔子が，死刑は必要なものでもまた求められてもいないと考えていたことで，非暴力（avihimsa）という仏教の原則は，あらゆるものの殺生を否定し，これには国家機関によって行われる場合も含んでいることである（Bae 2008: 55）．

18 裁判員制度が始まるにあたって，超党派の政治家たちは日本における仮釈放なしの真の終身刑の創設を模索している（Asahi Shimbun 2008）．そのなかで廃止を主張する政治家は，アメリカにおける諸事実に鑑みて，自身の主張において以下の点に注意すべきである．すなわち，アメリカでは，仮釈放なしの終身刑がニュー・メキシコ州を除くすべての死刑存置州に存在しているが，仮釈放なしの終身刑には，死刑判決および執行数を減少させる効果はほとんどなく，他方で多くの死刑非適用犯罪に対する刑罰

がより厳しいものになることがわかっている (Harvard Law Review 2006).

19 「捕鯨禁止に対抗する日本のキャンペーンは，世界中からの批判に直面して弱まるどころか，より結束を固め強化されている」(McNeill 2007). 2007年については，日本のあらゆる主要な政治家が捕鯨を支持しており，(沖縄県出身の) 反捕鯨派の議員が一人だけであること，そして，「自民党捕鯨議員連盟」の98名の議員のうち10%の議員だけが捕鯨産業と直接的なつながりのある地域出身であるということを議員らは誇っているのである．

[文献]

asahi.com, 2007, "A Punishment That Hurts Those Who Carry It Out," March 9.

―― 2008, "Editorial: Capital Punishment," April 24.

Asahi Shimbun, 2008, "Shikei Sanseiha mo Hantaiha mo 'Shushikei o' Chotoha de Giren Hossoku e," May 3. (原題：朝日新聞，2008年5月3日，「死刑賛成派も反対派も『終身刑を』超党派で議連発足へ」)

Bae, Sangmin, 2007, *When the State No Longer Kills: International Human Rights Norms and Abolition of Capital Punishment*, Albany: State University of New York Press.

―― 2008, "Is the Death Penalty an Asian Value?" *Asian Affairs*, Vol. XXXIX, No.1 (March) pp: 47-56.

Beckett, Katherine, 1997, *Making Crime Pay: Law and Order in Contemporary American Politics*, New York: Oxford University Press.

Bennett, William J., John J. DiIulio Jr., and John P. Walters, 1996, *Body Count: Moral Poverty…and How to Win America's War Against Crime and Drugs*, New York: Simon & Schuster.

Botsman, Daniel V., 2005, *Punishment and Power in the Making of Modern Japan*, Princeton and Oxford: Princeton University Press.

Brodeur, Jean-Paul, 2007, "Comparative Penology in Perspective," In Michael Tonry (ed.) Crime, Punishment, and Politics in Comparative Perspective, *Crime and Justice: A Review of Research*, Volume 36, Chicago and London: The University of Chicago Press, pp: 49-91.

Eisenstadt, S. N., 1996, *Japanese Civilization: A Comparative View*, Chicago and London: The University of Chicago Press. (翻訳：S.N.アイゼンシュタット，梅津順

一・柏岡富英訳, 2004（第1巻）, 2006（第2巻）,『日本比較文明論的考察』岩波書店〔全3巻〕）

Feeley, Malcolm M., 2003, "Crime, Social Order and the Rise of Neo-Conservative Politics," *Theoretical Criminology*, Vol.7, No.1, pp:111-130.

Foote, Daniel H., 1992, "From Japan's Death Row to Freedom," *Pacific Rim Law & Policy Journal*, Vol.1, No.1, pp:11-103.

―― 1993, "The Door That Never Opens: Capital Punishment and Post-Conviction Review of Death Sentences in the United States and Japan," *Brooklyn Journal of International Law*, Vol.XIX, No.2, pp:367-521.

Forum 90 Newsletter, 2007, Vol.95, November 20, pp:1-20.

―― 2008, Vol.97, March 5, pp:1-16.

Fuchigami, Shunsuke, and Shinji Nii, 2008, "Hikari Case Impacts Penalty Criteria: Death Rap for Double Murder Could Have Implications for Lay Judge System," *Daily Yomiuri Online*, April 24.

Garland, David, 2001, *The Culture of Control: Crime and Social Order in Contemporary Society*, Chicago: The University of Chicago Press.

Goto, Hiroko, 2004, "Crime Anxieties Bred by Neglect," *Japan Echo*, Vol.31, No.4 (August), pp:24-26.

Gottschalk, Marie, 2006, *The Prison and the Gallows: The Politics of Mass Incarceration in America*, New York: Cambridge University Press.

Hamai, Koichi, 2004, "How 'the Myth of the Collapsing Safe Society' Has Been Created in Japan: Beyond the Moral Panic and Victim Industry" [Nihon no Chian Akka Shinwa wa Ikani Tsukuraretaka: Chian Akka no Jittai to Haikei Yoin (Moraru Panikku o Koete)], *Hanzai Shakaigaku Kenkyu [Japanese Journal of Sociological Criminology]*, Vol.29, pp:10-26（原題：浜井浩一, 2004,「日本の治安悪化神話はいかに作られたか――治安悪化の実態と背景要因（モラル・パニックを超えて）」『犯罪社会学研究』29号）.

Hamai, Koichi, and Thomas Ellis, 2006, "Crime and Criminal Justice in Modern Japan: From Reintegrative Shaming to Popular Punitivism," *International Journal of the Sociology of Law*, Vol.34, No.3, pp:157-178.

Hamai, Koichi, and Kazuya Serizawa, 2006, *Hanzai Fuan Shakai: Daremo ga "Fushinsha"? [The Crime and Fear Society: Is Everyone "Suspicious"?]*, Tokyo:

Kobunsha Shinsho (原題：浜井浩一・芹沢一也, 2006,『犯罪不安社会――誰もが「不審者」？』光文社新書)

Hamai, Koichi, 2008, "Shikei to Iu 'Jocyo' no Mae ni: Deta de Miru Nihon no Shakai no Jitsujo," *Ronza*, March, pp:111-121. (原題：浜井浩一, 2008,「死刑という『情緒』の前に――データでみる日本の社会の実情」『論座』3月号)

Hamai, Koichi, and Thomas Ellis, 2008, "Japanese Criminal Justice: Was Reintegrative Shaming a Chimera?" *Punishment & Society*, Vol.10, No.1 (January) pp:25-46.

Han, In-Sup, 2007, "Trends in Democratization and the Rule of Law in Criminal Justice and Human Rights: 1987-2007," *Beop Kwa Sahoe [Law and Society]*, Vol.32.

Harvard Law Review, 2006, "A Matter of Life and Death: The Effect of Life-Without-Parole Statutes on Capital Punishment," Vol.119, pp:1838-1854.

Hebenton, Bill, 2007, "Comparative Perspectives on 'Punitiveness'," Unpublished paper, Centre for Criminology and Socio-Legal Studies, School of Law, University of Manchester, February, pp:1-29.

Hood, Roger, and Carolyn Hoyle, 2008, *The Death Penalty: A Worldwide Perspective*, New York: Oxford University Press.

International Centre for Prison Studies, 2008, King's College, London. Available at www.kcl.ac.uk/depsta/law/research/icps. Last accessed on 10 April 2008.

Inter Press Service News, 2008, "Brutalization of State, Society Behind Spurt in Executions: Interview with I.A.Rehman, Human Rights Commission of Pakistan," April 18.

Iwao, Sumiko, 2004, "Law Enforcement on Trial," *Japan Echo*, Vol.31, No.4 (August), pp:12-13.

Japan Times, 2008, "Disturbing Death Penalty Trend," April 25.

Johnson, David T., 2007a, "Criminal Justice in Japan," In Daniel H. Foote (ed.) *Law In Japan: A Turning Point*, Seattle and London: University of Washington Press, pp: 343-383.

―― 2007b, "Crime and Punishment in Contemporary Japan," In Michael Tonry (ed.) Crime, Punishment, and Politics in Comparative Perspective, *Crime and Justice: A Review of Research*, Volume 36, Chicago and London: The University of Chicago Press, pp: 371-423.

Johnson, David T., and Franklin E. Zimring, Forthcoming, *The Next Frontier: National Development, Political Change, and the Death Penalty in Asia*, New York: Oxford University Press.

Jong, Son-U, 2008, "Public Support for Capital Punishment Grows in Japan," *Chosun Ilbo*, April 30.

Katzenstein, Peter J., and Takashi Shiraishi, 2006, *Beyond Japan: The Dynamics of East Asian Regionalism*, Ithaca and London: Cornell University Press.

Kawai, Mikio, 2004, *Anzen Shinwa Hokai no Paradox*, Tokyo: Iwanami（原題：河合幹雄, 2004,『安全神話崩壊のパラドックス——治安の法社会学』岩波書店）.

Kubo, Hiroshi, 2006, *Chian wa Honto ni Akka Shite Iru no ka [Is Security Really Deteriorating?]*, Tokyo: Kojinsha（原題：久保大, 2006,『治安はほんとうに悪化しているのか』公人社）.

Lane, Charles, 2005a, "Why Japan Still Has the Death Penalty," *Washington Post*, January 16, p:B01.

—— 2005b, "A View to a Kill," *Foreign Policy*, May/June, pp:37-42.

Lappi-Seppälä, Tapio, 2007, "Penal Policy in Scandinavia," In Michael Tonry (ed.) Crime, Punishment, and Politics in Comparative Perspective, *Crime and Justice: A Review of Research*, Volume 36, Chicago and London: The University of Chicago Press, pp: 217-295.

Leheny, David R., 2006, *Think Global, Fear Local: Sex, Violence, and Anxiety in Contemporary Japan*, Ithaca, NY: Cornell University Press.

Lévy, René, 2007, "Pardons and Amnesties as Policy Instruments in Contemporary France," In Michael Tonry (ed.) Crime, Punishment, and Politics in Comparative Perspective, *Crime and Justice: A Review of Research*, Volume 36, Chicago and London: The University of Chicago Press, pp:551-590.

Liptak, Adam, 2008, "Inmate Count in U.S. Dwarfs Other Nations," *New York Times*, April 23.

McCann, Michael, and David T. Johnson, Forthcoming, "Rocked But Still Rolling: The Enduring Institution of Capital Punishment in Historical and Comparative Perspective," In Charles Ogletree and Austin Sarat (eds.) *Where Are We On the Road to Abolition?*, New York: NYU Press.

McNeill, David, 2007, "Japan and the Whaling Ban," *Japan Times*, February 11.

Miyazawa, Setsuo, 2008, "The Politics of Increasing Punitiveness and the Rising Populism in Japanese Criminal Justice Policy," *Punishment & Society*, Vol.10, No.1 (January) pp:47-77.

Nakamura, Akemi, 2008, "Death Penalty Ruling Marks Dramatic Shift," *The Japan Times*, April 23.

Oberwitter, Dietrich, and Shenghui Qi, 2008, "Death Penalty Population Survey: Preliminary Results," Max Planck Institute, Freiburg, Germany, April, pp:1-54.

Onishi, Norimitsu, 2007, "Whaling: A Japanese Obsession with American Roots," *New York Times*, March 14.

Ota, Tatsuya, 2004, "Public Safety in Today's Japan," *Japan Echo*, Vol.31, No.4 (August) pp:20-23.

Pratt, John, 2007, *Penal Populism*, London: Routledge.

Pyle, Kenneth B., 2007, *Japan Rising: The Resurgence of Japanese Power and Purpose*, New York: Public Affairs.

Roberts, Julian V., Loretta J. Stalans, David Indermaur, and Mike Hough, 2002, *Penal Populism and Public Opinion: Lessons from Five Countries*, New York: Oxford University Press.

Roche, Sebastian, 2007, "Criminal Justice Policy in France: Illusions of Severity," In Michael Tonry (ed.) Crime, Punishment, and Politics in Comparative Perspective, *Crime and Justice: A Review of Research*, Volume 36, Chicago and London: The University of Chicago Press, pp: 471-550.

Roy, Denny, 2003, *Taiwan: A Political History*, Ithaca and London: Cornell University Press.

Simon, Jonathan, 2007, *Governing Through Crime: How the War on Crime Transformed American Democracy and Created a Culture of Fear*, New York: Oxford University Press.

Sung, Hung-En, 2006, "Democracy and Criminal Justice in Cross-National Perspective: From Crime Control to Due Process," In Susanne Karstedt and Gary LaFree (eds.) *The ANNALS of the American Academy of Political and Social Science*, Vol.65, No.1 (May 1), pp:311-337.

Syed, Baqir Sajjad, 2008, "Reprieve for Death-Row Prisoners Under Study," *Dawn*, April 25.

Tamura, Masahiro, 2004, "Changing Japanese Attitudes Toward Crime and Safety," *Japan Echo*, Vol.31, No.4 (August) pp:14-19.

Tonry, Michael, 2007, "Determinants of Penal Policies," In Michael Tonry (ed.) Crime, Punishment, and Politics in Comparative Perspective, *Crime and Justice: A Review of Research*, Volume 36, Chicago and London: The University of Chicago Press, pp:1-48.

―― 2008, "Crime and Human Rights - How Political Paranoia, Protestant Fundamentalism, and Constitutional Obsolescence Combined to Devastate Black America: The American Society of Criminology 2007 Presidential Address," *Criminology*, Vol. 46, No. 1 (February), pp:1-33.

Webster, Cheryl Marie, and Anthony N. Doob, 2007, "Punitive Trends and Stable Imprisonment Rates in Canada," In Michael Tonry (ed.) Crime, Punishment, and Politics in Comparative Perspective, *Crime and Justice: A Review of Research*, Volume 36, Chicago and London: The University of Chicago Press, pp: 297-369.

Whitman, James Q., 2003, *Harsh Justice: Criminal Punishment and the Widening Divide between America and Europe*, New York: Oxford University Press（翻訳：ジェイムズQ. ウィットマン，伊藤茂訳，2007,『過酷な司法：比較史で読み解くアメリカの厳罰化』レクシスネクシス・ジャパン）.

Yamamoto, Ryoko, 2008, "Policing Strangers: The Convergence of Immigration Law Enforcement and Crime Control in Contemporary Japan," Ph.D dissertation, Department of Sociology, University of Hawaii at Manoa, August.

Zimring, Franklin E., 2003, *The Contradictions of American Capital Punishment*, New York: Oxford University Press.

Zimring, Franklin E. and David T. Johnson, 2006, "Public Opinion and the Governance of Punishment in Democratic Political Systems," In Susanne Karstedt and Gary LaFree (eds.) *The ANNALS of the American Academy of Political and Social Science*, Vol.65, No.1 (May 1), pp: 265-280.

翻訳：桑山亜也

第4章　日本における厳罰化とポピュリズム
マスコミと法務・検察の役割，被害者支援運動

浜井浩一　龍谷大学
Tom Ellis（トム・エリス）　ポーツマス大学

はじめに

　20世紀は，多くの国で経済成長とともに治安が悪化した時代でもあった．その中で，日本だけは例外であり，先進国の中で最も治安のよい国とされ，多くの国民がそれを誇りにしていた．オーストラリアの著名な犯罪学者であるBraithwaite(1989)は，刑事裁判での謝罪とそれに続く寛大な措置を例に，日本の治安が良好であるのは，日本社会が，一度過ちを犯した犯罪者を排除することなく，彼らが謝罪した場合には，執行猶予などの寛大な処分を行い，社会復帰を促し，そして社会にもそれを受け入れる文化が存在するからだと指摘した．つまり，日本の社会や刑事司法が，犯罪者というレッテルを貼り付けてラベリングを行うのではなく，犯罪を恥ずかしいことと感じさせ，謝罪を促すことで[1]，犯罪者の社会への再統合を行っていることが日本の治安を支えていると指摘しているのである．ある意味では，「罪を憎んで人を憎まず」の精神が日本の刑事司法の根幹にあると指摘しているのかもしれない．しかし，Braithwaiteの指摘の是非はともかくとして[2]，このように評価された寛容なはずの日本社会は，20世紀末から21世紀にかけて，Braithwaiteが描いた寛容な社会とは似ても似つかぬ方向へと変容し始めた．
　1990年代後半に入り，警察の不祥事の続発や暴力犯罪の認知件数の突然の増加などにより，多くの国民が，日本の治安が悪化したと感じ，同時に刑事司法に対する信頼を失い始めた．それに伴って世論の厳罰化傾向が顕著となってきた．内閣府等の世論調査によると，80％を超える人が日本の治安が悪化したと感じ，同じく80％を超える人が死刑制度の存続を支持している[3]

(Hamai and Ellis 2006; 2008).

　ただし，こうした治安の悪化は，実は，メディアが描き出した社会の姿であり，必ずしも事実に基づいたものではなかった．この治安悪化が事実ではなく，ある種のモラルパニックであることについては，筆者（浜井）が『犯罪社会学研究』の29号（2004年）「日本の治安悪化神話はいかに作られたか」および32号（2007年）「犯罪被害調査（crime victimization survey）が測定する犯罪」などにおいて指摘してきた．後で具体的な統計を示すが，簡単に要約すると，次のようなことである．殺人の認知件数や人口動態統計における死因統計のどちらを見ても，暴力によって死亡する人の数は1950年代半ばから一貫して減少し続けている．そして，何より2000年から4年おきに法務省が実施している科学的な手法を用いた犯罪被害調査（crime victimization survey）の結果を比較すると，1990年代の後半から軽微な犯罪においても犯罪被害実態そのものが増加していないどころか，一部に減少傾向すら認められる（『平成20年版犯罪白書』）．

　しかし，客観的に見た治安（犯罪情勢）は悪化していないとしても，一般市民のみならず，裁判官，検察官，刑事法学者など刑事司法の専門家を含めた多くの人が，治安が悪化したという言説を信じ，その前提に基づいた刑事政策（刑罰の運用）を，世論の支持を受けながら推し進めてきた．その結果，いわゆる厳罰化政策がとられ，殺人事件そのものは増加していないにもかかわらず，それを主要なターゲットとしている死刑や無期懲役刑の判決は，近時，一貫して増加傾向に転じ，刑期の長期化を反映して多くの刑務所が過剰収容に陥った[4]．

Penal Populism

　ところで，厳罰化は，何も日本だけの現象ではない．実は，英米圏を中心とした欧米先進国において共通に見られる現象でもある．本書の執筆者の一人でもあるニュージーランド・ビクトリア大学のPrattは，こうした厳罰化をPenal Populismと呼んで研究している．彼は，その著書(Pratt 2007)の中で，次のように述べている．

　「Penal Populismのプロセスでは，戦後の刑事政策を形作っていた多くの前提がひっくり返され，刑罰を運用・執行する権力構造の劇的な再構成が行

われる．そこでは，より多くの刑務所が必要とされ，刑罰は，市民から隠されたところで役人によって密かに執行されるものではなく，より劇場的なものとなり，刑事司法の専門家の知識よりも一般市民の常識が優先される．同様に，広く市民の代弁者を自任する個人や市民団体と政府との関係がそれまで以上に緊密なものとなり，司法官僚と政府との結びつきが弱まっていく．その結果，そうした個人や市民団体の考えが刑事政策に強く反映されるようになる」．

つまり，<u>Penal Populismとは，「法と秩序」の強化を求める市民グループ，犯罪被害者の権利を主張する活動家やメディアが，一般市民の代弁者となり，政府の刑事政策に強い影響力を持つようになる一方で，司法官僚や刑事司法研究者の意見が尊重されなくなる現象でもある．</u>さらに，Prattは，ニュージーランドにおけるPenal Populismが進行する過程の特徴として，犯罪や刑罰の議論において，社会科学における研究成果よりも，むしろ，個人的な体験，常識や逸話（体験談）といったものが重視されるようになり，人々は，複雑な問題に対して，分かりやすく常識的な言葉で解決策を語る者に対する信頼感を高めていくことを指摘している．

特徴的な出来事として，Prattはニュージーランドで，残虐な犯罪によって傷つけられた何の落ち度もない無力な母親を被害者とする息子がカリスマ的な被害者代表となり，国民に対して，「自分の母親があのように無残に傷つけられるということは，他の誰もが同様に犠牲者になる可能性があるということである．彼女は，我々の上にいつ降りかかってくるかわからない危険な犯罪の生きた証である」というメッセージを投げかけた事例を紹介している．このメッセージが，市民の安全を守ることのできなかった無力な刑事司法に対する怒りを生み出し，加害者に対する厳罰要求へとつながっていった．

ちなみに，ニュージーランドでも，厳罰化が進行していた時期には，日本同様に，市民感覚とは異なり犯罪は増加していない．さらに，Prattは，社会保障に対する信頼感が少なく，自分の身は自分で守るしかないと考える市民の多い国ほど，こうしたPenal Populismに対する抵抗力が弱いとも指摘している．これを，現在，格差社会が叫ばれ，年金問題を中心に社会保障制度が揺らいでいる中で，ニュージーランド同様に厳罰化政策が推し進められている日本に当てはめて考えるととても興味深くはないだろうか．

このようにPrattのいうPenal Populismは，現在日本で起きている厳罰化

によく似ている．小泉改革以来，経済をはじめとする複雑な社会現象に対して，力強く，常識的で，分かりやすい解決策がもてはやされるようになった．山口県光市で発生した母子殺害事件は，その事件そのものだけではなく，9年間にわたって続いている公判の様子が，マスコミを通じて大々的に報道され，多くの市民の関心を引いている．後で紹介するように，ここでも，ニュージーランドと同様に，被害者の遺族がカリスマ的な存在となり，事件や公判の様子は，この被害者遺族の言葉を通して様々なメディアで報道され，世論の強い支持を背景に，検察官の控訴，上告によって，無期懲役刑判決が破棄され，差し戻し控訴審において死刑判決が下された．この間，治安対策や刑事政策の分野でも，警察官の増員，監視カメラの設置や厳罰化が次々と打ち出された．

　以下では，こうした日本の厳罰化の状況を統計的に概観しつつ，厳罰化の推進に中心的な役割を果たしてきた検察官と犯罪被害者支援運動に焦点を当て，彼らが果たしてきた役割を分析し，日本がPrattの定義するPenal Populismに当たるのかどうかを検証してみたい．

統計から見た厳罰化

　では，日本における厳罰化の状況はどのようになっているのであろうか．ここでは，厳罰化の状況を統計データから見てみることにする．ただし，その前に，最初に少しだけ触れた厳罰化の前提条件となる犯罪（治安）状況についても，犯罪に関する最も妥当性・信頼性の高い統計である，殺人に関する警察統計と法務省が実施した犯罪被害調査の結果を確認しておくことにする．図1は，殺人の認知件数，検挙件数，検挙人員および検挙率の推移を見たものである．殺人統計は，警察統計の中で最も暗数が少なく，警察活動の影響を受けにくく，つまり実態に近い統計だといわれている．図1を見て分かるように殺人の認知件数等は1950年代後半以降一貫して減少傾向にあり，検挙率も安定して95％水準を維持している．ちなみに，日本の殺人の認知件数には未遂が含まれており，殺人の既遂は全体の約半分である．また，表1は，『平成20年版犯罪白書』に掲載された過去3回の国際犯罪被害調査（International Crime Victims Survey）の結果である．2000年調査，2004年調査について過去5年間の犯罪被害を比較すると暴力犯罪を中心に犯罪被

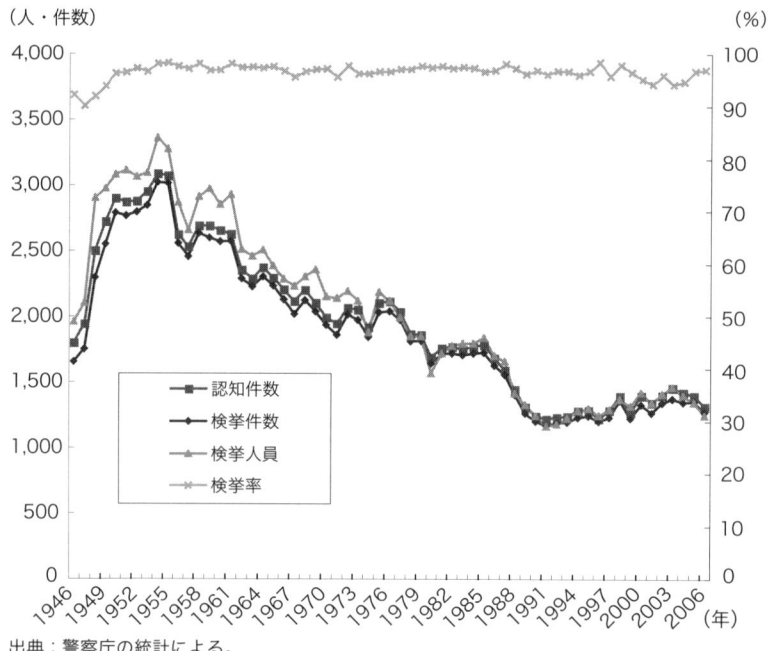

図1　殺人（未遂を含む）の認知件数等の推移

（人・件数）　　　　　　　　　　　　　　　　　　　　　　（％）

凡例：
- 認知件数
- 検挙件数
- 検挙人員
- 検挙率

出典：警察庁の統計による。

表1　国際犯罪被害調査の結果（単位：件数）

	犯罪被害率			警察への通報率		
（年）	2000	2004	2008	2000	2004	2008
自動車盗	0.7	0.7	0.9	61.5	100.0	85.2
車上盗	5.7	7.1	5.2	41.7	64.3	66.7
自動車損壊	16.8	15.5	12.7	20.9	21.5	22.4
バイク盗	12.4	10.3	6.8	72.7	75.0	74.1
自転車盗	27.3	23.2	17.5	36.1	48.1	46.3
不法侵入	4.1	3.9	4.0	61.1	64.2	64.2
不法侵入未遂	2.6	2.7	3.1	36.2	19.3	35.0
強盗	0.6	0.3	0.9	30.8	28.6	65.6
窃盗（すり等）	2.7	2.2	1.7	43.3	33.3	37.5
性暴力	2.7	2.5	2.0	9.7	14.8	13.3
暴行・脅迫	2.1	1.1	1.5	21.3	50.0	36.8

出典：平成20年版犯罪白書

害そのものは減少している．しかし，その一方で警察への通報率は増加している．つまり，この時期に警察の暴力犯罪の認知件数が増加したのは，こうした犯罪の警察への通報率が増加したためで，犯罪被害が増加したためではないことを，この調査結果は立証している[5]（Hamai and Ellis 2006; 2008）．以上，犯罪統計の中で，最も妥当性・信頼性の高い二つの指標を用いて，凶悪犯罪のみならず，軽微な犯罪についても，犯罪被害が増加しているというのが事実とは言えないことを確認した．

　しかし，客観的な事実とは無関係に多くの人々が日本の治安が悪化したと考えている．上記の2004年の犯罪被害調査では75.5％の人が過去と比較して日本の治安が悪化したと回答している．このこと自体（客観的事実と人々の実感の乖離）は，特に驚くことではない．他の先進国でも共通して見られる現象であり，多くの人が，犯罪や治安に関しては，マスコミを情報源としているからである．本書の執筆者の一人でもある元アメリカ犯罪学会の会長でミネソタ大学のTonry（2008）は，「電子情報技術が生み出したユビキタス社会におけるマスコミは，悲惨な犯罪が起きた場合，それが全米のどこで発生しようが，微にいり細にわたり詳細に報道し，それが視聴者の情緒的な反応となって全米に広がっていく」と指摘している．内閣府が2006年に実施した「治安に関する世論調査」では，84.3％の人が治安が悪くなっていると回答し，治安に関する情報源として，「テレビ・ラジオ」を挙げた者の割合が95.5％と最も高く，次に「新聞」（81.1％）となっている．Pratt（2007）は，「犯罪については，逸話や被害者の言葉の方が，単なる統計数値よりも政策担当者に伝わりやすい」と指摘している．こうした現象が，後述するPenal Populismの特徴の一つであり，先進国すべてに共通に見られる現象である[6]．

　さて，ここからは，日本の厳罰化を統計的に見てみよう．図2は，日本の刑務所人口の推移を見たものである．常識的に考えると治安が悪化して犯罪が増えると，刑務所人口が増加するのは当たり前だと思われがちであるが，本書の中でフィンランド国立司法研究所所長のLappi-Seppälä（2008）が述べているように，犯罪状況と刑務所人口の間には，途中にいくつものフィルターが入り込むため直接的な関係はないというのが犯罪学の常識である．Lappi-Seppäläが述べているように，犯罪が減少しているときに刑務所人口が増加するケースは多くの国で見られる現象である．刑務所人口に直接影響を与えるのは，仮釈放率が一定であれば，実刑判決の数と刑期の長さである．

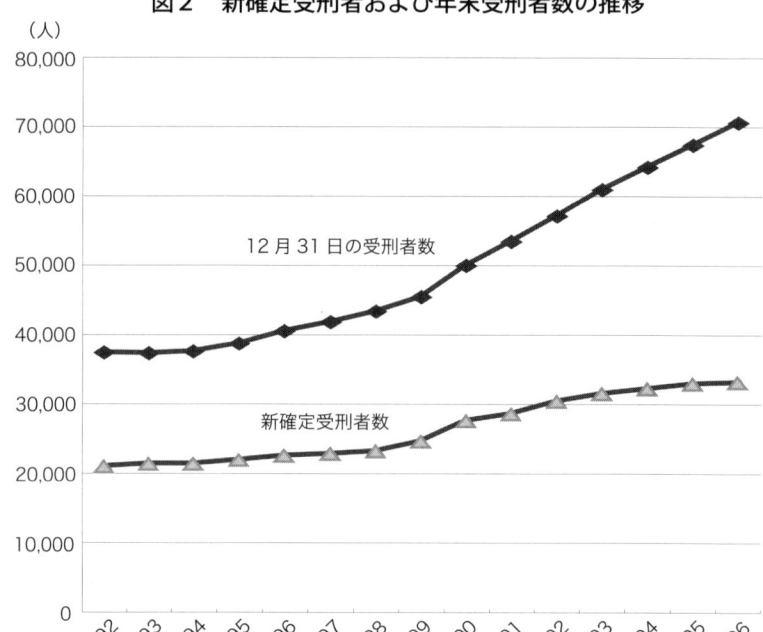

図2 新確定受刑者および年末受刑者数の推移

出典：矯正統計年報

　つまり，犯罪が増えていなくても，検察官や裁判官が，（治安が悪化したと考えて）刑罰を強化すれば，刑務所人口は増加する．

　図3は，検察官の略式命令請求人員[7]（実人数÷10）と公判請求人員の推移を比較したもので，略式命令請求人員が一貫して減少傾向にある中で，公判請求人員は2000年ぐらいから2005年ぐらいまでにかけて急激に増加している．犯罪が増加しているのであれば，略式命令請求人員も増加するはずであるが，公判請求人員のみが増加しているということは，検察官が罰金ではなく実刑を求めて積極的に公判請求する厳罰化に方針転換したことがうかがわれる．また，この時期は，単に公判請求が増加しただけではなく，検察官の求刑も以前よりも厳しくなっている．つまり，最近の刑務所人口の増加と，それに伴う過剰収容は検察官の厳罰化によって起こされたものとも言える．

　加えて，2000年以降少年法の改正をはじめ，法改正による法定刑の引き上げ等が積極的に行われている．2004年末には，刑法が改正され，殺人の最低

図3　検察官による公判請求人員および略式命令請求人員の推移

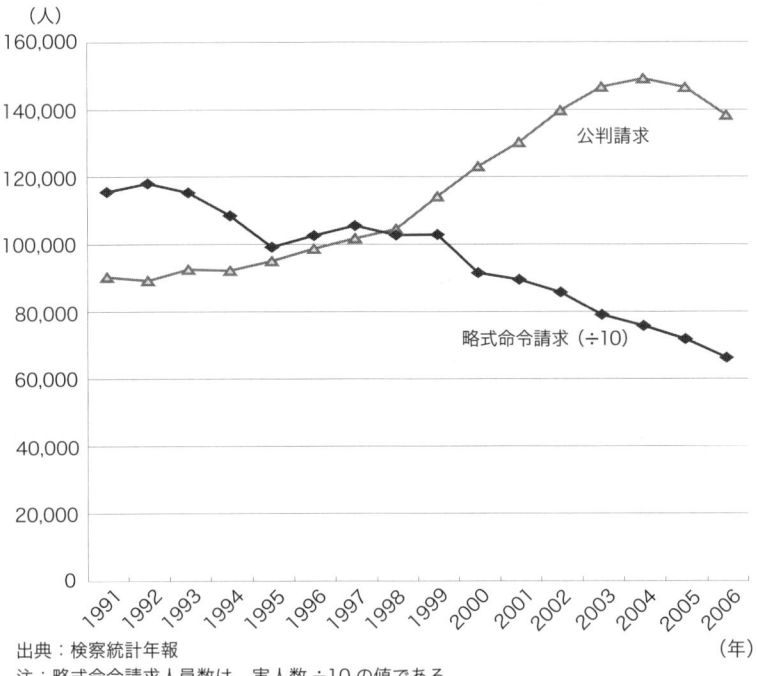

出典：検察統計年報
注：略式命令請求人員数は，実人数÷10の値である．

刑（短期の法定刑）が執行猶予の可能な懲役3年から，執行猶予をするためには何らかの減軽事由が必要な5年に引き上げられた．このように検察官の刑罰運用だけでなく，法定刑そのものが引き上げられることによって多くの受刑者が，より長い刑期を言い渡されて刑務所に送り込まれるようになり，図2にあるように刑務所人口は急激に増加し，多くの刑務所が定員を超過して受刑者を収容する過剰収容に陥った（Hamai and Ellis 2008）．後で述べるように法改正による法定刑の重罰化も，その法案作成事務は法務省に派遣された検事によって行われている．

かつてBraithwaite（1989）が寛容な社会と呼んだ日本では，殺人が減少する一方で，図4・図5にあるように無期刑受刑者や死刑確定者が急激に増加している[8]．それと並行して，図6に示したように増加する無期刑受刑者の中で仮釈放になる者は年々減少し，2005年にはわずか3人の無期刑受刑者し

図4 無期確定受刑者および年末無期刑受刑者数の推移

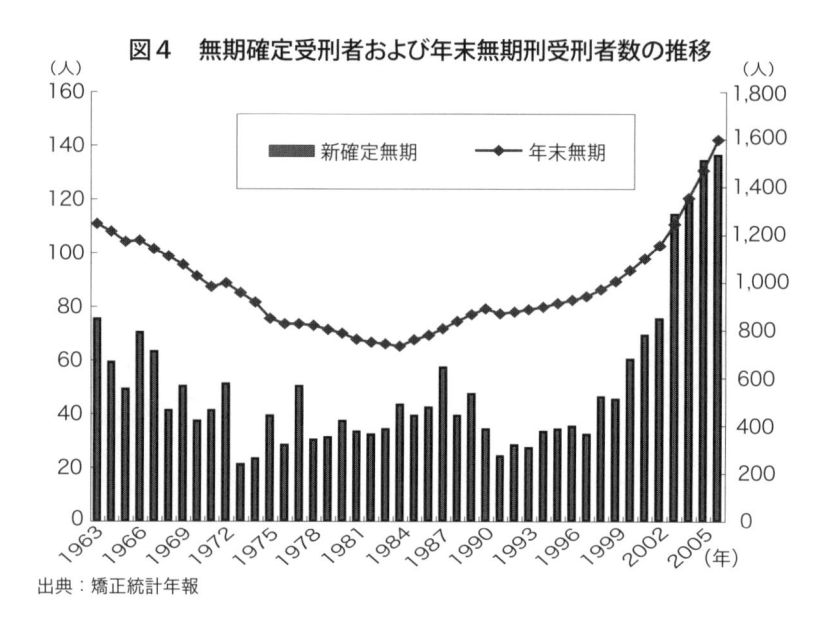

出典：矯正統計年報

図5 死刑確定者、年末死刑確定者、死刑執行数の推移

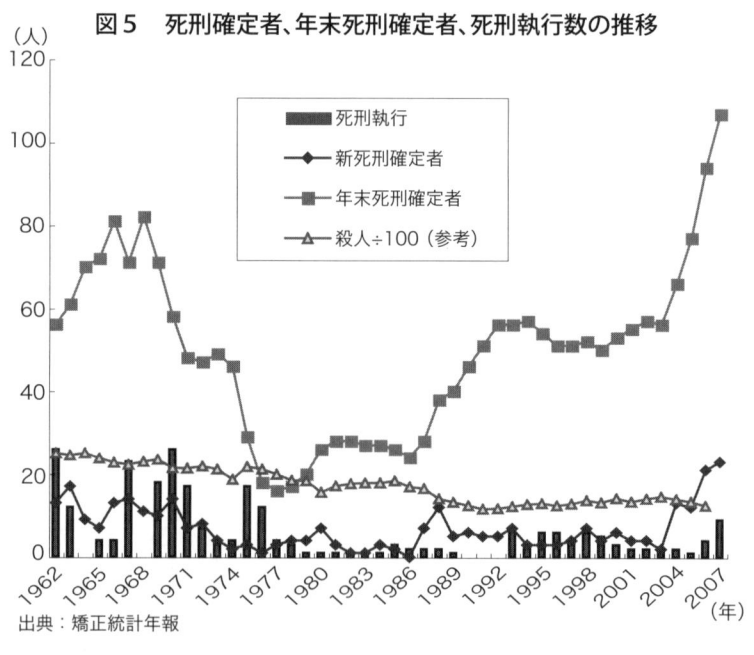

出典：矯正統計年報

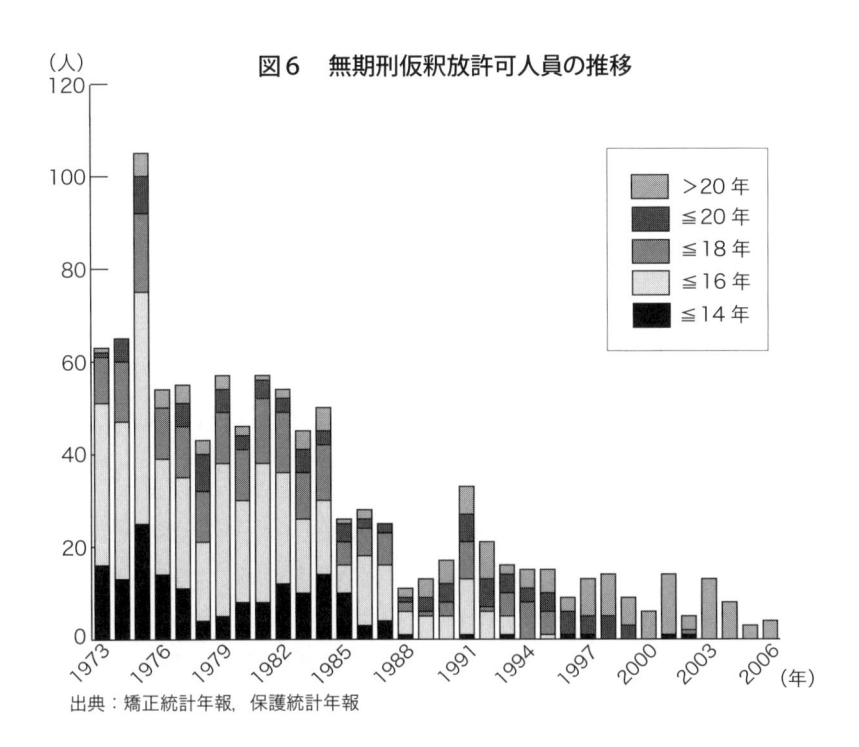

図6　無期刑仮釈放許可人員の推移

凡例：
- ＞20年
- ≦20年
- ≦18年
- ≦16年
- ≦14年

出典：矯正統計年報，保護統計年報

か仮釈放されていない．現在，日本では，仮釈放のない終身刑や重無期刑の導入が議論されているが，運用上，すでに無期刑は，死ぬまで刑務所を出られない終身刑化しつつあるのが実態である．

おそらく，厳罰化の最大の兆候は死刑判決とその執行に見ることができるだろう．矯正統計年報によると（図5を参照），2000年から2003年までの4年間で新たに死刑囚となった者は15人だったのに対して，2004年から2007年の4年間には69人が新たに死刑囚となっている．そして，2007年8月に法務大臣となった鳩山邦夫氏は2008年8月までの約1年間に13人の死刑執行命令書にサインをした．これは，1993年に3年間を超えるモラトリアムの後に死刑が再開されてから一人の法務大臣がサインをした最多の数である．何度も繰り返すが，日本における殺人事件やその被害者の数は刑罰運用に関係なく一貫して減少傾向にある．

2008年6月18日付のThe Japan Timesは，「鳩山氏は，死刑の執行は，法務大臣の命令による．その命令は，判決確定の日から6カ月以内にこれをし

第4章　日本における厳罰化とポピュリズム　99

なければならないと刑事訴訟法に書かれている以上，死刑執行を命令するのは法務大臣の職責であると述べている．死刑が依然として存続することの理由として広い国民世論の支持が挙げられる．2005年2月に内閣府が行った世論調査で2,084人の回答者のうち81.4%の人が死刑を支持した．死刑支持が80%を超えたのは初めてのことであり，死刑に反対する人はわずか6%だった」と報道している．

刑事司法の管理者としての検察官

　図7は，日本の刑事司法の流れをフローチャートにして統計数値を付加したものである．警察に検挙され，検察庁に送られるのは年間約200万人である．この図を使い，この200万人がどのように処分されるかを通して，日本の刑事司法において検察官の果たしている役割の大きさを紹介してみよう．検察庁に受理された事件は，警察の捜査や証拠に基づいて検察官が捜査全体を指揮し，当該被疑者が犯罪を行ったということを立証できるだけの証拠がある場合には公訴を提起するが，証拠が十分ではない場合には公訴を提起せずに，被疑者を釈放することができる．また，犯罪を立証するに足る十分な証拠がある場合でも，被害や事案の程度，被害者感情，本人の反省，社会的制裁などの情状を考慮し，不起訴処分にすることができる．こうした制度を起訴便宜主義という（刑事訴訟法第248条）．たとえば，窃盗，傷害や詐欺などで被害が軽微で，本人も反省の態度を示し，家族が後見を保証し，被害弁償がなされている場合などは，前歴などを考慮して起訴猶予処分とすることができるのである．さらに，起訴する場合でも，必ずしも公判を請求しなくてはならないわけではなく，本人が罪を認め，罰金を支払うことを承諾している場合で，検察官が罰金刑相当だと判断した場合には，100万円以下の罰金刑までのケースについて書面審査による略式命令を請求することができる．この場合には，事案に争いがないため，ほぼ自動的に検察官の求めた罰金刑が言い渡される．つまり，有罪にする証拠が十分で，検察官が懲役刑以上の刑が必要だと判断した事案，被疑者が罪を認めていない事案や謝罪や示談がない事案などが公判請求（いわゆる正式な裁判を請求）される．

　図7を見ればわかるとおり，検察庁に受理された被疑者約200万人のうち，実に約80%が検察官の段階で（実質的に）最終的な処分を受けて刑事手続を

図7 刑事司法の流れと主要データ

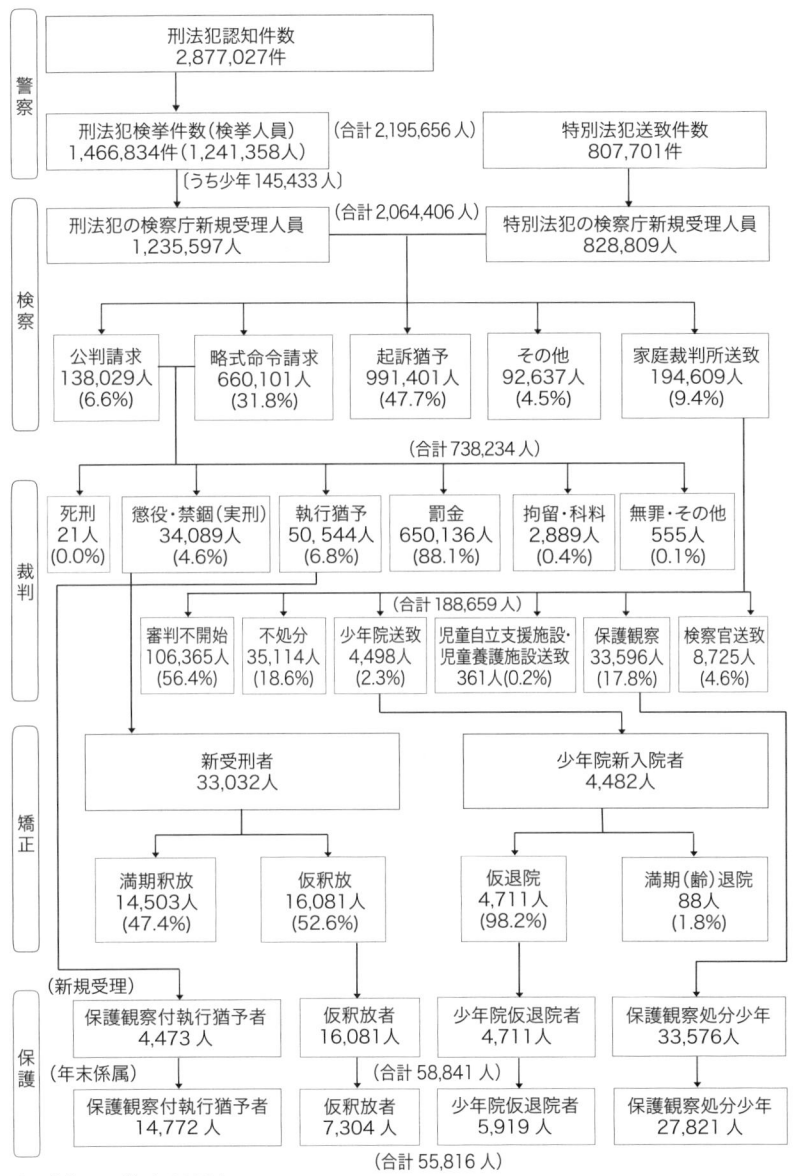

【警察】
- 刑法犯認知件数 2,877,027件
- 刑法犯検挙件数（検挙人員） 1,466,834件（1,241,358人）　〔うち少年 145,433人〕
- 特別法犯送致件数 807,701件
- （合計 2,195,656人）

【検察】
- 刑法犯の検察庁新規受理人員 1,235,597人
- 特別法犯の検察庁新規受理人員 828,809人
- （合計 2,064,406人）

処理区分：
- 公判請求 138,029人（6.6%）
- 略式命令請求 660,101人（31.8%）
- 起訴猶予 991,401人（47.7%）
- その他 92,637人（4.5%）
- 家庭裁判所送致 194,609人（9.4%）

【裁判】（合計 738,234人）
- 死刑 21人（0.0%）
- 懲役・禁錮（実刑） 34,089人（4.6%）
- 執行猶予 50,544人（6.8%）
- 罰金 650,136人（88.1%）
- 拘留・科料 2,889人（0.4%）
- 無罪・その他 555人（0.1%）

（合計 188,659人）
- 審判不開始 106,365人（56.4%）
- 不処分 35,114人（18.6%）
- 少年院送致 4,498人（2.3%）
- 児童自立支援施設・児童養護施設送致 361人（0.2%）
- 保護観察 33,596人（17.8%）
- 検察官送致 8,725人（4.6%）

【矯正】
- 新受刑者 33,032人
  - 満期釈放 14,503人（47.4%）
  - 仮釈放 16,081人（52.6%）
- 少年院新入院者 4,482人
  - 仮退院 4,711人（98.2%）
  - 満期（齢）退院 88人（1.8%）

【保護】
（新規受理）
- 保護観察付執行猶予者 4,473人
- 仮釈放者 16,081人
- 少年院仮退院者 4,711人
- 保護観察処分少年 33,576人
- （合計 58,841人）

（年末係属）
- 保護観察付執行猶予者 14,772人
- 仮釈放者 7,304人
- 少年院仮退院者 5,919人
- 保護観察処分少年 27,821人
- （合計 55,816人）

注：数値はいずれも2006年．
浜井浩一編『犯罪統計入門』（日本評論社，2006年）の95頁をもとに作成．

終了する．公判請求によって，裁判官による正式な裁判を受けるのは約7%に過ぎない．また，この7%の者についても，検察官が圧倒的な証拠によって犯罪を立証し（先述のようにそもそも有罪を立証できないと考えた場合には起訴しない），そのうち約99.9%が有罪となり，量刑についても検察官が求刑を行う．したがって，形式的には裁判官が最終的な判断を行うわけだが，実質的には，公判請求された段階で裁判の結果はほぼ定まっているといえる．また，公判請求された場合でも，検察官の被告人に対する心証がいい場合（たとえば，素直に検察官の指摘する罪を認めた場合や共犯についても犯行内容を供述した場合）には，求刑を調整することで裁判官が執行猶予を選択しやすくすることもできる．近年，裁判官が検察官の求刑以上の刑を科す場合もまったくないわけではないが，極めて稀であり，検察官が死刑を求刑しないケースで死刑が言い渡されるケースはないなど，判決で言い渡される刑は求刑を超えないことが慣例である．この意味でも量刑に与える検察官の影響は大きい．また，ここが陪審員制度を持つ英米圏と大きく異なる点であるが，検察官は，一審で無罪判決が出たり，検察官にとって納得できない量刑が言い渡されたりした場合には，有罪やさらに重い刑を求めて上訴することができる[9]．そして，上訴された場合，図8に示されているように過半数を超えるケースで無罪判決が破棄され，逆転有罪判決や一審よりも重い刑が言い渡される．

　検察官が，唯一裁量権を持たず，手出しができないのが少年による犯罪である．20歳未満の少年が検察官に送致された場合，検察官はすべてのケースを家庭裁判所に送らなくてはならない（全件送致主義）．これについては，後で，少年法の改正との関係で述べることにする．

　検察官の権限は，起訴前の段階でも絶大である．たとえば，よく海外から批判の対象となっているいわゆる「代用監獄（留置施設）」等への勾留については，警察に逮捕された状態で検察官に送致された被疑者の93%が検察官によって勾留請求され，そのうち却下されるのはわずか0.4%に過ぎない（『平成19年版犯罪白書』）．つまり，検察官に勾留請求された場合には，釈放されるチャンスはまずないのである．

　さらに日本の検察官（検事）が刑事司法の中で強い影響力と発言権を持っている理由として，法務・検察が一体であることを忘れてはならない．日本の検事は，検察官という法律家であると同時に，法務省の司法（行政）官僚と

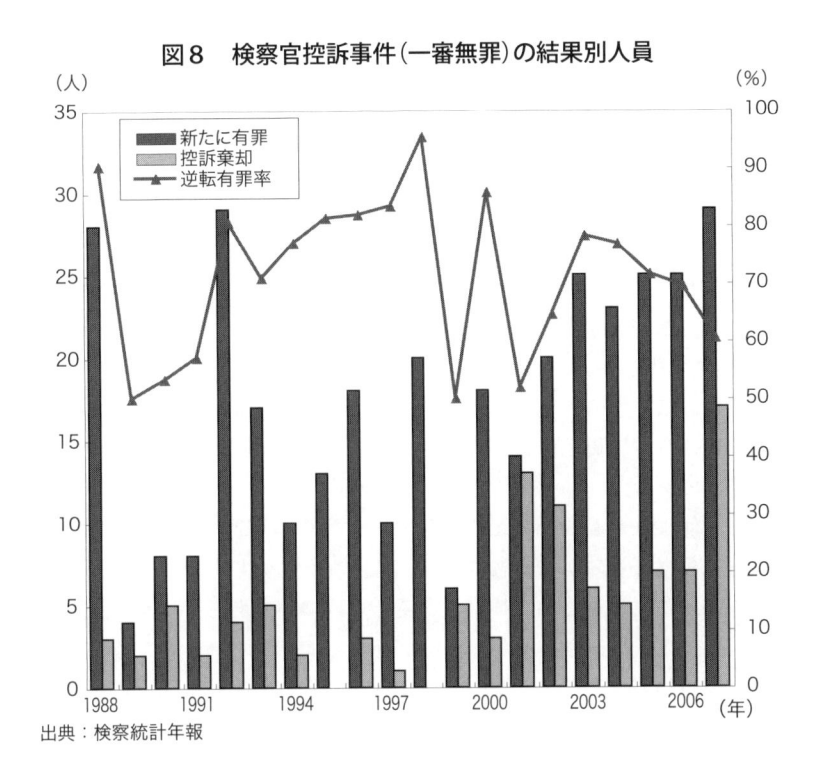

図8 検察官控訴事件（一審無罪）の結果別人員

出典：検察統計年報

して司法行政の企画，法律の立案にも関与している．Johnson (2002) も，その著書の中で，日本の検事は，検察庁から派遣される形で，法務省の中枢ポスト（本省の課長以上）のほとんどを占め[10]，実質的に法務省をコントロールしていると指摘している．死刑について，Johnson (2008) は，「日本の死刑制度をコントロールしているのは，誰でもない検察官である．死刑のインプットとアウトプット，つまり，誰が死刑に処せられるべきかを決定し（被疑者の起訴，死刑の求刑や死刑を求めての上訴），どの死刑囚が執行されるべきかを決定しているのは(死刑執行命令を起案し法務大臣にサインを求める)検事なのである」と指摘している．つまり，最近の死刑判決，死刑の執行の増加は，検察官が求刑や上訴によって積極的に死刑を求め，それに応じて死刑判決が増加し，死刑が確定した後は，法務省の検事が，次にどの死刑囚の執行がいつ行われるべきかを考え，積極的に法務大臣に上申した結果なのである．

第4章　日本における厳罰化とポピュリズム　103

法務省における検事の影響力は，検察に関する事項にとどまらない．仮釈放を決定する地方更生保護委員会を統括する保護局長も，刑務所や少年院を統括する矯正局長もすべて検事である．無期刑受刑者の仮釈放を決定するのは地方更生保護委員会であり，その委員に検事はいないが，無期刑受刑者の仮釈放に当たっては，その是非や時期について検察官に意見を求めることが求められているなど（求意見），検察官はその決定に強い影響力を持っている．法務省内の力関係から考えて，検察官から仮釈放は時期尚早との回答があった場合，法務省の下部組織である地方更生保護委員会が仮釈放を決定するのはかなり困難となる．図6に見られるように無期刑が終身刑化しつつある背景には，こうした事情もある．さらに，日本の刑事司法で恩赦を実質的に決定するのは中央更生保護審査会であるが，この委員長も慣例として検察官の出身者である．

　そして，何よりも重要なことは，刑法など主要な法律，特に刑罰を規定した法律案を起案するのが法務省であり，実際の条文を書くのが法務省の官僚すなわち法務省に派遣された検事であるという事実である．日本は官僚が支配する国だとよく指摘されるが，官僚が行政をコントロールする手段の一つが，法律案の起案にある．法律は国会の審議を経て成立するが，国会議員の多くは法律の専門家ではない．官僚は，法律の条文の微妙な表現を通して自分たちの主張を組み入れていく．つまり，仮にその法案が国会議員によって提出されるものであっても，その法律が既存の法体系の中に存在するものである以上，官僚が意見を求められる．その際に，もし，その法案に，それが現実に運用される際に，それを所掌する官庁の権限を損なう条文があれば，その文言を微妙に修正することで，条文の持つ効果を変えてしまうことが可能である．

　2004年12月1日に，法務省の起案によって刑法の改正が行われ有期刑の最高刑が15年から20年に，殺人の最低刑（短期の法定刑）が3年から5年に引き上げられた．これはある意味では，特別な減軽事由がない限り，裁判官から執行猶予を選択する裁量権を奪った形になり，殺人罪の場合，それが有罪となった場合には，検察官の起訴イコール実刑を意味する改正となっている[11]．

　また，少年法改正も，単に厳罰化というだけでなく検察官の関与の拡大と評価することもできる．先にも述べたように，警察に検挙され，検察庁に受

理されたケースで検察官が唯一処分に関与できないのが少年事件である．少年事件は，いったんすべて家庭裁判所に送致され，そこで処分が決定される．2000年に少年法が改正される前までは，殺人などの重大事件であっても，事案が特別に悪質で，なおかつ加害少年が16歳以上のケースで，保護処分よりも刑事処分が適切であると家庭裁判所の裁判官が判断し，検察官送致の処分を下したケースのみが，検察官に戻され，検察官によって起訴されてきた．しかし，2000年の少年法改正によって，検察官送致ができる年齢が14歳に引き下げられ，16歳以上で故意に人を死亡させたような重大なケースでは原則として検察官に送致することが定められた．これは，ある意味では，重大事件を起こした少年の処分に対して家庭裁判所裁判官の裁量が縮小し，検察官の権限が拡大したとみることもできる．

　これらの法改正は，表面的には単なる厳罰化に見えるが，官僚機構として刑事司法を見た場合，検察官の権限の拡大につながっている．日本の刑事司法では，検察官は，基本的には有罪と厳罰を求める立場にあり，裁判官は刑罰と更生のバランスを考えることが求められているため，厳罰化にシフトすればするほど検察官の影響力が拡大することになる．つまり，検察官の役割が，厳格な刑罰権の行使による正義の実現や刑罰運用による治安の維持にある限り，厳罰化はそれを実現する手段であり，検察官の権限を拡大する手段でもあり，検察官にとって歓迎すべきことなのである．さらに，当然のことであるが，立法以外でも，予算の策定などを通して実質的に政策を企画立案するのも官僚である．法務省に派遣された検事は，法務省内の予算配分などを通して，刑事司法の運営や刑事政策全般に大きな影響力を行使することができる．

犯罪被害者支援運動とカリスマ的犯罪被害者（遺族）

　日本の刑事司法において犯罪被害者の存在が注目され始めたのは1990年代の半ばぐらいからであり，他の先進国同様に，犯罪被害者は，長い間忘れられた存在であった．刑事司法の中でも，犯罪被害者は裁判の当事者としてではなく，証拠の一つとして扱われ，多くの刑事司法の専門家は，「被害者はそっとしておいた方がいい」と勝手に思い込んでいた．こうした状況に対して，1990年代に入り，英米の先進国における犯罪被害者支援の取り組みが日

本でも紹介されるようになり，日本被害者学会を中心に法学者や精神科医などによる犯罪被害者に対する支援が行われ始めた．そして，これに呼応する形で警察庁が長官官房に犯罪被害者対策室を設置するなど，犯罪被害者や遺族に対する情報提供や性犯罪被害者に対する特別な配慮などが始められた．こうした動きの中で，マスコミの犯罪報道も加害者から被害者に焦点を当てたものへと変化し始めた．結果として，多くの犯罪被害者遺族がテレビやマスコミに登場し，被害者の立場を主張するようになり，人々も犯罪被害者を通して犯罪被害の実態やその悲惨さを知るようになった．芹沢一也（2006）は，1997年に発生した神戸連続児童殺傷事件がこうした動きの大きなきっかけとなったと分析している．

　こうした動きの中で，犯罪被害者遺族を中心に2000年1月に犯罪被害者の会（現，全国犯罪被害者の会）が作られた．犯罪被害者支援運動は，当初，法学者や精神科医などの専門家や行政によって主導されていたが，次第に，何人かの犯罪被害者遺族がリーダーシップをとるようになった．その中でもカリスマ的な存在となり，マスコミなどを通して犯罪被害者支援に対する世論の潮流や政治の動きに大きな影響を与えた人物が何人かいる．本稿では，その人々の中から特にメディアに登場する回数の多い二人を取り上げる．

　一人が，全国犯罪被害者の会（以下，あすの会という）の設立メンバーでもある代表幹事である．彼は，日本弁護士連合会の元副会長であり，弁護士活動の中で彼を逆恨みした男に妻を殺害され犯罪被害者遺族になり，自身の犯罪被害者遺族としての経験から，犯罪被害者の置かれた現状の改善を求めるために，あすの会の設立に中心的な役割を果たしている．あすの会の主要な活動は，犯罪被害者の権利の確立と被害者に対する支援を目的とし，政府や政治家に対して積極的なロビー活動を展開し，2004年の犯罪被害者等基本法の成立や2007年の刑事訴訟法の改正による犯罪被害者等の公判参加などを実現させた．また，同時に，あすの会のホームページに活動の成果として凶悪犯罪に対する罰則の強化が挙げられるなど，近時の厳罰化政策に対しても大きな影響を与えている．2004年12月1日に犯罪被害者の支援に対する国の基本的方針を定めた犯罪被害者等基本法と殺人等の厳罰化に向けた刑法改正が同時に成立したのは単なる偶然ではないだろう．

　刑事訴訟法の改正を受けて，2007年6月19日のThe Japan Times紙は，あすの会の次のようなコメントを載せている．「刑事司法制度は市民のため

だけでなく，犯罪被害者のためにも存在すべきである」．また，あすの会の顧問で常磐大学の諸澤英道はThe Japan Times紙の記事の中で，「(法廷が) 報復の場になって何がいけないのですか？　法の本質からすれば，誰も犯罪被害者から報復の権利を奪うことはできない．現代国家は暴力による報復を禁じている．しかし，法に従った報復は許されるべきだ」と述べている[12]．

　もう一人は，あすの会の幹事であり，いわゆる「光市母子殺害事件」の被害者遺族である．上述の代表幹事の方が果たした役割が，ロビー活動による犯罪被害者支援のための制度改革だとすれば，こちらの彼が果たした役割は，マスコミを通して犯罪被害者（遺族）の存在を社会にアピールしたことである．1999年，彼の妻（23歳）と娘（11カ月）が自宅において見ず知らずの当時18歳の少年によって殺害された．この事件は，加害者が少年であっただけでなく，被害者と加害者に何の関係もなく，完全に無垢な被害者に対する凶悪な殺害事件であったことからマスコミの注目を集めた．ただ，この事件が特別であったのは，事件が起訴され，公判段階に入った後も9年間以上にわたって裁判の動向そのものが注目され続けたことにある．その理由としては，単に事件の特殊性だけでなく，そこには，この被害者遺族自身の魅力があった．「光市母子殺害事件」は，公判の節目ごとに，テレビでも，新聞でも，常に，彼のインタビューや写真とともに報道された．彼は，テレビのインタビューに対して，常に自分の言葉で話をしていた．ときには犯人や刑事司法制度に対する怒りをこめ，ときには感情を抑えてたんたんと話す内容や様子には，視聴者や読者が理解し共感できる何かがあった．さらに，彼を主役とし，人間ドラマとしての報道を作るマスコミとしては，もう一方の当事者である加害者を「不気味な存在」として描く必要があった．当然のこととして，加害者を弁護する弁護団も同じように，この被害者遺族に対峙する敵役として描かれるようになった．その結果，被害者遺族側に感情移入したマスコミや世論は，加害者だけでなく，加害者を守ろうとする刑事司法制度，特に弁護団に対しても強い憤りを抱くようになった．

　この事件の被告人は，2000年の一審山口地裁の判決で無期懲役刑となり，2002年の二審広島高裁判決もそれを支持した．この量刑は，被告人が犯行時に死刑が適用されるぎりぎりの18歳になったばかりであったことなどから，当時の判例からすると相場に当たる判決であった．おそらく当時の弁護側が事実関係を検察と争わなかった大きな要因も，具体的な犯行態様や動機など

の事実を争っても争わなくても無期刑という量刑に変化はなく，素直に事実関係を認めた方が裁判官の心証が良くなるという判断だったのではないだろうか．いずれにせよ，厳罰化の世論を背景に，検察官は，この判決を不服として最高裁に上告した．世論の厳罰化を支持する空気を読んだのか，2006年に最高裁は，犯行時18歳だったということだけでは死刑を回避する事情としては十分ではなく，この事件については，他に死刑を選択しない特別に酌量すべき事情がない場合には死刑を回避すべきではないとして，広島高裁の判決を破棄し，審理を広島高裁に差し戻した．最高裁は，その判断の中で，一審および二審において酌量すべき事情として述べられた殺害についての計画性のなさや被告人の反省の情などについても，消極的な判断をしている．そして，差し戻し控訴審を担当した広島高裁は，2008年4月22日，この被告人に死刑判決を言い渡した．この判決について，一貫して死刑を求め続けた被害者遺族は，裁判所に感謝すると同時に，朝日新聞の取材に対して「今回の裁判所の判断で最も尊ぶべきは，過去の判例にとらわれず個別の事案をきちっと審査して，死刑に値するかどうかを的確に判断したこと．<u>世情にあった判決を出すという風土が日本の司法に生まれることを切望する</u>」（2008年4月23日朝日新聞朝刊）（下線筆者）とコメントしている．

　この裁判を巡る報道でとりわけ特徴的だったのは，先にも述べたように被告人が人の心を持たない「不気味な存在」として描かれるだけでなく，上告審以降を引き継いだ弁護団が，社会の敵として描かれた点にある．放送倫理を審査する第三者機関である「放送倫理・番組向上機構（BPO）」が，その一方的な報道に懸念を表明するまで，弁護団をかばったり，中立的な報道をしたりするマスコミはほとんど一社もなかった．弁護団については，死刑廃止運動を展開する極端な人権派の弁護士が，その運動の一環としてこの裁判を利用し，死刑を回避するために，被告人にそれまでの検察側の主張を認める態度を一変させ，理不尽かつ被害者を冒とくする形で自分勝手な弁護を繰り広げたといった描かれ方をしていた．筆者（浜井）は，当時のワイドショーを横断的に録画して観察したが，どの局のコメンテーターもキャスターも，「信じられない」，「許せない」を連発しながら，ときには，弁護団を独善的な人権派として，ときには，その主張の滑稽さを強調する形で非難し続けた．ある番組では，コメンテーターの一人が，弁護団の主張の一部について理解を示そうとしたとたんに，突然お笑い芸人を乱入させてコメントを不自然

に中断させる場面すらあった．こうした報道に対して，広島高裁の死刑判決の約1週間前にNHKと民法8局の計33本のニュースと報道番組を検証したBPOが「ほぼすべての番組が被告・弁護団対被害者遺族の対立構造図を描き，後者に共感する内容だった」と指摘した．この指摘に対して，朝日新聞は，ニュース番組といえども分刻みで視聴率を競う現実があるとした上で，ある民放の30代のディレクターの次のような言葉を紹介している．「(BPOは)民放の現場を分かっていない．民放は，視聴者が見てくれない内容は絶対に放送しない．描こうとするのは，視聴者が感情移入できる人間ドラマ」．このコメントがいみじくも示したようにマスコミは，この事件や裁判を視聴者が感情移入できる人間ドラマと描こうとしたのであり，その主役として事件の被害者遺族を選び，その敵役に弁護団を選んだのである．おそらく現場で取材する多くのマスコミ関係者が，上告審以降交替した弁護団がなぜ主張を変更したのか，その理由，年齢に比して未熟で幼く頼りない被告人の姿，弁護側の法医学鑑定の意味や，弁護側が一言も死刑廃止を訴えていない事実も知っていたに違いない．しかし，それを番組に盛り込んだとたんに，そのドラマは，視聴者の反感をかうとして放送されることはなくなることも事実としてあったのかもしれない．この裁判の報道で，当時ワイドショーのコメンテーターの一人であった，弁護士の橋下徹氏は，番組の中で激しく弁護団を非難し，視聴者に弁護士会への懲戒請求の手段すら示唆した．橋下氏は，この行為によって弁護団から訴えられたが，そうした橋下氏の言動が視聴者に支持されたのは間違いなく，彼は，その後，大阪府の知事に立候補し，有権者の強い支持を受け大差で当選した[13]．

　なお，この公判では，犯罪被害者遺族の発言だけが注目されているが，検察官が死刑を強く望み，この遺族に「一緒に戦ってほしい」と訴え，上訴し続けた事実を忘れてはならない[14]．この死刑判決について，The Japan Times 紙（2008年4月23日）は，「常磐大学の諸澤教授（刑事法学・被害者学）は，この判決は，死刑判決を下す際の重要な要素として，犯罪被害者の感情や社会的影響が，被害者の人数よりも重要であることを示したと指摘した．複数の専門家は，判決の背後には，犯罪被害者の感情に対する世論の共感があったのかもしれないと話している」という記事を載せている．

日本の厳罰化はPenal Populismなのか

　さて，上記のように日本の現在の厳罰化世論の形成や厳罰化施策には，犯罪被害者遺族の発言やそれを伝えるマスコミが大きな影響を与えている．あすの会の努力が，行政や政治家を動かし，厳罰化だけでなく犯罪被害者支援に関する様々な立法施策が展開された．「光市母子殺害事件」の被害者遺族を主役としたマスコミの報道が，この遺族のみならず犯罪被害者や遺族に対する世論の共感を呼び起こし，犯罪者に対する厳罰化の空気が作られていった．この部分だけを見ると，日本の状況は，Prattの指摘するニュージーランドのそれとよく似ている．犯罪被害者などの体験に基づく常識的で分かりやすい言葉が市民の共感を呼び，被害者の存在そのものが，治安の悪化や刑事司法制度の無力の証明ともなるなど，彼らが犯罪や刑事政策に関するオピニオンリーダーとなり，マスコミ世論や政治家を通して厳罰化を求めていくのがPenal Populismの典型的なパターンである．

　しかし，PrattによるPenal Populismのポイントは，こうしたマスコミや世論が政治家などを巻き込んで，刑事政策の主導権を刑事司法の専門家である検察官，裁判官，刑事政策研究者から奪い，専門家の影響力を大きく減衰させることで，厳罰化が推進される点にある．この観点からPenal Populismを考えた場合，日本の厳罰化には，ニュージーランドとはやや異なった点が存在する．

　2007年に龍谷大学で行われた「第2回刑事司法と矯正・保護に関する日英シンポ」の基調講演の中で，アメリカの犯罪学者で国際法社会学会の会長でもあるMalcolm Feeleyは，日本の厳罰化について，筆者らの論文を引用しながらこれは一時的なモラルパニックであって，日本の刑事司法や刑事政策の動きが根本的に変わったものではないのではないかと疑問を投げかけている．つまり，Feeleyによると，日本は国際的に見て安定した強い官僚機構を持っている国であり，政府が，一見すると圧力団体に押し切られているように見える場合でも，検事や裁判官を含む司法官僚は，その圧力の影響を軽減させる様々な手段をもっているはずである．日本の官僚は賢く，こうした圧力団体の影響を巧みに利用・調整しながら行政を進めていった歴史と伝統を持っており，そう簡単に主導権を取られたりはしないはずだというのである[15]．

以下では，この指摘をヒントに日本の厳罰化がPenal Populismの結果なのかどうかについて，刑事司法（刑罰運用）の中核を担っている検察官に焦点を当てて，犯罪被害者の要求や世論の厳罰化に対して検察官がどう対応したのか，厳罰化施策の過程で検察官の権限が縮小されたのかなど，検察官が刑事政策の主導権を失いつつあるのかどうかについて検証してみたい．

　本章のはじめに指摘したように，Braithwaite (1989) は，その著書の中で，日本とアメリカの裁判を比較し，日本の裁判における謝罪や示談（被害弁償）などの重要性に着目し，日本の裁判では謝罪や示談によって刑罰をできるだけ回避する傾向があることを指摘した．日本の刑事司法は，謝罪をした加害者に対して寛大な処分を行い，刑務所に送り込むことを避ける傾向があり，これが犯罪者の再社会化を促進し，再犯を抑制し，日本の治安の安定に大きく貢献しているというのである．Braithwaiteは，この制度を支えているのは犯罪者を再び市民として受け入れる日本社会全体の寛容性にあり，それが，この制度を可能にしていると考えた．たしかに，日本の刑事司法手続を見ると，**図7**にあるように，検察庁に受理された被疑者約200万人のうち，実に約80％が検察官の段階で，起訴猶予を含む不起訴や略式請求命令による罰金刑など実質的に最終的な処分を受けて刑事手続を終了する．公判請求によって，裁判官による正式な裁判を受けるのは約7％に過ぎず，その過半数以上が執行猶予となるため，実際に刑務所に収容されるのは約200万人のうち3万人強の2％弱に過ぎない．その際に，検察官段階での起訴猶予や略式請求命令や裁判段階での執行猶予になるかどうかは，Braithwaiteの指摘する謝罪や示談・被害弁償が重要な要素となることは間違いない．

　しかし，それが日本社会の寛容性を基盤にしていたかどうかは，本稿で指摘した急激な厳罰化と厳罰化に対する世論の支持を見ているとはなはだ疑問である (Hamai and Ellis 2008)．**図7**に見られるような一見寛容な刑事司法運用が可能であったのは，Feeleyが指摘するように，日本の刑事司法が検察官を中心とする強力な官僚機構の統制下にあり，彼らが，刑事司法の予算・人員とその処理能力や人権などを考慮に入れつつ，合理的・効率的に事件処理を行っていた結果なのではないだろうか．そこでは，犯罪被害者だけでなく犯罪加害者も当事者ではなく，検察官を中心とする法律家が主役だったのかもしれない．Johnson (2002) は，その著書の中で，日本の社会は必ずしも再統合的な社会ではなく，一般市民はアメリカ人と同様に犯罪者に対する処

罰感情が厳しいこと指摘している．また，Johnsonは同じ著書の中で，日本の検察官は，中央集権的な国家組織としての検察庁に所属し，終身雇用であり，アメリカの検察官と比較してはるかに政治や世論から独立していると指摘している．そして，Johnsonは，世論の厳罰化感情と検察官の関係を次のように述べている．「世論が厳罰化し，それを主張しても，検察官は，そうした声に応えないことによる選挙での心配をする必要が全くないため，その主張には，正当性がない，賢明でない，無分別であるとして無視することができる」．

さて，ここで考えるべき問題は，最近の犯罪被害者支援運動や世論からの厳罰化要求の高まりによって，検察官の立場や権限が弱まったのかということである．最近の厳罰化は，検察官の抵抗を排除した結果生まれたものなのだろうか？

この点に関して，法務省が（事実上）編集している法律専門誌「法律のひろば」（2001年9月号）のひろば時論というコーナーに，東京高検担当の「被害者の声と量刑」というエッセイが掲載されており，その中で，著者（検察官）は，「しかし，現在の裁判は，『被害者の血の冷・熱』を量刑の尺度とすることを避けることによって裁判の公正を保とうとした余り，国民感情から乖離した『低い量刑相場』を形成してきたきらいがあるように思える．……検察官が，従来にも増して，『被害者の生の声』を法廷にあらわそうと努力しているのは……被害者の生の声を通じて，国民の納得の得られる適正な量刑を求めているのである」と記載している．この記述から分かるのは，検察官が，国民の期待に答えるべく，主体的な判断で，犯罪に対してより厳格な態度で臨み始めていたことである．

つまり，検察官は，世論に押し切られたのではなく，世論を意識しながら主体的に厳罰化を進めているということである．この文章は，検察官が被害者側に積極的に寄り添う姿勢を示していることを意味しているだけで，被害者側の圧力によって，検察官が望まない方向で厳罰化させられるなど，検察官が処分を決定する上で主導権を奪われつつあることを表してはいない．マスコミを介した世論についても，マスコミに事件の情報を提供しているのは警察と検察の発表であり，検察官は，提供する情報の質と量によってマスコミ報道をコントロールすることができる．いずれにしても，最近の法改正を含む刑事司法改革によって検察官の権限が縮小したものはほとんどない[16]．

先に見てきたように，刑法の改正や少年法の改正は，いずれも裁判官の権限を縮小した部分はあるが，検察官の権限や守備範囲は拡大したと評価できる．死刑の廃止などの緩刑化が，検察官から刑罰の選択肢を奪う可能性があるのに対して，厳罰化は，いろいろな意味で，検察官が犯罪者を処分する権限（選択肢）を拡大する方向に働く．また，検察官は，人事的にも政治から独立しており，世論の影響の程度は，検察庁の人事担当者が，世論をどの程度重視するかという姿勢にかかっており，選択権は検察官が所属する組織の中にある．つまり，検察官が，マスコミや世論に逆らう形で，耳目を集めた犯罪の被疑者を不起訴にしたり，世論が死刑を求めるケースで無期懲役刑を求刑したりしても，あるいは裁判官が世論を無視して，死刑が求刑されたケースに無期懲役刑を選択したとしても，検察庁や裁判所の人事担当者が世論とのかい離をマイナス評価にしない限り，検察官や裁判官が左遷されたり，職を奪われたりする心配はないということである．Tonry (2008) は，アメリカのある意味パラノイア的な厳罰化の最大の原因は，裁判官や検察官が有権者の直接選挙によって選ばれるような前近代的な民主的制度そのものにあり，この制度を改めない限り，有権者は，より厳罰化色を鮮明にし，現実に厳しい刑罰を科す検察官や裁判官を当選させ続けることになると警告している．

　これまで指摘したように，現在の日本の刑事司法を冷静に見る限り，厳罰化世論の高まりによって検察官の権限が弱まったり，主導権が奪われたりしている形跡はない．つまり，現在の日本の厳罰化は，検察官が被害者遺族や世論によって押し切られる形で進行しているものではなく，検察官がそうした世論や被害者の声を是として，その後押しを受けて積極的に推進しているというのが妥当な評価であろう．

　たとえば，司法制度改革の一環として2009年5月から裁判員制度が始まる．裁判員制度は，それまで法曹三者に独占されていた法廷に一般市民が入り，裁判官とともに量刑を含めて判決を作り出す制度である[17]．ある意味では，検察官を含めて法曹が独占していた犯罪者を処分する権限の一部が一般市民に委譲されたと見ることもできる．しかし，これも，実質的には，裁判官の権限の中に市民が入り込んだのであり，専門的な知識が必要な訴訟指揮そのものは裁判官が中心となって行うことになる．検察官としては，説得する相手が裁判官だけだったのが，裁判官と裁判員になっただけである．もちろん，裁判官であれば，同じ法曹として，専門家ならではの判断基準に基づき

供述調書を重視して有罪にしていたものが，一般市民である裁判員を説得するためには，公判での証言などについてより厳密な立証が必要になるという側面はあるかもしれない．こうした効果は筆者らの希望するものでもある．いずれにしても，量刑を含めて判決を書く際には裁判官が，かなりの主導性を発揮することが予想される上に，仮に，無罪判決が出たり，求刑よりもかなり甘い量刑となったりした場合でも，英米の陪審員制度と異なり，検察官は控訴をすることができ，控訴審は，これまでと同様の裁判官のみによる裁判が行われることになる．図8で見たように，現在の制度でも，一審で無罪判決が出た場合のほとんどにおいて検察官は控訴を行い，そのうち過半数以上が逆転有罪となっている．

　また，2007年6月20日に成立した刑事訴訟法の改正によって，犯罪被害者やその遺族は公判に参加し，検察官の横に座り，被告人や証人に質問をしたり，検察官とは別に求刑意見を言えたりするようになり，この改正法は2008年12月から施行された．しかし，この改革においても，検察官から被害者に委譲された権限があるわけではない．公判における様々な権限や，公判の外で行われる起訴などについての検察官の権限は何も変化していない．もちろん，本書の第6章で宮澤が指摘しているように，これらの改革は，検察官が望んだものではなく，世論の後押しだけでなく，政治家からの圧力による部分もあったのかもしれない．しかし，重要なことは，これらの改革によって検察官の権限が縮小させられることはなかったという事実である．

裁判員制度

　それでは，この二つの制度改革についてその成立過程をFeeleyの指摘する観点からもう少し詳しく見てみよう．裁判員制度は，司法制度改革審議会の提言によって作られた制度である．司法制度改革審議会とは，司法制度改革審議会設置法によって1999年7月27日から2001年7月26日までの間，内閣に設置された審議会のことで，21世紀の日本において司法が果たすべき役割を明らかにし，国民がより利用しやすい司法制度の実現，国民の司法制度への関与，法曹の在り方とその機能の充実強化，その他の司法制度の改革と基盤の整備に関し必要な基本的施策について調査審議することを所掌事務としていた．この審議会が2001年6月12日に報告書を提出し，21世紀の日本

を支える司法制度と題して，知的財産高等裁判所の設置，法科大学院の設置，裁判員制度の導入，行政事件訴訟法の改正，ADR制度の充実など広範にわたる提言をまとめた．

　この司法改革審議会の事務局長を務めて，審議会の日程や資料の収集など，報告書をまとめ上げる事務方を指揮したのが，当時検察庁から派遣されていた現検事総長である．審議会の委員は，法曹だけでなく，大学教授や元検察官を含む有識者から構成されているが，一般的に政府の審議会では，その運営を通して事務局は審議の方向性に対して一定の影響力を持っている．この審議会では，裁判員制度ではなく有罪無罪の認定に職業裁判官のまったく加わらない，なおかつ無罪判決に対して検察官が控訴できない陪審員制度の導入についても議論された．

　しかし，たとえば，司法制度改革審議会第30回会議（2000年9月12日）[18]において，法務省は，「現行刑法は，故意，過失等の主観的構成要件を厳密に要求する大陸法系のものであり，これを一般国民に判断できるような単純なものに改める必要がある．陪審制度を採る英米においては，主観的構成要件を厳密に要求せず，また，外形的事実によって認定が可能となるような規定を設けるなど，陪審員が判断をしやすい仕組みを採っている」等回答するなど，陪審員制度の導入については終始，現行制度との整合性が悪く，導入には様々な困難が伴うことを理由に消極的な姿勢を示している．事務局長の意向が直接示される文書はないが，第154回参議院法務委員会（2001年11月8日）において，議員からの質問に対して，当時法務省刑事局長に異動していた審議会の元事務局長は，「審議会の議論でもいろいろの議論がございまして，要するに陪審員制度の方がいいんではないかとかいう議論もございました．しかし，司法制度審議会の意見におきましては，『裁判員が関与する意義は，裁判官と裁判員が責任を分担しつつ，法律専門家である裁判官と非法律家である裁判員とが相互のコミュニケーションを通じてそれぞれの知識・経験を共有し，その成果を裁判内容に反映させるという点にある』といたしまして，『このような意義は，犯罪事実の認定ないし有罪・無罪の判定の場面にとどまらず，それと同様に国民の関心が高い刑の量定の場面にも妥当する』というふうにしているところでございます」と婉曲に陪審員制度よりも量刑まで関われる裁判員制度が望ましかった経緯を説明している．

犯罪被害者の公判参加(刑事訴訟法の改正)

　刑事訴訟法の改正は，2004年に成立した犯罪被害者等基本法の要請に基づいて，犯罪被害者やその遺族が直接公判に参加できる方法について検討された結果，行われたものである．犯罪被害者等基本法の審議(2004年11月17日の衆議院内閣委員会)において，当時の法務大臣官房審議官(検事)は，議員からの犯罪被害者等の公判参加に関する質問に対して「先生御指摘の犯罪被害者の方，あるいは遺族の方々が刑事手続に参加するということでございますけれども，これが検察官から独立いたしまして訴訟活動を行うような制度ということになりますと，刑事訴訟法の基本構造にかかわるものでございまして，慎重に検討すべきものと考えておるわけでございます」と，この段階で，具体的な実現方法として，犯罪被害者等に対して検察官とは独立した権限を与えることには慎重な姿勢を示している．

　また，犯罪被害者等基本法の成立を受けた刑事訴訟法の改正の審議(2007年5月23日衆議院法務委員会)においては，犯罪被害者等の公判参加の在り方について問われた当時の長勢甚遠法務大臣は「本法律案による被害者参加の制度は，これらの点(現行制度)を何ら変更するものではございません．すなわち，本制度においては，被害者参加人等は，刑事裁判の審判の対象を設定することは許されておらないわけでありますし，公判請求権，訴因設定権，上訴権等は認められていませんし，このような権限に深くかかわる証拠調べ請求権も認められておりません．(中略)．被害者参加の制度は，現在の刑事訴訟法の基本的な構造を維持しつつ，これに抵触しない範囲内で被害者参加人等に一定の限定的な訴訟活動を行うことを認めるものでありますので，国家刑罰権の行使の一端を被害者に担わせるというものではないと考えます」と回答した．また，この回答を受けた議員の「ドイツのように公判請求権，訴因設定権，証拠調べ請求権，上訴権等の訴訟当事者が持つ権利が本法律案で規定されなかったわけですが，これについては非常に要望もあるわけでありますが，これを認めなかった理由についてお伺いしたいと思います」という質問に対して，当時の法務省刑事局長(検事)は，「公判請求権につきましては，刑事訴訟法がいわゆる国家訴追主義を採用しておりますのは，公訴の提起が，法と証拠に基づき，客観的かつ公平に行われるようにするためであると考えられているところでございまして，その基本があるわけでございま

す．また，平成16年には，検察官による起訴，不起訴の判断に民意を反映させるための制度といたしまして，検察審査会の起訴議決に拘束力を認める制度が新設されまして，平成21年までにこの制度が実施されるということとなっておるわけでございます．このような点を総合的に考えまして，<u>この点を被害者の方に認めるのは相当ではない</u>と考えられたところでございます．次に，訴因の設定権につきましては，仮に被害者の方に認めるとなりますと，実際には公判請求権を認めるのと同様になるわけでございます．また，争点や審理の対象がふえることによりまして刑事裁判が複雑化することも考えられる，このようなことも加わりまして，<u>これを認めるのは相当ではない</u>と考えられました．上訴権につきましては，被告人のほか，検察官にも上訴権が認められておりますが，その理由は，法と証拠に基づき，事実認定，法の適用，刑の量定等に関する原判決の誤りを是正するためであると考えられまして，公判請求権と同様に，客観的かつ公平に行われるべきものであると考えられるわけでございます．最後に，証拠調べ請求権でございます．これは，被害者等の方に認めることといたしますと，検察官と被害者等との間に主張，立証の抵触が生じることにより，真実の発見が困難になるということでございます．また，その反面として，被告人側が利益を得るということになる場合もあろうかとも思います．また，検察官や弁護人が取り調べの必要があるとは考えていない証人等の取り調べが行われますことは，証人等の負担や迅速な裁判の要請との関係でも問題がある，このように考えられたことから，<u>これを認めるのは相当でない</u>ということになったわけでございます」（下線は浜井による）と細かくその理由を説明している[19]．

　その主張の正当性については，ここでは議論をしないが，こうした重要な法律の中身を含めた条文を起案するのは，法務省に派遣された検事であるため，官僚として当然のことではあるが，検察官の権限が縮小されるような提案が行われることはほとんどない．つまり，今回の改正によって，犯罪被害者やその遺族は，検察官の指導のもとに，その隣に着席し，被告人や証人に対して質問ができる形で公判参加が実現されたが，同時に遺族等が求めていた訴訟に関する権限については従来通りすべて検察官が独占することとなり，犯罪被害者遺族等に委譲または共有された権限はないのである．この制度が裁判に与える影響であるが，検察官にとっても隣席に犯罪被害者の遺族が着席していることで，遺族が死刑を求めるケースに対して無期刑を求刑す

る際には，多少のプレッシャーを感じるケースはあるとしても，そのプレッシャーは，弁護人や裁判官または弁護側証人（被告人に有利な証言を行う）の方が大きく，検察官が被告人について厳罰を求める限り犯罪被害者遺族の存在は力強い味方になる場合が多いことが予想される．

結論

　以上見てきたように，日本で厳罰化が進行していることは間違いない．そして，その厳罰化は，犯罪被害者やその遺族を中心とする市民運動家がマスコミに登場し，犯罪被害の実態やそのリスクを訴え，現在の刑事司法が十分な対策を立てていない点（犯罪者に対して甘すぎる）を批判しつつ，体験に基づいた，常識的で分かりやすい厳罰化施策を訴え，それが世論に支持されたことで推し進められている．その点では，Pratt が指摘する Penal Populism と類似した現象が日本でも起きているといえる．
　しかし，Pratt のいう Penal Populism は，こうした市民的厳罰化運動が，政治家を取り込んで，刑事司法の専門家から刑事政策の主導権を奪ったことによって厳罰化に歯止めがきかなくなることを特徴としている．日本の場合，刑罰の運用という観点から見た場合，刑事司法の中核にいるのは検察官である．そして，市民運動的な厳罰化が検察官にどのような影響を与えているかという観点から厳罰化の進行過程を分析してみると，最近の厳罰化施策によって，検察官の権限が縮小されたような改革はほとんどないことが分かる．
　つまり，日本の厳罰化は，被害者支援運動を中心とする市民運動的な厳罰化を，検察官が積極的に支持した結果，実現されたものであり，市民運動や世論と検察官の共同作品ともいえるものである．言い方を変えれば，検察官（検察庁）が協力しなければ，こうした厳罰化は不可能だったのであり，日本の厳罰化政策は，検察官の慎重なコントロールのもとに行われたものである．2006年に検事総長に就任した但木敬一氏は，その就任会見において「検察は，警察等の関係諸機関と緊密に連携し，国民の協力を受けながら，事案の真相を解明し，遺族を含む犯罪被害者の心情を充分反映した厳正な科刑の実現に努めなければならないと考えます」と述べており[20]，検察が犯罪被害者を中心とする市民運動的な厳罰化を支持している様子がうかがわれる．検

察官に限らず官僚は，行政の補助機関であり，政治家を含めて外部から何の要請もない状態で独自の政策を提言し推し進めることはできない．検察官が独自の判断だけで，「日本の刑罰は甘すぎる」として厳罰化施策を推し進めることは，それほど容易なことではない．卑近な例をあげれば，厳罰化を推し進めれば，刑務所の新設などのコストがかかってくる．当然，財務省をはじめとする他官庁の承認が必要となる．死刑判決が増えるとヨーロッパ諸国や欧州委員会などから人権上の圧力がかかるため，外務省との調整も必要となるかもしれない．他官庁を説得するためには，世論の支持を含めた外圧（外部からの要請）が必要であり，その意味で，検察官の中に厳罰化を推進すべきだという動機があった場合には，被害者支援運動などの市民運動や世論は大きな追い風となる[21]．

　繰り返しになるが，国際的に見た場合，日本の検察官は，中央官僚機構の一部であり，その権限は絶大であり，なおかつその身分も政治的に独立している．つまり，厳罰化が望ましくない政策だと検察官が考えた場合には，世論や政治家が何を言おうが，その気になればドイツやフランスあるいはカナダ以上に厳罰化に抵抗する十分な機能と権限を有している．つまり，現在，日本で厳罰化が進行しているのは，日本の国民性として，官僚もいわゆる「空気を読む」傾向が強いことに加えて，検察官もそれを望んでいるからにほかならない．

　Johnson (2002) は，その著書の中で，刑事司法の中では絶大な権限を持ち，国家的モラルの代弁者を自任する検察官であっても，刑法の改正のような法改正を伴う政策を展開するためには，他官庁への根回しと同意，日本弁護士連合会のような人権を重視する団体の同意が必要であり，それによって厳罰化など思い切った政策が展開できなかったことを指摘している．つまり，Johnsonの著書が書かれた2000年ぐらいまでは，検察官は，規範意識の国家的な喚起を目的に厳罰化を推進したいという動機があったものの，刑法の改正を含めそれがなかなか実現困難な状況が続いていたところに，治安悪化神話や被害者支援団体の圧力や世論の厳罰化が，検察官に内在していた厳罰化政策の実現を大きく後押ししたとも考えることができる．

　つまり，検察官は，現在も厳罰化を支持し，凶悪犯罪に対して死刑を求め続け，死刑の執行を加速化し続けているが，この厳罰化が行き過ぎだと判断した場合には，いつでも厳罰化を緩めることができるということである．現

在，厳罰化施策によって，刑務所は一時的に過剰収容状態に陥り，高齢者を中心に多くの社会的弱者といわれる人々が大量に刑務所に収容されている (Hamai and Ellis 2008)．これまでのところ，検察官はこうした問題にそれほど大きな関心を示してはいないが，こうした刑罰の副作用に検察官が気づけば，厳罰化が緩み始めることも考えられる．現実に，耳目を集めるような殺人事件に対しては，検察官は死刑を求め続けるなど厳罰化の手を緩めてはいないが，2005年ぐらいから公判請求人員が減少し始め，財産犯を中心に不起訴率もまた急激に増加し始めている．その結果，新たに懲役刑を言い渡される受刑者数が減少し，刑期の長期化にも歯止めがかかり始め，刑務所の過剰収容が少しずつ緩和されつつある．これは，検察庁が刑務所の過剰収容に一定の配慮をしている可能性もあるが，主としては，最近の冤罪（無罪）事件や裁判員制度の導入を踏まえて，検察庁が起訴基準を，同じ法曹である裁判官が有罪としていた基準から，一般人である裁判員が有罪にできる基準に，厳格化し始めた可能性が高いものと思われる．また，積極的に公判請求をするということは，それだけ検察官の事務量が増えることであり，一人の検察官が適切に処理できる事件件数には，当然限界がある．このように，日本の刑事司法を理解する上で忘れてはならないのは，裁判官や検察官といった日本の司法官が，国土交通省や財務省などと同様に巨大な官僚機構の一員であり，その判断基準や行動原理も，法律の専門家としての判断であると同時に，官僚組織の一員としての枠を超えたものにはなりにくい点にある．

　いずれにしても，厳罰化を含めて日本の刑事政策の舵を握っているのは，依然として，市民や世論ではなく検察官である．Lappi-Seppälä (2008) は，法曹養成課程のカリキュラムに犯罪学が含まれている国ほど，刑事政策に深みがあり厳罰化に走りにくいと指摘している．この指摘は，日本の刑事政策を考える上で示唆に富んだものかもしれない．日本の刑事司法制度は，検察官制度を中心とする官僚機構によって運営されており，その意味で制度としては Penal Populism に対して強い抵抗力を有している．つまり，刑事政策に専門的な知識に基づいた専門家の意見が反映されやすい仕組みを持っているということであり，厳罰化に歯止めをかけるとすれば，検察官が判決後の処遇や刑務所の現状を含めた刑罰の副作用などについても関心を持つようになることが重要かもしれない．

　最後に，確認しておきたいのは，本稿は，厳罰化によって検察官の権限が

拡大したことを指摘しているが，それが検察官の陰謀によるものであると主張しているわけではないことである．本稿に登場する検察官は，有能な司法官僚として，与えられた職務に真摯に取り組んだだけである．ある意味，本稿は，Penal Populismや司法改革に対して司法官僚がどのように対応したのかを，できるだけ客観的に分析しようと試みた．日本の刑事司法を理解し分析するためには，建前や理念ではなく，刑事司法機関の果たしている役割や機能，つまり官僚として検察官や裁判官という視点が不可欠であり，そうした観点から最近の厳罰化を見つめ直してみると，単なるポピュリズムとは異なった姿が見えてくるということを指摘したかっただけである．

もちろん，筆者らが，犯罪防止に対する効果の乏しさや副作用の大きさ，特に，罪を犯した人間を自己責任として切り捨てるなど社会的な排除の風潮を促進する危険性などから，厳罰化に批判的な意見をもっていることに間違いはない．筆者らの犯罪学の知識と実務家としての経験を総動員しても，厳罰化が犯罪を抑止しない科学的根拠はあっても，その逆はなく，重罰によって罪の重さを認識し，更生した受刑者と出会ったこともない．そのため，筆者らはPenal Populismの進行によるさらなる厳罰化を危惧している．したがって，ある意味，刑事司法においては，検察官に限らず専門家によるコントロールが必要と考えている．

Penal Populismでいうポピュリズムとは，世論の代弁者を自任する一定の利害をもった人々とそれに同調するマスコミを指し，必ずしも世論と同義ではない．ただし，見方を変えれば，世情や民意を反映した刑事政策の展開と解釈することもできなくはない．官僚司法よりも民主的でよいと考える識者も少なくないかもしれない．ただ，一点指摘しておくとすると，メディア・リテラシーも自己責任だという議論はあるかもしれないが，世情や民意がどのような報道によって形成されたものであるかについては注意が必要である．犯罪や刑事司法を考えるためには，まず，犯罪や犯罪者，そして刑事司法の実態を正しく理解し，冷静に議論することが不可欠である．

[注]

1　Braithwaiteは，これをlabelingに対比する言葉としてshamingと呼び，日本の治安が良好な理由として，社会内に存在する非公式の修復的機能（re-integrative shaming）が再犯を防止しているからだと指摘した．

2 たしかに戦後の日本の刑事司法を見れば，検察庁に受理された犯罪者のうち刑務所に送られるのは2％未満であり，謝罪や示談によって多くの犯罪者が正式な刑事司法手続からダイバート（起訴猶予，略式，執行猶予など）されてきた．しかし，その実態を振り返ってみれば，戦後の刑事司法は，検察官，裁判官，弁護士といった法曹三者が法律専門家として独占し，被害者や加害者を含む一般市民は蚊帳の外に置かれていた．示談の多くも被害者と加害者が納得して行われるというよりは，法律専門家からの指導に従っていたという側面が大きい．つまり，被害者のための示談というよりは，謝罪，被害弁償，示談によって，法曹三者がケース処理をしていた，ある意味での司法官僚支配が徹底していたと見ることもできる．こうした官僚によってコントロールされたケース処理が，Braithwaiteには，謝罪や被害弁償によって社会が犯罪者を受け入れる寛容で包摂的な社会に見えたというのが実態であり，明治以前の刑罰や村社会の掟を見ても，日本が犯罪者に対して文化的に寛容であったという論点には疑問が残る．(Hamai, K. and Ellis T., 2008, "Japanese criminal justice: was re-integrative shaming a chimera?" *Punishment & Society*, 10 (1), pp: 25-46.)

3 本書のJohnson論文に指摘されているとおり，現在，先進国で死刑制度を運用しているのは日本とアメリカだけである．中国やアメリカでも死刑の執行数が減少傾向にあり，東アジアでは韓国や台湾において死刑の執行が停止されているなど，世界のすう勢としては死刑を廃止する方向にある．この中で，死刑の執行数と刑務所人口の増加という二つの側面で厳罰化傾向を強めているのは，世界でもっとも治安の安定している日本だけであるという事実は，国際比較の立場から厳罰化の仕組みを理解する上でもとても興味深い．

4 ただし，刑務所人口については，後で述べるように2005年ぐらいから，検察官による公判請求人員が減少，財産犯を中心に不起訴率が上昇し始め，同時に，平均刑期の長期化にもやや歯止めがかかりつつあるなど，過剰収容がやや緩和する傾向も認められる．

5 この点については，拙著（芹沢一也との共著），2006，『犯罪不安社会』光文社新書を参照願いたい．

6 こうした市民レベルでの厳罰化感情の高まりは，比較的厳罰施策に抑制的なフランスやスウェーデンでも起こっている．フランスについては，Daems, T., 2007, "Engaging with Penal Populism: the case of France", *Punishment & Society*, 9(3), pp: 319-324. スウェーデンについては，Demker, M., *et al.*, 2008, "Fear and punishment in Sweden: exploring penal attitudes," 10(3), pp: 319-332.を参照されたい．いずれも，それぞれの国において法廷やメディアにおける犯罪被害者の存在

の台頭が厳罰化圧力を高めていることを指摘している．特に，スウェーデンでは，タブロイド紙が，犯罪を犯罪被害の悲惨さを中心に描くようになった結果，加害者が悪魔的に描かれ，市民の厳罰感情が煽られていると指摘している．ただし，フランスやスウェーデンでは，こうした市民の厳罰化感情が，そのまま刑事政策に反映されていない点が特徴でもある．この点については，本書のLappi-Seppälä氏の論考を参照願いたい．

7 後述するように検察官は，公訴を独占し，起訴するかしないかを決定し，起訴する場合には，略式命令請求によって裁判官の書類審査で罰金刑を求めるか，公判請求によって正式な裁判を求めて，禁固刑以上を求めることができる．

8 死刑判決そのものは，2007年の46件から2008年の27件に減少したが，これは対象となる事件そのものの減少によるもので，判決内容を見る限り，死刑のハードルは低下傾向にあり，厳罰化傾向に歯止めがかかったわけではない．

9 英米圏の国では，陪審員が無罪を言い渡したケースについは，double jeopardyの観点から，原則検察官の上訴を認めていない．

10 この根拠は，法務省設置法にあり，附則の4に「当分の間，特に必要があるときは，法務省の職員（検察庁の職員を除く．）のうち，百三十三人は，検事をもってこれに充てることができる」と書かれている．この「当分の間」が，戦後ずっと続いている．

11 刑法第25条で懲役・禁固3年以下でなければ執行猶予を選択できないことが規定されている．

12 こうした犯罪被害者の復讐権については，あすの会の元幹事が，自身のホームページの中で，あすの会の幹事を辞任した理由について次のように述べている．「被害者の会幹事会は，遺族がほとんどです．幹事の多くは，加害者に死刑を望み，復讐を刑事司法のなかで実現したいと強く主張しています．私は，『復讐権』を認めた社会は，人間の文明を滅ぼすと考えています．被害者の『復讐したい』という情念を社会に伝えたいという思いを否定しがたいものがあります．しかし，国家が被害者に代わって復讐することを刑罰として捉え刑事司法の改革を世論として確立する働きかけをすることは，私にはできません．死刑を廃止すること，それに真っ向から対立して死刑執行を求める動きもあります．私は，被害者の権利確立は，加害者の刑罰にかかわらず進めたいと考えています．しかし，『犯罪被害者の会』の幹事会では，加害者の刑罰が少しでも重いことが，被害者の権利確立に通じるという情念で働いているように感じられます．そのため，修復的司法とか，和解という意味合いの言葉がどこかででてくると，犯罪被害者の会幹事会では，被害者に対しての裏切り行為のように感じられるようで，加害

者を擁護することになるらしく，激しい攻撃にあうことがあります．遺族は，『家族を殺害した加害者に復讐したい』という辛いおもいを語る吐露することも必要なことだと思います．復讐を語るなとはいえません．『犯罪被害者の会』は，遺族の自助グループではなく，被害者の権利確立の運動体としての働きかけを行なう団体として設立しました．報復感情を全面に実現したいという情念からの被害者の権利確立の動きには，賛同できず，それを論議することは，遺族の感情を著しく傷つけることになるので，辞任することにしました」(http://www.k2.dion.ne.jp/~saiko/shibuya/, accessed on June 17, 2008).

13 筆者との取材の中で，ある報道関係者から，死刑判決が出た際に，裁判所の外で待機していた人の間から拍手と歓声が上がったと聞かされた．死刑判決に歓声，正義の裁きが下ったと多くの人が感じた瞬間だったのかもしれない．まさに，劇場型裁判の始まりである．

14 菊池歩, 2008, 「『公益』色あせる検察」『光市事件裁判を考える』現代人文社.

15 マルコム・フィーリー（藤井剛訳），2008，「日本と西洋における犯罪の展開に関する三つの仮説」『龍谷法学』41(3), pp: 165-183（本書に特別寄稿として収録）.

16 唯一検察官の権限が縮小されたように見える改革に，検察審査会法の改正がある．司法制度改革の一環として検察審査会法を改正するための法律（平成16年法律第84号）が2004年5月28日に公布され，今後は「同一の事件について検察審査会が再度起訴を相当と判断した場合には，起訴議決（検察審査会が起訴議決書を地方裁判所に送付し，地方裁判所が指定した検察官の職務を行う弁護士が起訴する．以下の未施行条文参照）がなされた場合には必ず起訴される」こととなり，法的拘束力を持つことになった．ただし，この効果は，検察官が証拠と照らし合わせて起訴をしても有罪に持ち込めないと考えたケースを審査会が起訴相当とした際に，それでも起訴すべきだといった形で表れるため，起訴を抑制する方向には働かず，また，起訴を担当するのは弁護士であって検察官ではなく，無罪となる可能性も高く，必ずしも検察官にとって大きく不利益となる改正ではない．

17 そもそも裁判員制度は，誰がそれを望んで作られることになったのかよくわからない部分がある．作られる過程の中では，法務省，最高裁判所や弁護士会などが関わっているが，裁判員制度をはじめとする司法改革そのものは，財界やアメリカ政府の意向（年次要望書）を強く反映した，ある種の規制緩和の一環だとも言われている．

18 司法制度改革審議会第30回会議議事概要による．(http://www.kantei.go.jp/jp/sihouseido/dai30/30gaiyou.html ［アクセス2008/11/26］).

19 国会議事録による．http://hourei.ndl.go.jp/ ［アクセス2008/8/20］．
20 http://www.kensatsu.go.jp/kenjisouchou/index.htm ［アクセス2008/6/24］．
21 官庁が審議会や研究会などを設けて，そこで政策提言を受けて施策を実現するものも同様の理由であり，筆者（浜井）も法務省勤務時代には，従来とは異なる政策を提案する際には，全国的な会議での意見や外国公館等からの要請を根拠に起案文書を作ることがあった．

［文献］

Asano, K., 2006, "TV reporting on crimes and death penalty" in Editorial Board of Annual Report on Abolishing Death Penalty (eds.) *Hikari-shi Court Trial*, Impact Shuppankai（原題：浅野健一，2006，「テレビ犯罪報道と死刑」，年報・死刑廃止編集委員会編，『光市裁判』インパクト出版会）．

Bottoms, A.E., 1995, "The philosophy and politics of punishment and sentencing", in Clarkson, C. and R. Morgan (eds.) *The politics of sentencing reform*, Oxford: Clarendon.

Braithwaite, J., 1989, *Crime, Shame and Reintegration*, Cambridge: Cambridge University Press.

Ellis, T., Lewis C., Hamai K. and Williamson T., 2008, "Japanese Community Policing Under the Microscope," in Williamson,T. (ed.) *The Handbook of Knowledge-based policing: Current Conceptions and Future Directions*, Chichester: Wiley, pp:175-197

Feeley, M. M., 2007, "Three Hypotheses about Crime Developments in Japan and the West," paper presented at the Second Anglo-Japanese Symposium on Criminal Justice and Corrections (3 and 4 March, 2007, Ryukoku University, Kyoto)（翻訳：マルコム・フィーリー（藤井剛訳），2008，「日本と西洋における犯罪の展開に関する三つの仮説」『龍谷法学』41(3), pp: 165-183．本書に特別寄稿として収録）．

Gendaijinbunsha, 2008, *Considering the court proceedings of the Hikari case*, Tokyo: Gendaijinbunsha（原題：現代人文社編集部編，2008，『光市裁判を考える』現代人文社）．

Hamai, K. and Ellis T., 2006, "Crime and Criminal Justice in Modern Japan: From Re-integrative Shaming to Popular Punitivism," *International Journal of the Sociology of Law*, 34 (3), pp: 157-178.

── 2008, "Japanese criminal justice: was re-integrative shaming a chimera?"

Punishment & Society, 10 (1), pp: 25-46.

Johnson, T. D., 2002, *The Japanese Way of Justice*, New York: Oxford University Press（翻訳：2004, 大久保光也訳『アメリカ人の見た日本の検察制度』Springer）.

—— 2008, "Japanese Punishment in Comparative Perspective," *Japanese Journal of Sociological Criminology*, 33, pp: 46-66.

Kikuchi A., 2008, "Public interest' faded the public prosecutors," in Gendaijinbunsha (eds.) *Considering the court proceedings of the Hikari case*, Tokyo: Gendaijinbunsha（原題：菊池歩, 2008,「『公益』色あせる検察」, 現代人文社編集部編, 『光市裁判を考える』現代人文社）.

Kawai, M., 2004, *Paradox of the Myth of the collapse of secure society*, Tokyo: Iwanami Publication（原題：河合幹雄, 2004,『安全神話崩壊のパラドックス』岩波書店）.

Lappi-Seppälä, T., 2006, "Penal Policy in Scandinavia," In Tonry, M. (ed.) Vol. 36 of *Crime and Justice: A Review of Research*, Chicago: The University of Chicago Press.

—— 2008, "Explaining National Differences in the Use of Imprisonment," *Japanese Journal of Sociological Criminology*, 33, pp: 93-121.

Miyazawa, S., 1991, "Administrative Control of Japanese Judges," In Lewis, P. (ed.), *Law and Technology in the Pacific Community*, Boulder: Westview Press.

—— 1992, *Policing in Japan: A Study on Making Crime*, New York: SUNY Press (translation by F. G. Bennett with J. O. Haley).

—— 2008, "The politics of increasing justice punitiveness and the rising populism in Japanese criminal justice policy," *Punishment & Society*, 10 (1), pp: 47-77.

National Police Agency, 2000-2005, *Criminal Statistics* in 2000 and 2005, Tokyo: National Police Agency.

Pratt, J., 2007, *Penal Populism*, London and New York: Routledge.

—— 2008, "Penal populism in New Zealand and its future: is penal populism inevitable?" *Japanese Journal of Sociological Criminology*, 33, pp: 30-45（翻訳：本書第2章に収録）.

Public Relation's Office of the Cabinet Office, 2000-2008, *Report of the National Survey on the public's Image of Japanese Society*, Tokyo: Cabinet Office. (http://www8.cao.go.jp/survey/index-sha.html) [Accessed 20/08/08]（原題：内閣府大臣官

房政府広報室, 2000-2008,「社会意識に関する世論調査」).

Public Relation's Office of the Cabinet Office, 2004, *Public Opinion on Crime*, Tokyo: Cabinet Office. (http://www8.cao.go.jp/survey/h16/h16-chian/index.html) [Accessed 20/08/08] (原題：内閣府大臣官房政府広報室，2004,「治安に関する世論調査」).

Research and Training Institute of the Ministry of Justice, 2001-2008, *White Paper on Crime*, Tokyo: Ministry of Justice (原題：法務総合研究所，2001-2008,『平成13-20年版犯罪白書』).

Serizawa, K., 2006, *House of Horror Society Japan*, Tokyo: Koudansha (原題：芹沢一也, 2006年,『ホラーハウス社会』講談社α新書).

Tokyo High Public Prosecutors Office, 2001, "Victim's voice and severity of sentence," *Hôritsu no Hiroba*, 54(9), p: 2 (原題：東京高検, 2001,「被害者の声と量刑」『法律のひろば9月号』54(9)).

Tonry M. 2008, "Why are American penal policies so harsh" *Japanese Journal of Sociological Criminology*, 33, pp: 11-28.

White, P. 1995, "Homicide," in Walker, M. A. (ed.) *Interpreting Crime Statistics*, Oxford: Oxford University Press, pp: 130-144.

翻訳：浜井浩一

第5章 拘禁刑（Imprisonment）の活用をめぐる国家間の差異を説明する

Tapio Lappi-Seppälä（タピオ・ラッピ＝ゼッパーラ）
フィンランド国立司法研究所

拘禁率に見る経年変化と差異

　経年変化．われわれはここ十年の間，世界中の異なる地域における刑罰統制の空前の拡大を目撃してきた．1970年代なかば以降，アメリカ合衆国における拘禁率（prisoner rates）[訳注1]は320％も増加した（人口100,000人当たりでいうと，約170人から約740人へと増加した）．同様の（より小さいものではあるが）変化はオーストラリア，ニュージーランド，そしてイギリスでも生じており，アメリカ合衆国はその意味で，英語圏における強力なモデル効果を有していると思われる．アングロサクソン系の国家においては，カナダが例外的な傾向を示しており，ここ15〜20年の間，拘禁率はだいたいにおいて安定している（表1-1）．

　ヨーロッパ大陸における経年変化は，アングロサクソン系国家のそれとは異なっている．中央ヨーロッパ諸国の拘禁率は，人口100,000人当たり80〜90人のレベルで比較的安定的に推移してきた（フランス，ベルギー，ドイツ，スイス）．しかしながら，特筆すべき例外国家も存在する．ここ20年間で，オランダは人口100,000人当たり20人台前半から130人へと6倍以上も増加させたし，スペインは同じく40人から140人へと3倍以上も増加させている（表1-2）．

　スカンジナビア諸国の傾向は，非ヨーロッパ諸国と同様なのだが，安定性と寛容性の双方において他の多くのヨーロッパ諸国と異なっている．ほぼ半世紀もの間，デンマーク，ノルウェー，そしてスウェーデンにおける拘禁率は人口100,000人当たり40〜60人の間で安定しているのだ．

　けれども，フィンランドは独自の途をたどってきた．1950年代の初頭に

表1-1　1970〜2005年までの主なアングロサクソン系国家における拘禁率（人口100,000人当たり）

	1970	1980	1990	2000	2005	1990〜2005年にかけての変化（％）
アメリカ合衆国	166	221	461	684	738	+60
ニュージーランド	83	88	114	151	186	+63
イギリス	71	85	90	125	144	+60
オーストラリア	—	59	84	113	125	+49
"逸脱型"						
カナダ	88	98	113	101	107	-5

出典：各国の公式統計（National Statistics）

表1-2　1970〜2005年までの主な西ヨーロッパ諸国における拘禁率（人口100,000人当たり）

	1970	1980	1990	2000	2005	1990〜2005年にかけての変化（％）
フランス	55	66	77	82	88	+14
ベルギー	61	58	66	86	93	+41
ドイツ	86	92	82	97	97	+18
スイス	—	62	77	79	83	+8
オーストリア	—	107	83	85	108	+30
"逸脱型"						
スペイン	—	38	85	113	145	+70
オランダ	21	23	43	84	127	+195

出典：各国の公式統計（National Statistics）

おいてフィンランドの拘禁率は他の北欧諸国の4倍であり，スウェーデン，デンマーク，ノルウェーの拘禁率が人口100,000人当たり50人前後だったのに対し，フィンランドは200人近くを抱えていた．1970年代でさえ，フィンランドの拘禁率は西ヨーロッパで最も高い水準であり続けたのである．しかし，第二次世界大戦後すぐにはじまった一貫した低下傾向はその後も継続し，ほとんどのヨーロッパ諸国が刑務所人口（prison population）の増加を経験した1970年代と80年代においても，フィンランドの拘禁率は低下し続けた．そして，1990年代の初頭までには，フィンランドは人口100,000人当たり約60人という北欧レベルに到達したのだった（**表1-3**）．

　東ヨーロッパ諸国も含めて見てみると，それらの国々の拘禁率が西ヨーロッパ諸国の約2倍の値を示していることが明らかとなるだろう．バルト海沿岸諸国は，人口100,000人当たり300人かそれ以上の値を記録している（**表1-4**）．

　アメリカ合衆国とスカンジナビア諸国の傾向の差異は，**図1-1**に顕著に現

表1-3　1950〜2005年までの主なスカンジナビア諸国における拘禁率（人口100,000人当たり）

	1950	1960	1970	1980	1990	2000	2005	1990〜2005年にかけての変化（％）
ノルウェー	51	44	44	44	56	57	69	+23
デンマーク	88	71	70	63	67	63	75	+12
スウェーデン	35	63	65	55	58	60	78	+34
"逸脱型"								
フィンランド	187	154	113	106	69	55	74	+7

出典：各国の公式統計（National Statistics）

表1-4　1980〜2005年までの主な東ヨーロッパ諸国とバルト海沿岸諸国における拘禁率（人口100,000人当たり）

	1980	1990	2000	2005	1990〜2005年にかけての変化（％）
エストニア	—	282	351	333	+18
リトアニア	—	248	273	235	-5
ハンガリー	122	155	155	162	-5
ポーランド	280	132	169	228	+72

出典：各国の公式統計（National Statistics）

れている．というのも，過去60年の間，フィンランドとアメリカ合衆国では確かに異なる動きが見られたのであり，アメリカ合衆国に当てはまることが，明らかにフィンランドに対しては当てはまらないのである．

　ヨーロッパ諸国の内部でさえも，われわれは拘禁率のレベルとその経年変化の双方の点において際立った差異を認めることができよう．スカンジナビア諸国が拘禁率の安定性と相対的な寛容性の双方において片方の極を代表しているとすれば，西ヨーロッパ諸国の中で，イギリス，オランダ，スペインはそれとは反対の拘禁率が急速に上昇している極を代表しているといえる．

　1960年代以降の日本の拘禁率（imprisonment rates）のプロフィールは，独自の特徴を持ちつつも，北欧諸国のそれに類似したものとなっている．第二次世界大戦後の時期を通して，拘禁率は低下してきている（絶対数で1950年代の100,000人レベルから，1970年代半ばには45,000人レベルに低下している）．日本とデンマーク，フィンランドを比較すれば，二つの国家と日本の類似点がわかる（図1-2）．1960年代において，日本の被収容者数はデンマークと同水準であったが，デンマークと異なり，持続的な低下傾向にあった．後者の点（持続的な低下傾向）から言えば，そのプロフィールはフィンランドと類似したものだった（ただ，フィンランドは日本の2倍もの拘禁率〔incarceration

図1-1 スカンジナビア諸国とアメリカ合衆国における長期にわたる拘禁率の推移

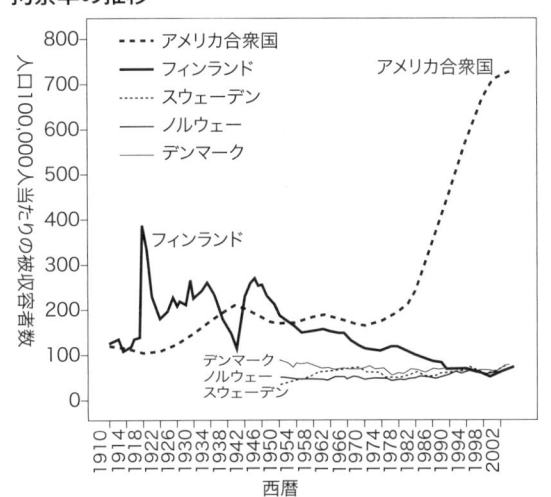

出典：Falck et al. 2003（アップデート版）、アメリカ合衆国司法省．

図1-2 1960～2007年までの日本，デンマーク，フィンランドにおける拘禁率

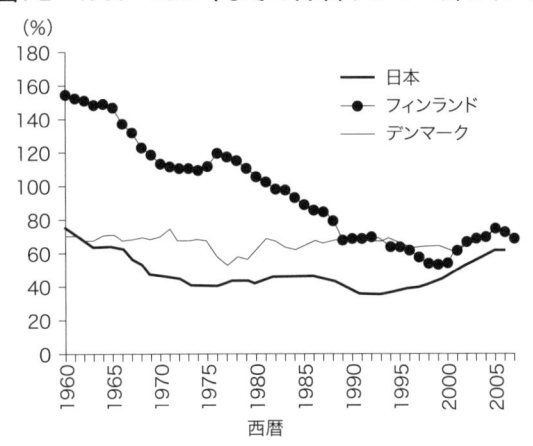

rate〕であったのだが）．1970年代の半ばにおいては，フィンランドの被収容者数が依然として低下し続けていたのに対して，日本の被収容者数は下げ止まることになった．1990年代半ばより日本の被収容者数は増加し始めるが，それはフィンランドをはじめ，他の北欧諸国でも同様であった．最終的な結果

第5章　拘禁刑（imprisonment）の活用をめぐる国家間の差異を説明する　131

をまとめれば，これら三つの国々は，かなり異なる経緯を経たうえで結局はほぼ同様の拘禁率に収斂した，ということができよう．

情勢と差異．グローバルな文脈から見れば，地域としてのスカンジナビアは最も拘禁率が低く，現時点において人口100,000人当たり約70〜75人である[1]．それに対して，他の西ヨーロッパ諸国は約110人，東ヨーロッパ諸国は約200人，バルト海沿岸諸国は300人，ロシアが約550人，そしてアメリカ合衆国が700人以上となっている．2006／2007年度における地域ごとの拘禁率は図1-3に示す通りである．

こうしたことは全て，以下の幾つかの疑問を呼び起こす．(A)特にアメリカ合衆国と幾つかのヨーロッパ諸国において見られた急激な拘禁率の増加を説明するのは何か．(B)フィンランドにおけるそれとは全く正反対の傾向を説明するのは何か．(C)スカンジナビア諸国における全体的な寛容性の背景には何があるのか．(D)直近の過去数年間におけるこれらの国々（日本も含めた）の刑務所人口の増加を説明するものは何か．

調査研究の多くは「アメリカ例外説（American exceptionalism）」や英語圏における拘禁率の増加を説明しようとしてきた[2]．この論文では，それとは反対の方向に眼を向け，（主として）西ヨーロッパ諸国の間の差異を説明することを目指す．特に注目が払われる問いは以下のものである．「なぜスカンジナビア諸国は，概してかくも長きに渡って（比較的）低レベルの刑罰的抑圧（penal repression）を維持することができたのか」．この論文では25カ国をカヴァーしたより大規模な横断的比較研究(cross-comparative study)から，主だった知見を紹介していく[3]．本論文は要約されたヴァージョンであるが，そこでは，社会的／経済的な環境，社会的／道徳的価値，そして政治経済／政治文化に関連したマクロレベルの指標に焦点が当てられる．

刑罰の厳格さの一つの指標としての拘禁率

厳罰性（punitiveness），抑圧（repression）のレベル，もしくは刑罰の厳格さといった要素の差異は，通常拘禁率をメインの指標としたうえで検討される．もちろん，これが唯一の指標というわけではない．刑罰の厳格さについての指標として，その他のありうる候補は以下のようなものであろう[4]．

・刑務所に収容されている人数（人口100,000人当たり）．

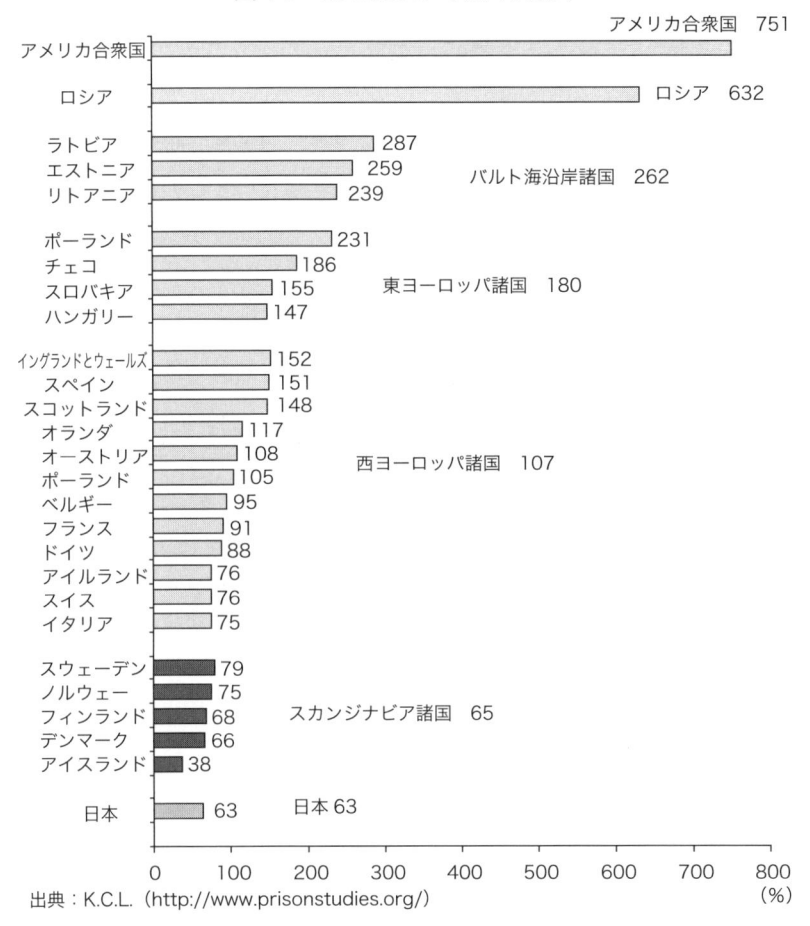

図 1-3　2006/2007 年度の拘禁率

国	値	グループ
アメリカ合衆国	751	アメリカ合衆国　751
ロシア	632	ロシア　632
ラトビア	287	
エストニア	259	バルト海沿岸諸国　262
リトアニア	239	
ポーランド	231	
チェコ	186	
スロバキア	155	東ヨーロッパ諸国　180
ハンガリー	147	
イングランドとウェールズ	152	
スペイン	151	
スコットランド	148	
オランダ	117	
オーストリア	108	西ヨーロッパ諸国　107
ポーランド	105	
ベルギー	95	
フランス	91	
ドイツ	88	
アイルランド	76	
スイス	76	
イタリア	75	
スウェーデン	79	
ノルウェー	75	
フィンランド	68	スカンジナビア諸国　65
デンマーク	66	
アイスランド	38	
日本	63	日本　63

出典：K.C.L.（http://www.prisonstudies.org/）　　　　　　　　　　（%）

- 拘禁刑の平均刑期．
- あらゆるタイプの刑の中での拘禁刑の割合，もしくは一定の犯罪発生件数，認知件数，起訴件数，判決件数において拘禁刑となる割合．
- あらゆる拘禁刑の罪種ごとの平均刑期．
- 人口当たりの，または一定の犯罪発生件数，認知件数，起訴件数，判決件数当たりの，1年間に科された／服された拘禁刑期の総計．
- 刑務所の体制（prison regime）の質と条件．

上のものに加えて，拘禁刑期の総計を人口数で除した値を用いることもできるだろう．刑の厳格さはなにも拘禁刑に限られるわけではないので，その他の選択肢（不幸にも死刑という可能性もある）が使用されることも考慮に入れておく必要がある．

　明らかに，刑の厳格さ，社会統制の激しさ，もしくは厳罰的傾向（punitivity）といったものは，単一の量的指標によって完全にあらわすことはできないのである．けれども，特定人口当たりの被収容者数（拘禁率）は，長期間に渡る縦断的な量的分析と広範囲の横断的な量的分析のどちらか，もしくは双方において，かなり実用的な指標である．それは，「犯罪と定義された行為に対するその他の測度に対する，もしくは犯罪と定義された行為に対する社会の反応に対するよりよい代理指標」（Wilkins 1991: 13）であり，西欧的民主主義の枠内で用いられる刑罰の手段としては最も厳格なものが活用されたことを示唆するものなのである（死刑制度のあるアメリカ合衆国は部分的な例外を構成しているが[5]）．

　しかしながら，たとえわれわれが刑罰の厳格さの指標として拘禁刑を用いることを受け入れたとしても，拘禁率はこの目的のみのために存在する測度ではない．ある時点において，拘禁されている人々はどのくらいいるのか，と問う代わりに，(A)ある年に，どれくらいの数の人々が新たに刑務所に送られたのか，そして／もしくは，(B)それらの人々はどのくらいの期間刑務所にいなければならなかったのか，と問うことも可能であろう．**表2-1**は，これら三つの指標の相違を示している．

　より頻繁に拘禁刑を活用する国々（要するに，より多くの人々を刑務所に送っている国々）は，より短期刑を活用する傾向が見られる．スイスとスコットランドは，新入所者数に関しては最も高い値を示している（768人と764人）が，同時に最も短い収容期間となっている（1.3カ月と2.2カ月）．それとは正反対のスペインとポルトガルは，新入所者数は低い値（98人と54人）となっているが，明らかに最も長い収容期間を示している（17カ月と27カ月）．実は，（上の図表には記されていないが）スペインとポルトガルの拘禁率（100,000人当たりの被収容者数）を見ると，それぞれ145人と121人となり，おおよその平均値を示している．

　もし厳罰的傾向の指標として新入所者数を用いるのであれば，スイス，スコットランド，そしてデンマークは非常に高い値となり，逆にポルトガルと

表2-1　2003／2004年度の被収容者数，新入所者数，収容期間
（上位および下位5カ国）

100,000人当たりの被収容者数		100,000人当たりの新入所者数		収容期間（月）	
ノルウェー	68	ポルトガル	54	スイス	1.3
フィンランド	75	スペイン	98	スコットランド	2.2
デンマーク	77	フィンランド	126	デンマーク	3.0
アイルランド	78	フランス	135	ノルウェー	3.4
スウェーデン	78	ハンガリー	141	スウェーデン	3.8
…	…	…	…	…	…
チェコ	184	デンマーク	301	ポーランド	11.1
ポーランド	228	リトアニア	347	チェコ	12.4
リトアニア	235	エストニア	388	ハンガリー	13.8
エストニア	333	スコットランド	764	スペイン	17.4
アメリカ合衆国	738	スイス	768	ポルトガル	27.1
平均	156	平均	260	平均	8.6
欠損値		カナダ，アイルランド，ニュージーランド，アメリカ合衆国，オーストラリア		カナダ，アイルランド，ニュージーランド，アメリカ合衆国，オーストラリア	

出典：SPACE2006より収集し，計算した．

スペインは非常に低い値となるだろう．逆に，収容期間を指標として用いるとすれば，ポルトガルとスペインは厳罰的傾向トップの地位を占めることになる．本質的な問いは，**なぜ**これら二つの指標のうちの一つを選択するのか（われわれは二つの**双方**を考慮に入れることのできる指標〔すなわち拘禁率〕を手にしているというのに），ということであろう．拘禁率は被収容者数と刑期の長さの双方の関数なのである．拘禁率という指標は，その他二つの指標のどちらかではなく，それらを一体にしたのと同じことなのである．

以上を根拠として，拘禁率は刑罰の厳格さの指標として取り扱われるべきだということができるだろう．

犯罪率と拘禁率

拘禁率における違いが，犯罪のレベルにおける相違を反映していると考えるのは自然なことだろう．本章では，横断的分析と縦断的分析（cross sectional and time series analyses）から，拘禁率と犯罪率がどのように関連しているのかを見極めることを目的としている．

表3-1 過去の調査にみる1年における犯罪被害（1回かそれ以上被害にあった割合：%）

	A 11種の犯罪	B 4種の犯罪	C 2000年の拘禁率	D 拘禁率/ 11種の犯罪	E 拘禁率/ 4種の犯罪*
スカンジナビア諸国 （4カ国）	20.8	6.8	59	2.8	8.7
西ヨーロッパ諸国 （12カ国）	21.8	6.9	105	4.8	15.1
アングロサクソン系 国家（3カ国）**	27.7	12.2	123	4.4	10.1
アメリカ合衆国	21.1	6.3	700	33.2	111.1

出典：European Sourcebook 2003 と van Kesteren *et al.* (2000) のアペンディックス4（表1）より収集した．
注：*) 車上荒らし，侵入盗，強盗，暴行・脅迫（Assault&Threat）の4種．
　　**) オーストラリア，カナダ，ニュージーランドの3カ国．

1　スカンジナビア諸国の中で犯罪レベルに違いはあるのか？

　国際犯罪被害調査は，かなりの度合いで個別の変動が見られるとしながらも，スカンジナビアの4カ国の犯罪レベルを，EUの平均あたりかそれよりもわずかに低位に位置づけている．**表3-1**は，1989年から2000年にかけての4カ国の様子を概観する中から，いくつかの罪種に関する主な結果を要約したものである．カラムAは11種の犯罪に対する被害率の総計を示しているのに対して，カラムBは4種の重大な犯罪に対する同様のデータを示している．拘禁率（人口100,000人当たりの被収容者数）はカラムCに示されている．カラムDとカラムEの拘禁率の数値は，犯罪被害認知件数（reported victimization）に占める被収容者の数をあらわしている．

　概して，スカンジナビア諸国の被害率は西ヨーロッパ諸国のそれと同様のレベルにあるといえるが，被収容者の数はその半分しかない．三つのアングロサクソン国家における高い被収容者数は，部分的には高い被害率によって説明可能であろう．けれども，スカンジナビア諸国と比較して10倍もの拘禁率を示すアメリカ合衆国の事例は，犯罪——被害率によって実際にはあらわされる——の違いによっては説明されえない．

2　犯罪率と拘禁率の横断的な比較

　図3-1は，拘禁率と犯罪被害，犯罪認知件数を比較したものである．
　拘禁率（incarceration rate）の低さを，被害率の低さや犯罪認知件数に

図3-1 2003年の拘禁率，犯罪被害（ESSより），犯罪認知件数（SB2006より）

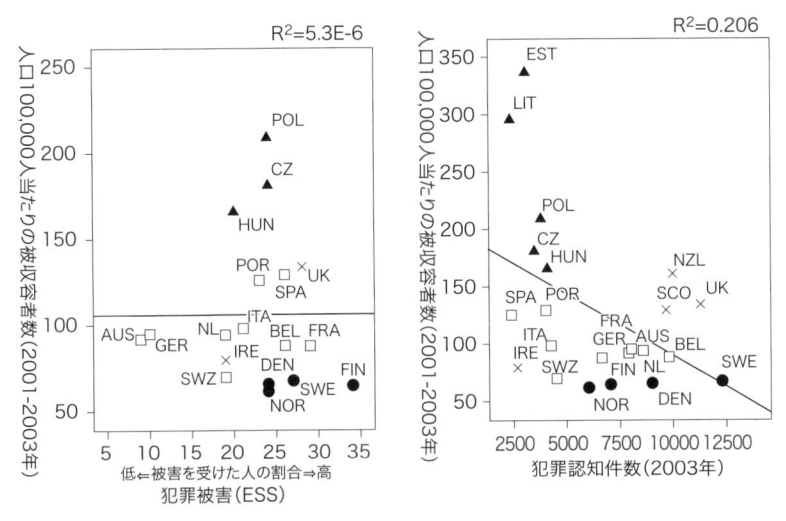

図3-2 2003年の殺人認知件数と暴行認知件数（人口100,000人当たり）

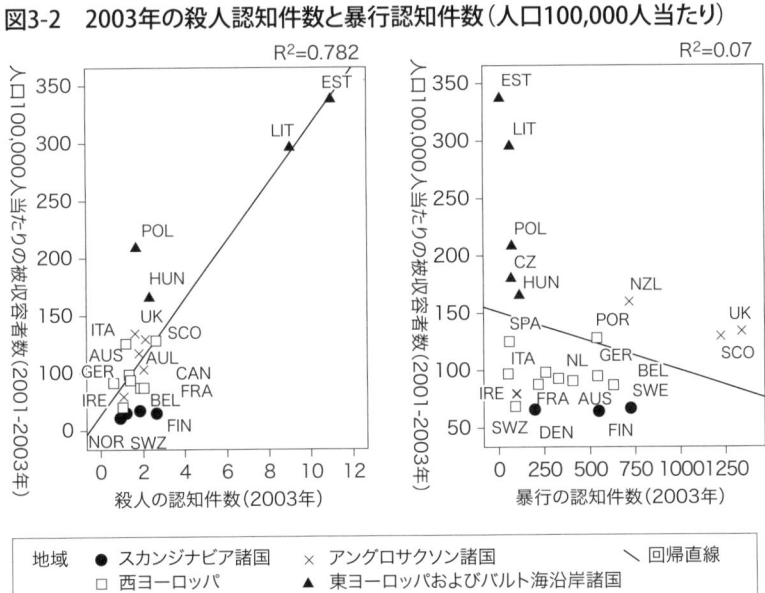

地域　● スカンジナビア諸国　× アングロサクソン諸国　╲ 回帰直線
　　　□ 西ヨーロッパ　▲ 東ヨーロッパおよびバルト海沿岸諸国
※国名は，英字略称のままで表記している．

出典：ESSとSB2006より．

第5章　拘禁刑（imprisonment）の活用をめぐる国家間の差異を説明する　137

よって説明することはできない．実際には，二つの数値はまったく正反対のことを示唆しているのだ（犯罪率が上がれば上がるほど，被収容者は少なくなる）．けれども，いくつかの但し書きをつけておく必要があろう．第一に，犯罪被害調査は小規模な財産犯罪に集中している．ほとんどの西ヨーロッパ諸国においては，これらの犯罪は拘禁率に対してごく限られた影響（relevance）しか持たない．より信頼できる結果を手にするためには，拘禁刑の活用に対して非常に大きなインパクトを持つような犯罪に関する信頼できる比較データを手にする必要があろう[6]．犯罪認知件数に見られる差異は，間違いなく記録のとり方や統制実践のあり方の違いによっても説明可能なものである[7]．記録のとり方の影響を最小化するために，既遂の殺人に関する結果も示しておこう（図3-2参照．そして，比較のために，暴行〔assault〕に関する結果も示しておく）．

殺人に関しては，相関の方向性が変化している．けれども，この結果は二つのバルト海沿岸諸国が示した非常に特徴的な外れ値によって強く影響されたものである．加えて，殺人はまれな出来事であり，それは拘禁率全般に対しては小さな影響力しかもたない．暴力犯罪のほうは，概してそれとは異なる位置を占めている．右側の図が重ねて示唆するように，暴行の認知件数が増えれば増えるほど，被収容者は減少するのである．

3　拘禁率と犯罪認知件数（1980〜2005年）

経年分析（trend analysis）は，関連性を検証するにあたっての第三の道を示してくれる．図3-3は，1980年の値を100とおき，1980年から2005年までのフィンランド，カナダ，アメリカ合衆国，そして日本における拘禁率と犯罪認知件数の経年変化（trend）を比較したものである．

これら四つの国々は，それぞれ異なった経年変化の一例を提供してくれる．フィンランドにおいては，犯罪率が増加するに従って，拘禁率が低下している（1980〜1990年）．カナダは，犯罪率が安定している時期（1980〜1990年）と低下している時期（1990〜2000年）の双方の時期において，拘禁率は安定している．アメリカ合衆国は，ほぼカナダと同型の犯罪率の経年変化を示しているが，極めて急激な拘禁率の上昇を記録している．日本は，拘禁率に関しては1985年から1990年代初頭にかけては減少トレンドにあり，犯罪率も安定していたが，その後まず拘禁率が上昇トレンドに入り，そ

図 3-3　フィンランド，カナダ，アメリカ合衆国，日本における被収容者と犯罪認知件数（人口 100,000 人当たり．1980 年の値を 100 とした場合）

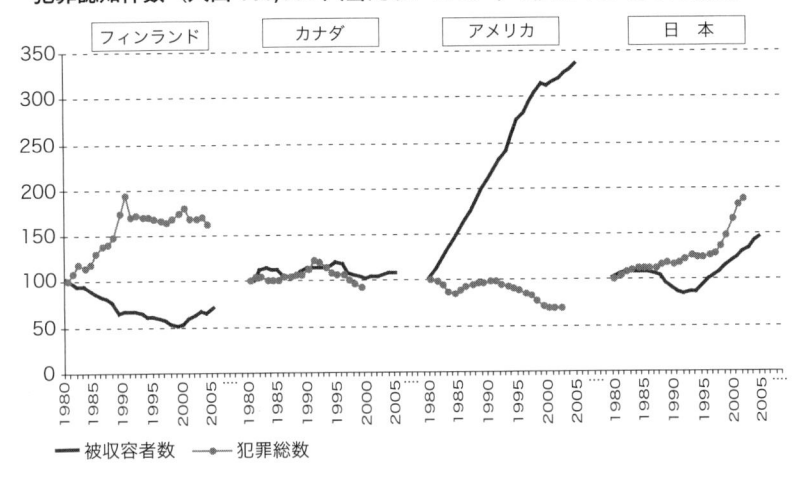

れから犯罪率も増加を開始していく．これらすべてから，以上一連の変化に系統的な関連性が見出されると結論付けるのは困難である．

4　スカンジナビア諸国における犯罪率と拘禁率（1950～2005年）

　フィンランドにおける拘禁率の低下は，犯罪レベルの低下とは関係が無く，その反対に，拘禁率が低下している時期に，犯罪は増加していたのだった．こうしたことは，われわれに厄介な疑問をつきつける．犯罪率の増加は，拘禁率の減少によって説明されるのだろうか，という疑問がそれだ．われわれがこの疑問に答えるためには，視野をその他の北欧諸国へと拡大しなければならない．

　非常に強い社会的・構造的同質性を有しながらも，非常に異なる刑罰史を有してもいる北欧諸国の事例は，フィンランドの刑罰実践における変化が，刑罰システムが多かれ少なかれ安定的に推移したその他の国々（それらの国々はフィンランドと同質の社会的・構造的条件を有している）と比較して，どれほどドラスティックに犯罪率に反映されてきたのかを評価するための貴重な機会を提供してくれる．図3-4は，1950年から2000年までの，フィンランド，スウェーデン，デンマーク，ノルウェーにおける拘禁率および犯罪率（同一人口当たりの認知件数〔reported crime rates〕）を示している．

図3-4　1950〜2000年にかけての拘禁率と犯罪率の推移

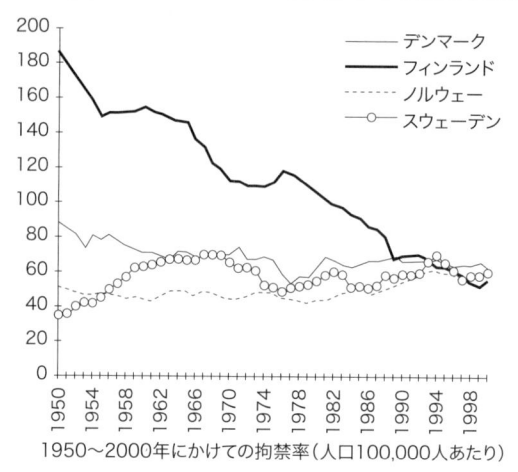

1950〜2000年にかけての拘禁率（人口100,000人あたり）

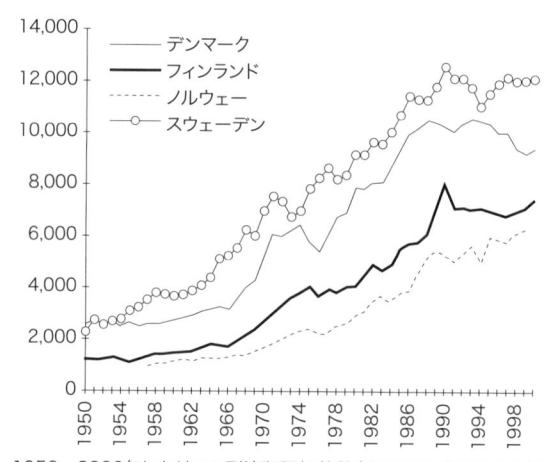

1950〜2000年にかけての刑法犯認知件数（人口100,000人あたり）

出典：Falck et al. 2003

　北欧諸国は，拘禁刑の活用に関しては非常に異なっているのに対して，認知件数（recorded crime）の経年変化に関しては非常に同質的だということが分かるだろう．フィンランドが拘禁率を大いに低下させたということは，北欧諸国に共通した犯罪率の動きを乱すことはなかった．上図は，繰り返せば，犯罪と拘禁率は互いに独立である（要するに，両者の値の上下動は，互い

に別々の法則やダイナミクスにしたがっている，ということ），という一般的な犯罪学的結論を支持するものである．

　拘禁率は，犯罪率と被害率の双方とも関連していない．1980年から2005年までの拘禁率の展開からは，認知された犯罪全般と一致したパターンを何ら見出すことができない．異なる時代において，異なる国々が，異なるパターンを示してきたのである．こうした結果は，拘禁刑は犯罪のレベルや経年変化にはほぼ影響を受けていない，とする先行研究の結論とも一致している[8]．犯罪は，拘禁率の国ごとの違いや経年変化を説明するものではないのである．本論文の以下の部分においては，他のデータを用いてその説明を試みることにしよう．

福祉と社会的平等

　福祉的志向性と刑罰文化との間には，明らかな関連が存在する．福祉と拘禁（incarceration）との関係性を最も率直に定義しようとすれば，両者を直線で結びつけてしまえばよい．「人々を刑務所に押し込めるか，彼らに金銭を与えるかは，周縁的で貧しい人口層を取り扱うにあたっての異なる方法であることは考慮されてよい．一方は抑圧的であり，他方は寛容である，というだけだ」[9]．「貧困への戦い」（War on Poverty）は，「犯罪への戦い」（War on Crime）とは異なる刑罰政策をもたらしていた．アメリカ合衆国とイギリスにおける福祉国家の後退と処罰的な政策の登場との関連性については，幾人かの論者によって指摘されてきている[10]．抑圧（repression）のレベルと福祉との関係はまた，フィンランドのケースからも支持される．フィンランドにおいて刑罰の自由化が始まった時期は，フィンランドが「北欧の福祉国家ファミリーに仲間入りした」時期であった．こうした全てのことが，高いレベルの社会的・経済的保障，福祉的資源における平等，潤沢な福祉給付といった諸要素が厳罰的傾向や抑圧レベルの低さに貢献しているということを示唆している．

1　所得の不平等と社会的支出

　西ヨーロッパ諸国においては，所得の不平等[11]と拘禁率との間には強い正の相関が見られる（図4-1の左図参照）．東側諸国を加えて見てみると，明らかに

図 4-1　2000 年におけるジニ係数と拘禁率

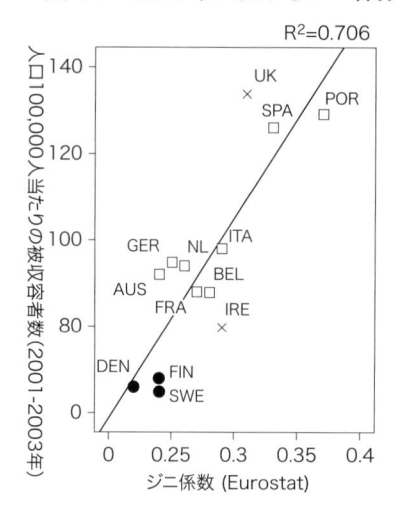

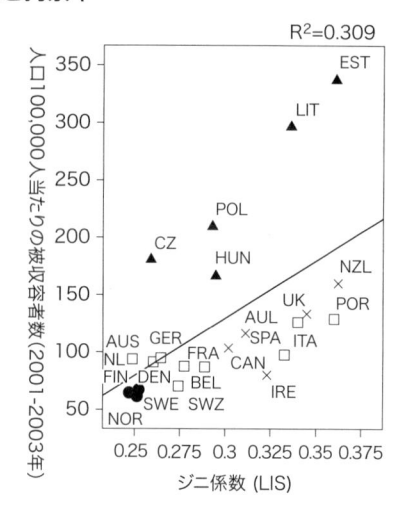

図 4-2　2003 年における社会的支出と拘禁率

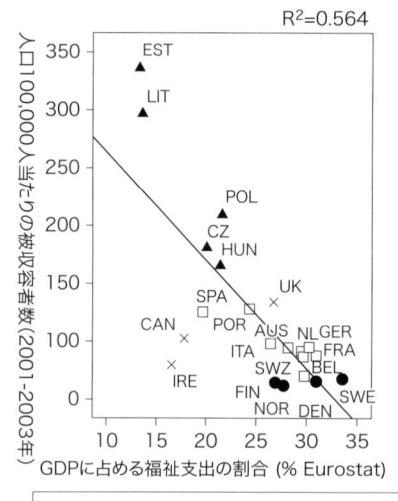

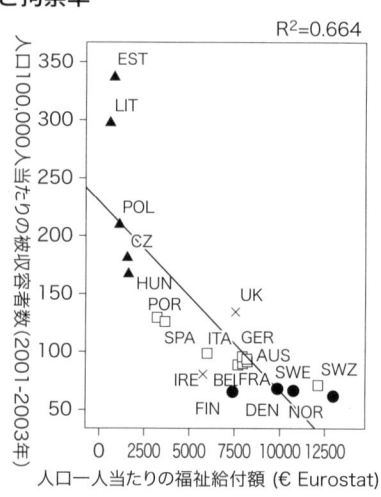

地域	● スカンジナビア諸国	× アングロサクソン諸国	╲ 回帰直線
	□ 西ヨーロッパ	▲ 東ヨーロッパおよびバルト海沿岸諸国	

※国名は，英字略称のままで表記している．

相関は弱くなるが，他方において東側諸国単独でもこの関連は強固なまま残っている（図4-1の右図参照．東側諸国も含めて国ごとにプロットしてある）[12]．

　福祉へのコミットメントと拘禁率との間にも，同様に明白な関係（負の相関）が存在する．図4-2においては，福祉給付の程度が相対値と絶対値の両方で測られている（GDPに占める福祉支出の割合と人口一人当たりの福祉給付額〔ユーロ〕）．

　図の右下には，スウェーデンやデンマークを筆頭に，GDPに占める福祉支出の割合が高く，拘禁率が低い国々が位置しており，図の左上には，東側諸国や，西ヨーロッパではイギリス，ポルトガル，スペインなどが位置している．

　図4-2においてはまず，福祉支出の大きさの指標として，GDPに占める福祉支出の割合が測定されている（図4-2の左図参照）が，これは経済成長全般における変化の影響を受けやすい指標である．景気拡大期は福祉支出の比率の減少をもたらすが，景気後退期は逆に比率の（相対的）増加をもたらす．この問題を克服するために，一人当たりの実際の社会的支出の変化も計上されている（図4-2の右図参照）．図に見られるように，関連性はより強まっている．ほとんど20年間もの間，年平均4.3％の経済成長を遂げてきたアイルランドは，（左図と右図を比較して）より平均近くへとその位置を変化させている．

　両者の関連については，経年変化を検討することもできる．1980年から2000年にかけて，所得の不平等と拘禁率との関連は強まってきた．同様に，拘禁率（imprisonment rates）と福祉支出との関連も強まってきている．（相対的に）社会的支出を減らしている国々は，拘禁率を急激に増加させてきた国々でもあるのだ[13]．

2　地域的なパターンと刑罰レジーム？ 訳注2

　古典となった『福祉資本主義の三つの世界』において，Esping-Andersen（1990-2001）は西側の（資本主義陣営の）福祉国家の間に見られるパターンを指摘した．福祉政策の中で志向され，表明される福祉給付，福祉的価値，福祉的原理といったものの程度や構造にしたがって，それらの国々はEsping-Andersenの研究の中で三つの福祉レジームに手際よく分類された．社会民主主義レジーム（スカンジナビア諸国），キリスト教民主主義（保守主義／ヨーロッパレジーム），自由主義レジーム（アングロサクソン国家）の三つである．

これらのレジームは，特定のプログラムや政策を束ねたものであると同時に，特定の価値を束ねたものでもある．異なるレジームは，異なる理由によって異なる政策を追求している．Esping-Andersenは，オリジナルの分類をすぐ後に修正したが（たとえば，南欧グループ〔cluster〕が追加された）[14]，彼の知見は説得的なものであった．もとより，分析の中に旧社会主義国家を含めるならば，追加的な修正が必要となろう[15]．福祉給付の程度においては，それらの国家は押しなべて下位に位置づくが，所得の平等性に関しては差異がみられる．伝統的な社会主義国家はかなりの度合いで所得分配を維持しているが，バルト海沿岸諸国は所得政策や経済政策の点において西側のネオリベラル国家に近づいてきている．

　本論文の分析にとって，福祉レジーム分析が適切性（relevance）を有していることは明白である．（予想されるように）福祉が刑罰政策に関わっているとすれば，福祉レジームの違いも，刑罰政策の違いに対して同様の影響力を有しているはず，ということである．この仮説を検証するために，諸国は五つの地域に分類される．分類のやり方はEsping-Andersenのオリジナルに従うが，旧社会主義国家とバルト海沿岸諸国という二つのレジームが追加されている．ここで，（アメリカ合衆国を除いて）六つの地域が得られる．スカンジナビア（フィンランド，デンマーク，スウェーデン，ノルウェー），西ヨーロッパ（オーストリア，ベルギー，フランス，ドイツ，オランダ，スイス），地中海ヨーロッパ（スペイン，イタリア，ポルトガル），アングロサクソン国家（イギリス，アイルランド，ヨーロッパ外としてはオーストラリア，カナダ，ニュージーランド），東ヨーロッパ（ポーランド，ハンガリー，チェコ共和国），バルト海沿岸諸国（エストニア，リトアニア）の六つである．**図4-3**は，以上六つの地域における拘禁率と福祉給付，所得の不平等の関連を示している．

　異なるレジームの相対的な位置づけは，福祉分析によって見出された一般的なパターンと同一のものである．異なる福祉レジームは刑罰政策においても，刑罰権力（penal power）においても異なっているのである．このことは，福祉給付と拘禁率の関係において極めて明らかである（**図4-3**の左図参照）．

3　なぜ福祉なのか？

　社会福祉へのコミットメントと拘禁率との間の関係は，「よい社会政策は最良の刑事政策である」という古い標語（slogan）にはっきりとあらわれている．

図4-3　地域ごとに見た福祉支出，所得の不平等，拘禁率

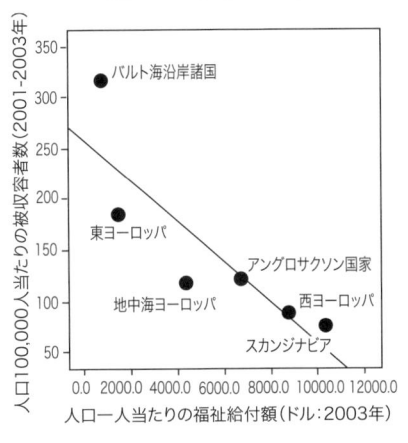

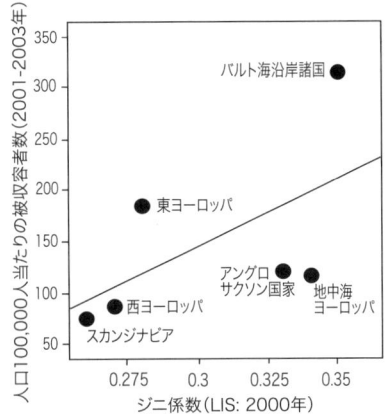

 このことは，端的に「刑務所ではなく，学校，ソーシャル・ワーク，家族といったものに対してより多くのお金を投資することによってこそ，社会はよりうまくいく」ということの言い換えでもあった．福祉主義的な（welfarist）刑罰政策は——ほとんど定義上——より抑圧性の低いものである．過去数十年における特にアングロサクソン国家における福祉国家の全般的な縮小は，疑いなく統制の拡大と時期的に一致した動向であった．しかしながらこうした事実は社会政策的志向性と刑罰の厳格さとの関連について**説明する**ものではない．われわれはさらにこう問う必要があるだろう．「なぜ福祉が刑罰の厳格さに影響を与えるのか」．幾つかの仮説を提示することができる．

　連帯．デュルケム的伝統に棹差す者は，社会的連帯の感情というものを強調することになるだろう．Greenberg (1999) の言葉によれば，相対的な寛容性と経済的不平等の度合いの低さは，「共感的な同一化（empathic identification）や他者の福祉への関心の高さのあらわれ」であるように思われる[16]．

　犯罪者に対する連帯は，刑罰上の寛容性を説明するかもしれない．しかし，**被害者**への立場への共感的同一化を通して連帯感情が正反対の効果を持つとはいえないだろうか．福祉的な社会においては，連帯感情が犯罪者の重荷を軽くしてやる方向に働く傾向があるが，被害者の名のもとにより強硬な対策を求める議論として活用されることはない，という事実からは，連帯仮説が

より多くの説明を必要としていることが示唆されるように思われる．

　共有された責任V.S.個人主義．福祉的な社会における刑罰政策は，連帯感情だけでなく，社会的・集合的な責任という広範な概念によっても形作られている．結局のところ問題なのは，リスクの源泉と非難の割り当てに関する社会の見方——リスクは非難されてしかるべき個人に由来するのか，社会問題の原因に対してより広い解釈が与えられるべきなのか——である．

　文化人類学的な研究の中で指摘されてきたように，個人主義的な文化においては，リスクを引き起こしたということが特定の個人に帰責され，概して弱者は自らに降りかかった災悪の責めを負うことになる[17]．言い換えれば，社会的な連帯感情だけでなく**社会的リスク（この場合は犯罪）の源泉や原因に関する広く行き渡った見方**が重要なのである．こうした観点からは，リハビリテイティヴな刑罰政策は，リスクに関して異なる立場（犯罪者，被害者，そして社会）間のバランスをとるための手続きであると理解できる．Simon（2007）によって指摘されたように，パロール，プロベーション，少年司法といった制度はみな，犯罪者のリスクを引き受け，成人の拘禁刑が彼らをより悪化させてしまうリスクを低減するという志向性が反映されたものだった[18]．Hudson（2003）の言葉によれば，後期近代のリスク社会における刑罰文化は，「アトム的で攻撃的な個人主義」によって特徴づけられる．ほぼ全員にとって問題となる唯一の権利が自身の安全（safety）という権利となる（「たった一つの人権，それは被害者とならない権利だ」）一方で，異なる立場間の権利のバランスをとるといった志向性はどこかにいってしまった．共有されたリスクや共有された責任といった感覚も同様にどこかにいってしまった．今やわれわれはリスクに対処するために，われわれの安全保障（security）に対して脅威となるかどうかについて，遭遇する全ての人間を不断に監視（scanning）するようになっている[19]．

　物質的な繁栄と保障．抑圧的でない社会政策を志向する背後に，連帯感情や，より広範には，社会的リスクの源泉に対するより個人主義的でない理解を見出すことができるとしても，社会的な生活を組織した福祉的な社会は，出発点からして抑圧的でない方向性に寄与する別のメカニズムも胚胎させていたと思われる．豊かな福祉国家の物質的財や経済的保障を考慮に入れるならば，自分自身の立場が保障されている際に寛容性や共感性を表明することはたやすいことであろう．そのような意味での繁栄もまた，寛容性に寄与するのであ

る.Garland (2001) は (Mary Douglasをひきながら) 犯罪に対する「無過失責任 (no fault)」アプローチ (刑罰福祉主義〔penal welfarism〕が暗黙裡のうちに志向している) が, いかに保険と贈答 (gift-giving) の広範囲にわたるネットワークに依存しているかについて述べている. 非難を割り当てる代わりに損害賠償に依存するような文化では, 典型的には適度な損害賠償が期待され, それに依存して物事が処理される.「無過失責任」アプローチは物質的な裏づけと相互的な信頼を必要とするのだ[20]. 言い換えれば, 特定の条件下においてのみ「人は寛容になる余裕がある」のである. 共感性や, 共に在るという感情は, 同等の者同士の間でより成立しやすい. 要するに, 社会的分断の進展が, 猜疑と恐怖, 他者性の感情といったものを育むのである.

代替的な政策. 最後に, 強固な福祉国家は, 社会的周縁化に抗する保護手段を保障することで犯罪問題へのストレスを下げることによってもまた, 抑圧性を低くすることに貢献しているかもしれない. さらには, 潤沢な福祉国家においては, その他のよりよい拘禁刑の代替手段といえば, 通常はすぐ身近にある手段である (機能的なコミュニティ矯正システムは資源や適切なインフラを必要とするのだから).

信頼と正当性

1 デュルケムとヴェーバーのあいだ

抑圧性のレベルを社会的連帯の感情に結びつけて考えるデュルケム的伝統がある一方で, 刑罰の抑圧レベルを権力集中と政治的権威を防衛する必要性という観点から説明しようとするヴェーバー的伝統というべきものが存在する[21]. イギリスやアメリカ合衆国における無情かつ見せしめ的 (expressive) な政策の上昇は, 公共的信頼の欠如, 正当性の危機, 国家にとっての主権の示威という意味を込めた見せしめ的処罰の活用の必要性, といった事柄に関連して説明することもできるのだ. Garland (2001) は折にふれて犯罪問題に取り組む際の国家の失敗や, その帰結としての「否認と行動化 (denial and acting out)」を指摘している. 事態はもはや政府の統制の外にあるということを認めることができず, 公衆に対して少なくとも犯罪問題に**何らかの**アクションは起こしているということを示すために, 政府は見せしめ的な振る舞いと処罰的対応を復活させたのである[22]. アメリカ合衆国においては,

60年代以来，連邦政府の行為と責任の範域が，ヘルスケア，教育，消費者保護，差別といったような領域にまで拡大したこと，そしてそのことが政治的失敗のスパイラルを招いたことが指摘されている．そうしたことは，それ故に信頼の崩壊を招くのである．引き続く犯罪に対する見せしめ的でもっともらしいアクションは，部分的には政府の信用を保存することを意味するとも言えるのだが[23]，政治システムにおける公共的信頼の欠如は，（たとえば）ニュージーランドにおける処罰的ポピュリズム（Punitive Populism）の上昇や引き続いて起こる厳格な刑罰の優勢といった実際の現象の背景にある主要な原因の一つとして理解されてきている[24]．

2 社会的・制度的信頼

実証的（empirical）検証のためにはいくつかの操作化（operationalizations）が必要である．以下では，政治的正当性とは，市民の政治的制度に対する信用や信頼に関する社会調査データによって測定されるものを指す．調査データが，政治的正当性（ヴェーバー）から社会的信頼（デュルケム）までの双方の領域をカヴァーするものであるように，分析も双方の領域に及ぶものとなる．欧州社会調査（ESS）は，人々の間の信頼（水平的で一般化された，社会的な信頼）やさまざまな社会制度に対する信頼（垂直的で制度的な信頼）を測る幾つかの質問を含んでいる[25]．世界価値観調査（WVS）は，多くの国々で実施されている調査であるが，市民間相互の信頼や社会的・政治的制度に対する市民の信頼を測るような同様の質問を含んでいる．横断的な観察はESSの第一ラウンド（2002）の結果に基づいており，経年による縦断的分析は，1981年からのWVSの結果に基づいている．

抑圧性のレベルと正当性，社会的信頼との間には強い負の関連性がみられる（図5-1）．社会的・政治的制度の正当性はスカンジナビア諸国やスイスにおいて最も高くなっており，これらの国々はまた，最も低い拘禁率を示す傾向にある．信頼の度合いにおいてこれらの国々に続くのはオーストリアやオランダである．反対のコーナーには，典型的には東ヨーロッパ諸国を発見することができるだろう．もっとも，イギリスもこのグループに入るのだが．

図5-2は，前述した福祉レジームに基づいて，拘禁率と信頼の地域的パターンを要約したものである．

地域的パターンに関しても同様の結果が見出される．スカンジナビア諸国

図5-1 法システムに対する信頼および人々の間の信頼と拘禁率

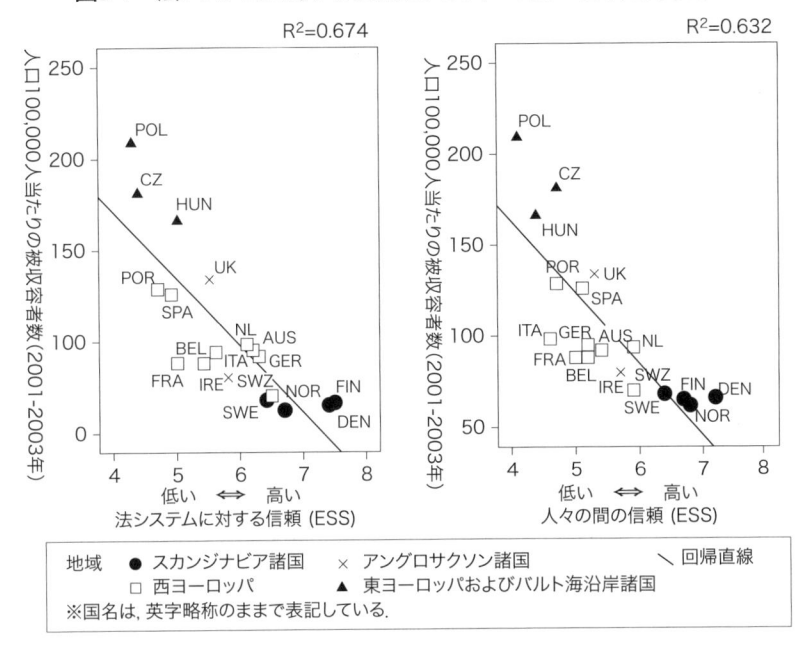

図5-2 地域ごとに見た信頼と拘禁率

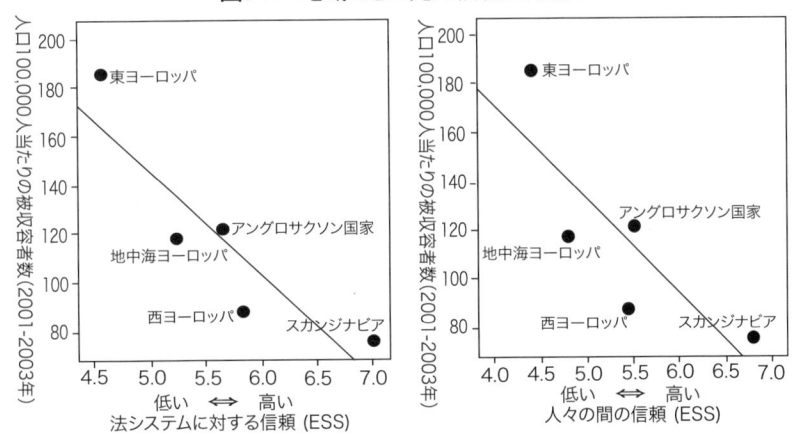

は，政治的・法的制度に対する信頼と同様に，社会的な信頼に関してもより高い値となっている．双方の測定結果（measurement）において，東ヨーロッパグループ（cluster）はそれと正反対の位置を占めている．大陸の西ヨーロッパ諸国は政治的信頼に関してスカンジナビア諸国と近く，社会的信頼に関してアングロサクソン国家とほぼ同レベルである．

類似の分析において，信頼のレベルは同様に恐怖，厳罰的傾向（punitivity），所得の不平等と負の関連を持つことが明らかになった．信頼の度合いが低下するほど，それらすべての変数は高い値となったのである．高いレベルの信頼はまた，より潤沢な福祉給付の存在を示唆するように思われる[26]．

なぜ，信頼と正当性なのか？ 明らかに，信頼と抑圧性のレベルは相互に結びついている．Fukuyama（1995=1996）が言うには，高い拘禁率とは，「社会内の信頼が崩れさることによって課された直接税」[27]である．われわれはもう一度以下の疑問に立ちかえることにしよう．「なぜ信頼や正当性が寛容さをもたらすのか．なぜ低い信頼は厳格さを生み出すのか」．制度に対する信頼（垂直的，制度的な信頼）と人々の間の信頼（水平的，個人化された信頼）は，社会制度，規範順守といったものが機能するにあたって，そして不法行為に対する政治的応答にとって，様々な観点から見て（また，様々な理由において）不可欠である．

制度に対する正当性や信頼が低下している局面においては，政治的理性に対して何らかのアクションが求められる．歴史的分析は，いったん支配者が自らの立場や権威が脅威にさらされていると感じると，いかに刑法が無情なものになっていくかについて指摘している．高レベルの信頼が保たれたシステムにおいては，政治的はったり（posturing）や見せしめ的な振る舞いに対するニーズはより少ないものとなる．「処罰的な対応や悪魔化するレトリックは，強固な政治的レジームに比べて弱体化した政治的レジームにおいてこそ，より目立ったものとなる」[28]．それゆえに低い正当性は（権力の地位を守るために）政治的理性に対して強硬な手段を要請するのである[29]．

信頼には社会的な次元もある．人々の間の信頼，恐怖，処罰を求める要求，といったものは相互に関連性がある．1960年代以降多くの西側諸国において報告されてきた信頼の低下[30]は，コミュニティの絆の弱体化，個人主義の上昇と「恐怖の文化」[31]の拡大などと関連があるのだ．連帯の絆が弱体化し

ているような世界においては，他人は友人ではなく見知らぬ他者として映るようになる．誰を信頼してよいのか分からない．個人のコントロールを超えた新たなリスクによって引き起こされ，増大していく不安感（feelings of insecurity）と一緒になった以上の動向は，犯罪に対する恐怖をはぐくむに当たって肥沃な土壌を提供するのである．犯罪はそこにおいて，ますます増大する不安やあいまいな脅威におそわれる全ての人々にとって，恐怖を投影したり，何らかのアクションを起こす上での格好の対象となる．犯罪と処罰は，効果的で包括的な目標なのであり，（メディアや政治家がわれわれにうまくそれを説得できた時にこそ）われわれは犯罪の原因や問題への対処の仕方を知るのである．信頼の低下と恐怖の増大は，手を取り合ってどこまでも行く．それゆえに，恐怖（図5-3の左図）は，信頼（同右図）と同様に，拘禁率との間に強い相関を見せるのである．

　信頼は，社会的凝集性や（インフォーマルな）社会統制とも関係している．一般化された信頼や人々の間の信頼は，社会的絆，社会的連帯といったものの指標の一つである．信頼の低下は，連帯の弱体化と統合度（togetherness）の低下を示す．そして連帯の弱体化は，より強硬なアクションが採られる可能性を示唆しているのである．

　他方で，信頼を寄せられたコミュニティは破壊的な社会的振る舞いからよりよく防衛される．そうしたコミュニティは，社会統制を行使する際に「集合的で，より効果的」である[32]．こうした力は，社会的ネットワークの存在，不法行為を妨げ規範遵守を支持するような共有された価値，などの広い意味での「社会資本」のもとに束ねられている[33]が，このことは信頼，連帯性，社会的凝集性といったものから，インフォーマルで効果的な社会統制へとつながるリンクが存在していることを示している[34]．

　最後に，制度に対する信頼と正当性もまた，規範遵守やそうした振る舞いを導くものであると言える．後期の手続き的正義の理論[35]と道徳の生成と適用に関する伝統的なスカンジナビアの理論の双方が，よく秩序化された社会における規範遵守は，恐怖ではなく内面化された（規範化された）動機づけに基づくものである，という考え方を強調する刑法に影響を与えている．そして，こうしたことが起こるための決定的な条件は，人々がそのシステムを公正かつ正当と感じていることである．恐怖や抑止ではなく，信頼や正当性を通して規範の遵守を支えようとするシステムは，その結果が示唆しているように，より厳

図5-3 信頼, 恐怖, 拘禁率

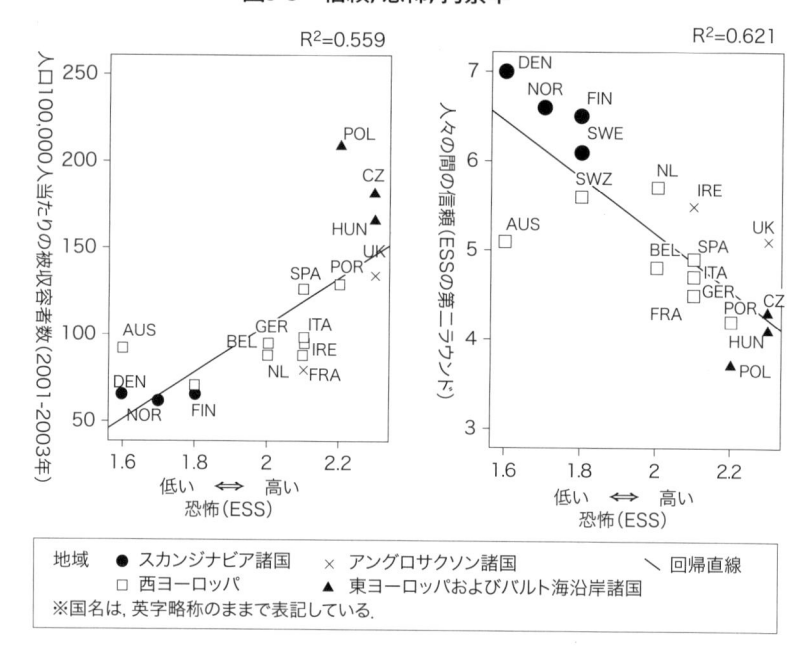

格でないサンクションでもうまくやっていくことができるのだ.

要約すれば以下のようになろう. 信頼と抑圧性のレベルとの関連性は, 同時に存在するいくつかの関係性の関数なのである. 制度的な信頼の欠如は, 政治的権威を維持するためのより見せしめ的な手段に向けた政治的プレッシャーを作り出す. 恐怖と関連した個人的な信頼の欠如は, 処罰を要求する声を高め, 上記のプレッシャーを高めてしまう. 他方において, 個人的信頼, コミュニティの統合性, 社会資本といったものの増大は, インフォーマルな社会統制を強化する. 制度的信頼や正当性に基づく規範遵守にも関連する以上のことは, フォーマルな社会統制や刑罰システムに頼る必要性を低下させるのである.

信頼は, 刑罰政策の輪郭や内容を説明する上でのキー変数の一つだと言ってよいだろう. 信頼を高め, 増進するような構造はそれゆえ, 検討するに値する一つの論点となる[36]. そのためには, われわれは政治経済にスポットライトを向けなければならない.

政治経済

　全てのものは政治的側面を有している．社会経済的要素，市民感情，もしくは信頼感といったものは，それ自体で刑罰実践に転化するものではない．結局のところ，拘禁率（と社会政策）は，所与の政治文化のもとでなされる政策選択と政治的行為の一つのアウトカムなのである．たとえば，アメリカ合衆国における刑罰上の変化は，政治システムの両極構造や，無党派層（swing voters）の影響力といった観点から説明されてきた[37]．それに対して，スカンジナビア諸国の寛容性は，政治的意思決定における労使協調的（corporatist）で合意形成的なモデルという観点から説明されてきている[38]．

1　政治経済の類型学

　合意形成的（コンセンサス）民主主義と多数決民主主義．政治理論において，民主的政治システム内の差異は，「合意形成的民主主義と多数決民主主義」の区別によって特徴づけられてきた[39]．これらの用語はそれ自体で主たる差異を言い表している[40]．「基礎的な民主主義原理」に関連して，多数決民主主義は，多数決原理に重きを置く．複数の中からの選択を命じるのは，あくまで多数派の意志である，ということだ．合意形成的民主主義の場合，単なる多数決を超えて政治参加を最大化しようと試みる点において，多数決民主主義よりも少しばかり先に行こうとする．多数決原理は勝者が全てを独り占めすることを意味するのに対し，合意形成はできる限り多くの観点を考慮に入れることを意味する．多数派によって動かされる政治が通常二大政党の競合と対決に基づくのに対して，合意形成によって動かされる政策は妥協を模索する．たとえばすべて（ないしほとんどの）政党に対して幅広い連立による行政権力の分掌を許したり，利害集団の広範な政治参加を認めたりといった形で，合意形成的モデルは，多数派のもとに権力を集中させるのではなく，さまざまな方法で権力を共有し，拡散し，抑制しようとする[41]．

　幾つかの制度的布置によって，これら二つのシステムは分類される．合意形成的民主主義は，典型的には多党制で，比例代表制の選挙システムを採り，少数与党政権か大連立政権である．政治的意思決定プロセスは合意形成によって特徴づけられるが，そこでは積極的に協働し合う，よく調整され，集

権化された諸利害集団との交渉が模索されるのである．

コーポラティズム（corporatism）とネオ・コーポラティズム（neocorporatism）．
分析の中に利害集団の参加という点を持ち込むことで，広範な政治過程や国家，協同組合，労働者，雇用者，労働組合といったものの関係性にまで視野を広げることができる．（ネオ）コーポラティズムの概念は，こうした過程の中の本質的な特徴をつかむためのものである．今日の政治科学や社会学においては，この概念は，典型的には規模が小さく，開かれた経済において生起する労働組合，民間セクター，政府の三つの部分からなるバーゲニング過程を指すものとなっている[42]．こうしたバーゲニングは，経済内で生み出された生産性ゲインを社会的パートナー間に公正に分配したり，景気後退，もしくはインフレ局面における賃金規制を強化することなどを志向している．ネオ・コーポラティズム的な布置においては，すべての労働者のためにバーゲニングを行う高度に組織化され，集権化された労働組合が必要とされる．近代のネオ・コーポラティズムの例としては，スカンジナビア諸国の集合的協約の枠組（the collective agreement arrangements）や，オランダのポルダーモデル（Poldermodel）の合意システム，アイルランド共和国の社会的連携（Social Partnership）システムなどが含まれる[43]．

これら二つの間には明らかな結びつきがある．合意形成的民主主義とコーポラティズムは，通常手と手を取り合って進行する[44]．スカンジナビア諸国は，合意形成的――もしくはコーポラティズム的――な（社会）民主主義の典型例であろう．スイスもまた，範例的には高度なコーポラティズム（キリスト教）民主主義に分類される．このグループには，オーストリア，ベルギー，フランス，ドイツ，イタリア，オランダなども含まれる．多数決民主主義（通常は非コーポラティズム的）国家としては，オーストラリア，カナダ，アイルランド，ニュージーランド，イギリス，そしてアメリカ合衆国が該当しよう[45]．

2　政治経済の影響（relevance）：ひとまずの所感

Lijphart（1999）自身の分析の中では，合意形成的民主主義は，民主主義の質，民主的代表制，そして「公共政策の志向性における情け深さ（kindness）と紳士的傾向（gentleness）」[46]などの点において多数決民主主義より優れているとされていた．合意形成的民主主義はまた，より平等な政治経済，拡大された参政権によっても特徴付けられる．さらには，Lijphartは，合意形成的

表 6-1　合意形成的民主主義国家と多数決民主主義国家における 1980 ～ 2004 年の拘禁率（人口 100,000 人当たり）の推移

	1980	1990	2000	2004	1980～2004年にかけての増加
合意形成的民主主義国家（11カ国）	66	67	76	88	32%
多数決民主主義国家（5カ国）	68	92	114	129	89%
アメリカ合衆国	221	461	684	724	228%

合意形成的民主主義国家：オーストリア，ベルギー，デンマーク，フィンランド，フランス，ドイツ，イタリア，オランダ，ノルウェー，スウェーデン，スイス
多数決民主主義国家：　　　オーストラリア，カナダ，アイルランド，ニュージーランド，イギリス

民主主義のもとではより刑務所への被収容者数が少なく，死刑の活用に関してもより抑制的になるということを見出した[47]．**表6-1**は，1980年から2004年までの間の合意形成的民主主義国家と多数決民主主義国家における拘禁率の経年変化を比較したものである．

合意形成的民主主義のほうが，寛容な刑罰政策とより強い関連性を有していることが分かる．1980年においては合意形成的民主主義に分類される11カ国と多数決民主主義に分類される9カ国は，ほとんど同水準の拘禁率であったのだが，引き続く25年間の間に，多数決民主主義国家が拘禁率を89％増加させたのに対して，合意形成的民主主義国家は32％しか増加しなかった．もしアメリカ合衆国を多数決民主主義に分類していたとすれば（実際そうすべきなのだが），両者の違いはより大きなものとなっていたことだろう．

3　政治経済を測定する

より細部に関する実証的（empirical）検証を試みるためには，操作化（operationalization）が必要になる．Lijphartは，利害集団の参加や集権化の度合い，政党の数，政府と議会との権力バランス，選挙システムの分類といった事柄に関連した一連の指標でもって，「合意形成的民主主義／多数決民主主義の性質」を測定した．Lijphartのサマリー指標（summary-index）である「行政—政党」（もしくは「ジョイントパワー」）と名づけられた指標やその下位指標[48]は，拘禁率と民主主義のタイプとの関連を（コーポラティズムの度合いと同様に）量的に測定することが可能であることを示唆している．その他の使用可能と思われる主な指標は，ルクセンブルク所得研究からとって

きたものであり，所得をめぐるバーゲニングの過程，組合の役割，利害集団の参加における集権性の度合いなど，11のネオ・コーポラティズム的な指標が用いられた[49]．図6-1は，Lijphartのもともとの指標（第一義的には，権力の共有の程度，利害参加，コーポラティズムの度合いを測定する指標であった）と，ルクセンブルク所得研究のネオ・コーポラティズム指標との関連性を示している．

合意形成的民主主義とネオ・コーポラティズムはともに，より寛容な刑罰政策との関連性を有している．決定係数（R^2）の値は，西洋諸国における拘禁率の分散の約50%が，民主主義のタイプとコーポラティズムの度合いによって説明されうることを示している．図6-2は，（西洋諸国だけではあるが）地域ごとの関連性を要約したものである．

合意形成主義，ネオ・コーポラティズム，刑罰の厳格さ，そして拘禁率間の関連性は，地域レベルにおいても保持されていることが分かるだろう[50]．

4 政治経済の影響（relevance）を説明する

それではなぜ，合意形成的民主主義やコーポラティズムが寛容さをもたらし，その逆の葛藤型（民主主義）は厳格さを生み出すのだろうか．

民主主義のタイプと抑圧性のレベルの間には**直接の関係と間接の関係の双方**が存在していると思われる．第一に，福祉国家は合意形成的でコーポラティズム的な環境の中で，より生き残りやすいように見える．合意形成的民主主義は，より「福祉に親和的（welfare friendly）」なのである．これは，部分的には，異なる種類の「トレードオフ」を可能にする，より柔軟な交渉手続きの結果であろう．「勝者がすべてを独り占めする」システムとは対照的に，「全員が（でなくともほとんどの者が）（少なくとも）何かを手に入れることのできるチャンスに包摂される」ような合意形成的な構造は，よりよいものといえるだろう．

加えて，確立された政治的伝統や構造と刑罰政策とのもっと直接的なつながりが存在する．それは，政治的対話空間（discourse）の基本的な特徴からもたらされるものである．合意形成的なモデルがバーゲニングと妥協に基礎を置いているのに対して，多数決民主主義は競争と対決に基礎を置くものである．後者の場合，亀裂が先鋭化し，論争が高まり，葛藤を招くことになる．こうしたことはすべて，政策の安定性や内容に対して，そして，システムの

図6-1 政治文化（Lijphartの指標），ネオ・コーポラティズム（LISの指標），拘禁率

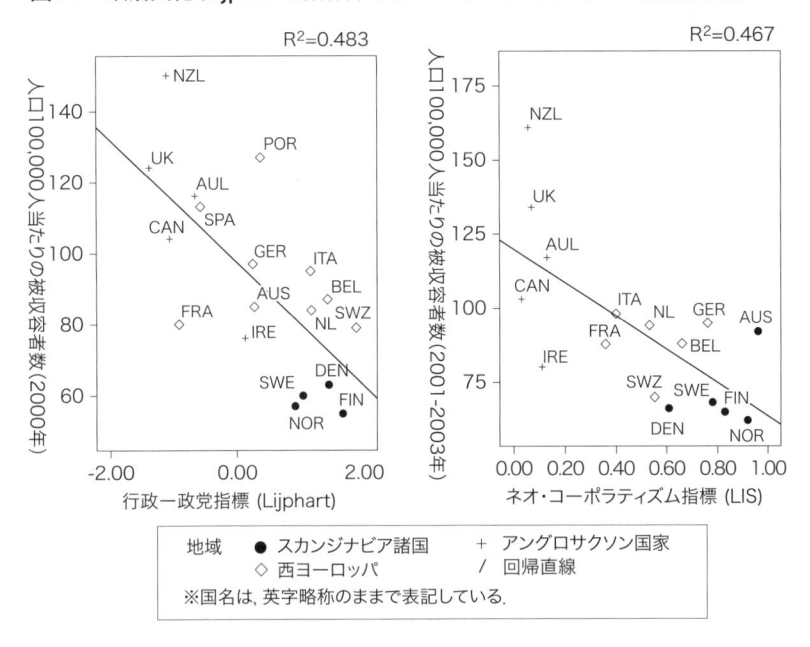

図6-2 地域ごとの政治文化と拘禁率

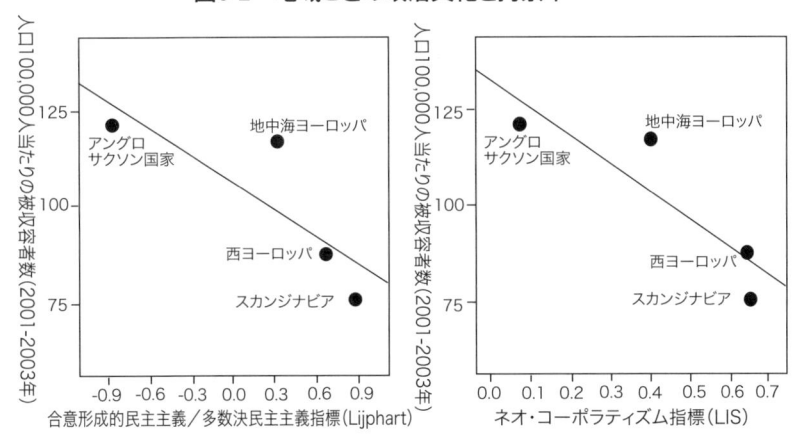

※四つの図のいずれも，右に行くほどコンセンサス的／ネオ・コーポラティズム的であるということを示す．

正当性に対して影響を与えているのである.

　合意形成的民主主義においては,自分と意見を異にする者との関係をつねに良好なものに維持する必要性がある.おそらくこうした良好な関係性は選挙後においても必要とされるだろう.スカンジナビア諸国の政治の中にあらわされているように,「政治にノックアウト勝利は決して存在しない.あるのは判定勝利だけだ」ということなのである.合意形成的民主主義においては,過去の政府が達成したことを批判するのは,成功ではなくむしろ失敗に終わることがより多いし,また,政策や改革がその過程においてできる限り多くの政党間の協働によって準備されていく,という事実からも,そもそも批判や不満がより高まりにくいのである.

　(合意形成的民主主義においては)「危機の語り (crisis talk)」も少ない.多数決民主主義や競争的な政党システムにおいては,野党にとっての主たる仕事とは,社会的・政治的危機を叫び,与党を権力の座から引きずりおろす火急の必要性があることを説得すること,である.そして,もしかりに政治的な仕事の主要部分が政府の政策を攻撃し,それを掘り崩すことに基礎を置いているとするならば,そうした仕事が,人々がそうした政策の中身や一般的な政治制度について考える際の考え方に対しても何らかの影響を与えていたところで,われわれは驚くにあたらないだろう.

　低いレベルの信頼は,それゆえ,葛藤的なモデルがより多くの批判を招いてしまう,という事実によって部分的は説明されるかもしれない.加えて,葛藤的な民主主義はしばしば,より攻撃的なメディアによって足を引っ張られているように思われる.このことに関しては,一つのかなりもっともらしい説明が可能である.すなわち,葛藤はよりよいニュースを創造する,ということ,賛成意見の開示に興味のある者はほとんどいない,ということなのである.こうした事実もまた,なぜ多数決民主主義がPenal Populismに対してより影響を受けやすいのか,そしてなぜ合意形成的民主主義がより低い拘禁率を示す傾向にあるのかについて説明する手助けをしてくれるだろう.

　合意形成はまた,**安定性と討議 (stability and deliberation)** を共にもたらすように思われる.1930年代から1990年代後半に至るまで,デンマーク,スウェーデン,ノルウェーでは短い中断をはさみながら社会民主主義者が政権の座を守ってきた.少数政権(閣外の野党との交渉が必要となる)か連立政権(内閣のパートナーとの交渉が必要となる)のもとでの合意形成的政治

文化と結びついたこうしたヘゲモニーは，空前の安定性を生み出してきたのだ．新たな政府が劇的な方針転換（spectacular turnovers）を行って耳目を引く必要はほとんどなかった．

　この安定性の一側面は，変化は毎日起きるものではない，ということだろう．そして，変化が起こったとしても，たいていは状況が一変するということにはならないということだ．合意形成的な犯罪政策は，急激かつ突然の方向転換ではなく，長期間にわたる一貫性と漸進的変化に対して大きな価値を置くのである．法律を制定する（The law drafting work）にあたっては，異なる利害集団を超えて，できる限り広範にわたる支持を獲得しようという努力が求められる．支持を調達するためには，予備的な局面においてすでに，法制定委員会（drafting committee）のメンバーとして異なる集団が代表されることになるだろう．最初の提議の後に，引き続いて小康状態が訪れ，この間に利害集団はそれぞれの公式な声明を用意するだろう．最後の提議においては，ここまでのフィードバックが考慮に入れられる．最終的な処理は議会におけるヒアリングにおいて行なわれるが，そこでは，改革に興味を持ち，改革によって影響を受ける個々の集団に対して，もう一度見解を表明するチャンスが与えられる．

　一般的には，改革作業には時間がかかるものだ．処罰システム（sanction systems）における主要な変化は何であれ，通常は数年間の試行期間の後に訪れる．こうした準備期間の間に，個々の集団には数回にわたって各自の見解を表明するチャンスが与えられる．こうしたことは明らかに，最終的なアウトカムにおけるそれらの集団のコミットメントの度合いを増大させる．

　フィンランドの法制定過程に関して言えることは，多かれ少なかれ，他のスカンジナビア諸国にも敷衍できる．無論，いくつかの相違はある．たとえば，フィンランド的な観点から見れば，スウェーデンの行政官は，より素早く行動し，「個別の問題解決（single problem solution）」を優先するように見受けられる．多くの評論家たちもスウェーデンの政治文化がすでに1980年代の間には変化していたことを報告している[51]．スカンジナビア諸国の間にはそのほかの相違もある．近く見えるものほど，その中に差異を発見してしまうものだ[52]．しかし，スカンジナビア諸国だけでなく，この中にイギリスも入れて考えてみると，スカンジナビア諸国間の相違は小さいものに見えるはずだ．そして，もしアメリカ合衆国までもこの中に入れるのだとすれば，北欧諸国はどの国も多

かれ少なかれ同一に見えてくるだろう．

けれども，今日の現実の法制定作業を考えるに当たっては特に，いくつかの但し書きをつけなければならない．EUによって，多くの定着した方針が転換された．フレームワーク決定の実施や，個々のEUの法律文書の要求と合致するように国内法を調和させることは，理性的な討議――ないしはこうした問題に対する一国の裁量――の余地をほとんど残さない．長い時間をかけた委員会活動や注意深い準備作業は，ブリュッセルへの二日間の旅にとってかわられてしまった．原理的な討議や異なるオプションに対するエビデンスに基づいた評価は，政治的な議論とシンボリックなメッセージに置き換えられた．こうしたことすべては，犯罪政策の政治化という明らかなリスクを生じさせるが，それはスカンジナビア諸国においても例外ではないのである．

刑罰政策における社会的，政治的，経済的，そして文化的コンテクスト――その概観

比較分析は，拘禁率の違いは，犯罪の違いによって説明することができない，ということを示唆している．そうではなく，刑罰の厳格さは福祉給付の程度，所得の平等性や信頼，政治的・法的文化の違いに強く関連しているように思われるのだ．分析の結果はまた，以下の見解を支持している．スカンジナビア諸国の刑罰モデルは，強大な福祉国家と同様に，合意形成的でコーポラティズム的な政治文化，高いレベルの社会的信頼，政治的正当性といったものにその根を置いている．こうした異なる要素は，直接的かつ間接的に，刑罰政策の内容に影響を与えているのである．

刑罰の寛容さと福祉国家とのつながりはほとんど概念的なものである．福祉国家とは，連帯と社会的平等を重視するものである．他者の福祉に関心を払うような平等な社会は，社会的距離が大きいゆえに重い処罰が「他者」やアンダークラスにのみ科されるような社会と比較して，自らの社会の仲間（co-menbers）に対して重い罰を科そうとはしないだろう．社会的距離が増せば，それだけより強硬なアクションに向けた傾向も強まるのに対して，平等性が増せば，それとは反対の傾向が強まる．より具体的にいえば，福祉国家は拘禁刑に対する実行可能な代替案を提供することによって，抑圧性の低い政策を維持し得ている，ということになる．幅広く，潤沢な社会的サーヴィ

スのネットワークは，それ自体が効果的な犯罪予防としばしば同様の機能を果たすのである——かりに（デイケアや親業訓練，機会均等の発想に基づく公教育システムといったような）社会的サーヴィス諸実践の中にそのような動機付けがほとんどないとしても——．

　間接的な効果は，社会的・経済的保障，恐怖の低減，処罰的対応の抑制，そして特に福祉国家によって支えられ，維持される高い社会的信頼と政治的正当性を促進することを通してもたらされる．ここでは，福祉国家レジームもまた重要である．ニーズに依拠した選択的な社会政策は，「他者（other people）」——周縁化され，自らの境遇を自己責任化されているような者たち——に関わりを持つが，こうした中では，猜疑と不信感が育まれていく．それに対して，全ての者に富を割り当て，社会的平等を保障し，人々の間に区別を設けない普遍的な社会政策は，異なる道徳的ロジックを有しているのである．社会政策はそこで，われわれ全てに関わりを有する．社会政策を巡る議論は，われわれが共通の問題を解くための努力なのである．こうしたことは全て，社会的信頼にとって強力な支持を提供する．さらに加えて，福祉国家やそれが促進する社会的信頼の感情によって担保された社会的・経済的保障が，寛容性や低レベルの恐怖，より穏当な処罰的対応といったものを維持するのである．

　リベラルな政策や低い拘禁率は，合意形成的，コーポラティズム的，交渉的な政治文化の付随的産物でもある．これらの文化は多くの多数決民主主義に比較して，第一義的に「福祉に親和的」である．刑罰政策と政治文化との直接的な結びつきは，政治的対話空間（discourse）の基本的な特徴からもたらされるものである．合意形成は，**安定性と討議**をもたらす．そこでは政治的変化は漸進的なものであり，政治的リーダー（crew）が一度に総入れ替えとなるような多数決型のシステムのように全面的なものではない．合意形成的民主主義においては，新たな政府が劇的な方針転換（spectacular turnovers）を行って耳目を引く必要はほとんどない．合意形成的な犯罪政策は，急激かつ突然の方向転換ではなく，長期間にわたる一貫性と漸進的変化に対して大きな価値を置くのである．合意形成的なモデルがバーゲニングと妥協に基礎を置いているとすれば，多数決民主主義は競争と対決に基礎を置いている．多数決民主主義は亀裂を先鋭化させ，論争を高め，葛藤を促進する．政治システムの正当性と同様に，概してこうした要素は安定性と政策の内容に影響

図7-1 社会的・政治的・経済的・文化的コンテクストにおける刑罰政策のモデリング

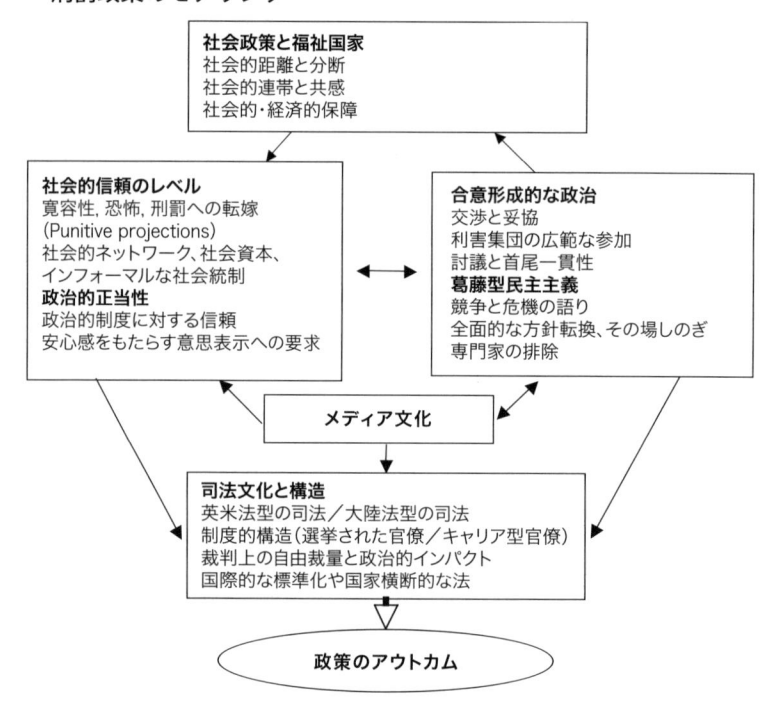

社会政策と福祉国家
- 社会的距離と分断
- 社会的連帯と共感
- 社会的・経済的保障

社会的信頼のレベル
- 寛容性, 恐怖, 刑罰への転嫁 (Punitive projections)
- 社会的ネットワーク, 社会資本, インフォーマルな社会統制

政治的正当性
- 政治的制度に対する信頼
- 安心感をもたらす意思表示への要求

合意形成的な政治
- 交渉と妥協
- 利害集団の広範な参加
- 討議と首尾一貫性

葛藤型民主主義
- 競争と危機の語り
- 全面的な方針転換、その場しのぎ
- 専門家の排除

メディア文化

司法文化と構造
- 英米法型の司法／大陸法型の司法
- 制度的構造（選挙された官僚／キャリア型官僚）
- 裁判上の自由裁量と政治的インパクト
- 国際的な標準化や国家横断的な法

政策のアウトカム

を与える．危機の語りが上昇し，批判が噴出し，短期的な解決や，公衆の要求に対する直接のアピールが増えていく．要するに，合意形成的な政策こそが，論争を収め，危機の語りを低いレベルに抑え，ドラマティックな転換を抑制し，そして，長期的に首尾一貫した政策を維持するのであり，言い換えれば，合意形成的民主主義は，政治的ポピュリズムの影響を受けにくいのである．

　刑罰政策の内容に影響を与えるさまざまな要素間の相互作用を示したのが**図7-1**である．

　これら三つの基本的要素（福祉，信頼，政治経済）に加えて，他に幾つか注目に値する要素が存在する．その一つは，人口動態のような構造的要素である．人口上の同質性はリベラルな刑罰政策の実施を容易なものとするが，その成功を保証するものではない（同様に，多文化主義も厳格なレジームを必

ずしも導くわけではない）[53]．地理的な条件も時として重要となる．北欧諸国の協働体制に関連してフィンランドが脱収容化（decarceration）を促進したことを想起されたい[54]．

より注目に値する一つの要素として挙げられるのが，**メディアとメディア文化の役割**である．世論と市民感情は，政治的意思決定者，特定の利害関心，ニュース・メディアといったものの相互作用の中で形成される[55]．世論はメディアによる演出と政治的決定の両方の影響を受ける．センセーショナルなメディアは公衆の間に恐怖と不信頼をはぐくむ．それは処罰的な公衆からの圧力を強めもするだろう．同時に，メディアは政治に対する自身の好き嫌いを表明する．政策立案者が公衆の要求に注意を払うやり方が複数あるのと同様に，市民感情が政策立案者に伝達されるあり方も複数存在する．もし政治システムが応答的で適応的な（adaptive）役割を引き受けたとすれば，メディアは直接的かつ間接的に（公衆の要求に訴えることによって）政策のアウトカムに影響を与え，それを作り出すことになるだろう[56]．

司法構造や司法文化も，とりわけ大陸法と英米法（common-law）の国々の違いを説明する際には重要となる．啓蒙の遺産と分割された国家権力が，大陸やスカンジナビア諸国の裁判所を政治的介入から守っている．刑事司法官僚（検察官〔prosecutors〕，裁判官〔judges〕，保安官〔sheriffs〕，州知事〔governors〕）が政治的に選挙されるアメリカ合衆国の司法システムは——対極としての例ではあるが——日々の裁判実践やローカルな政治的選択に対する近視眼的なポピュリストの影響をより受けやすい．人々の意向を反映させるべきだとの要求があることは，司法制度が世論や組織化された利害集団に密接に結びついていることを示すものである[57]．こうした相違は，裁判上の自由裁量を構造化する上での異なるテクニックによっていっそう強化される．立法府が地域ごとの大枠のみ決定し，残りは独立した裁判官の自由裁量に任せられているようなスカンジナビア諸国や大陸諸国の裁判構造は，裁判上の細かな指示を与えることができるような権力を有する，政治的に選挙された体制に比較して，近視眼的で根拠に欠ける政治的介入に対する脆弱性がより低いように思われる[58]．

加えて，刑事司法の諸手続きの様々な細部は，裁判政策に対してインパクトを有するだろう．広く行き渡った被害者問題というインパクトのある論点は——大陸法システムの中においてはこうした形態では知られていないのだ

が——，裁判プロセスに対して様々な影響をもたらすと思われる．スカンジナビア諸国の司法過程（において），被害者の権利は裁判所において個人的復讐を行なう権利ではなく，彼／彼女の被害や喪失を賠償させるための可能性と関連するものである[59]．被害者の賠償申し立てはつねに同様の手続きでもって，犯罪事案とともに取り扱われる．これらの申し立ては，被害者のために，検察官によって配慮されることになる．賠償申し立てに対する適切な配慮は，求刑にあたってそれを減免するようなインパクトを持つかもしれない．

　法律家の訓練，司法専門性，そして専門的スキルといったものも同様に重要である．裁判官や検察官は，犯罪学的な知識という点において，個人的にも，異なる司法制度においても，互いに異なる知識を有していることだろう[60]．訓練された専門的裁判官がいる国や，大学の法学部にカリキュラムとして犯罪学が導入されている国は，犯罪や犯罪政策のような問題に関する広範で深い理解を有する裁判官や検察官が存在していることが期待できる．こうした専門性は，専門的な訓練プログラムや裁判官のための組織化されたセミナーや会合等によって促進されるだろう．この種の活動や情報交換活動を司法組織がどのくらい導入しているかについては，明らかに司法制度ごとに異なる．研究共同体と司法組織との効果的な連携は，裁判や刑罰実践における犯罪学的な知識のインパクトを増そうと思うのであれば，不可欠である．

　最後に，「特定の国家に対する例外論（country specific exceptionalism）」の余地を残しておく必要がある．刑罰実践の多くの部分が，これら一般的な社会的・政治的・経済的・文化的要素を参照することによって説明することができる一方で，それらのインパクトは単純な統計モデルでは要約することが難しいものでもある．これらの要素は，異なる一時点において，異なる場所で，異なる結びつきの中で見出されるものであり，想定される関連性も，アトム的なものでもなければ，機械的なものでもない．効果は文脈相関的なものであり，多くの国々はユニークな変化を経験しているはずなのである．個人やエリートといった要素も重要だろう．刑罰政策は時として個人の専門家，オピニオン・リーダー，政治家などによって強く影響を受けることがある．この種の個人によるパーソナルかつ専門的な影響は，フィンランドのような小国においてより発現しやすいものかもしれない[61]．

スカンジナビア諸国における刑罰政策の現在
―― そして未来？

　北欧諸国の刑罰政策は，明確な社会政策への志向性を有するプラグマティックで非道徳主義的アプローチの一例であった．それは北欧の福祉国家的理想という価値を反映しており，そこでは犯罪に対する対策と同様に，社会的周縁化や不平等に対する対策も機能していた．つまりそこでは，犯罪統制や犯罪政策は，単に危険な個人を統制するという問題ではなく社会正義の一部なのだ，ということが強調されているのである．これらのリベラルな政策は，大部分において，豊かな福祉国家や合意形成的でコーポラティズム的な文化の副産物でもある．これらの構造的条件は，寛容な政策を実現し，維持してきたほか，拘禁刑に対する実行可能な代替案を発達させることを可能にし，信頼と正当性を促進してきた．こうしたことはすべて，象徴的なアクションを求める政治システムの圧力を和らげてきたし，恐怖と抑止の代わりに正当性と受容に基礎を置く規範の遵守を可能にしてきたのである．スカンジナビア諸国の寛容性を説明するその他の要素としては，専門家の強大な影響力，（かなり）分別のあるメディア，人口動態上の同質性などが存在していた．

　しかしながら，ここ5〜10年の間に起こってきた変化は，次のように問うことを避けられないものとしている．上述したようなことはすべて，いまや終わりを迎えたのか？　これらの変化の本質は何か？　こうしたことは外在的条件の変化の帰結なのか，それとも政策上の選好が変化した兆しなのか？

　未来はいかなるものか？……．紙幅の関係上，あくまで仮説的だが，それらの問いへのリプライを試みてみよう．

　刑罰政策のような複雑な現象に関する，複数の国々をカヴァーした上での全般的評価分析は，いかなるものであれ不正確なものか，誤解を招きやすいものか，はたまたありふれたものになるリスクに直面する．指標としての拘禁刑の活用もまた，われわれが自分たちのイメージに焦点化しようとするにつれて，その妥当性を失い始めてしまう．質的な指標も盛り込まれる必要があるが，その場合はさらに多くの解釈の余地を残してしまうだろう．それでも，次のような主たる結論を支持する十分なエビデンスがあることも事実である．つまり，もしわれわれがスカンジナビア諸国すべてに目を向けるのであれば，犯罪政策はより攻撃的になり，より政治化され，よりメディアの見

解や声に影響されるようになりつつあるということ，そして，より代替的な (diverting) 見方が現れ，より多くの関係者が問題に関与するようになり，伝統的なやり方への賛同者がいっそう減少しているということ——．こうしたことすべての帰結の一つは，刑罰専門家の役割が後退し，部分的には草の根の知識，影響力のある利害集団の見解，政治家それ自体などに取って代わられたことである．EUの拡大と，政治的に動かされるEU加盟国間の刑罰行政の統合に向けた努力は，おそらくこうした変化に寄与する最も重要な単一要因かもしれない．それは，法制定過程の質を損なってきたし，刑罰による抑圧の量を増大させてきた．こうしたことが，北欧の学者たちの大部分が（EU内域での）刑法の統合に向けた政治的企てに対して，かなり批判的なスタンスを取り続けている基本的な理由となっている[62]．

いったいこの変化はどのくらい深く，広範な変化なのだろうか．拘禁率の変化（約40％の増加）は，これが**相対的に見て深刻な変化である**という語りを（少なくとも）正当化するものであろう．絶対的に見れば，また，比較の視点から見れば，状況は不安になるほどのものではないように思われる（100,000人当たりの被収容者が，60〜65人から75〜80人に増えた）．これらの値は今のままのレベルで安定してしまうのではないかと思わせる気配もある——ひょっとしたらの話だが．

量的な指標は，図表の中ではより多くのニュアンスを付け加えるかもしれないが，一般的な傾向としては同じままだろう．注意深く見てみれば，国ごとに明らかな差異を見出すこともできる．変化の程度と度合いも，どういったデータによるのか，どの国々が分析対象に含められたのか，ということによって異なってくるように思われる．フィンランドの刑法改革委員会の最新の報告書を読んだ者であれば，「『理性的で思いやりのある犯罪政策』の基本的原理は捨て去られてしまったのか」という問いに対する答えは，明らかにノーであろう．けれども，（特に1990年代初頭の）スウェーデン，（1990年代後半の）フィンランド，（2000年代初頭の）デンマークの（保守的な）法務大臣の声明を読んだ者は，それとはかなり異なるイメージを描くかもしれない．

そうだとすれば，最も深刻な変化を被ってきている問題とは何だろうか．指標が「政治化の度合い」であれば，答えは明白だろう．薬物，セックス，そして（そのための）暴力の問題である．これらの問題に関して言えば，近年において刑罰的な統制を強化するための25から30を超える法改正案が通過し

てきた.薬物問題に関しては,北欧諸国は(その時点で)最も厳格なシステムの例に倣う形で,互いに張り合うような実践を展開してきた.ノルウェーは1970年代初頭にレースを開始したが,すぐにスウェーデンがそれにとってかわった.こうした「アクセルパワー(axel-powers)」のプレッシャーのもとで,その他の国々は追随していくことになった.最後の事例は2000年代初頭のデンマークである.この道徳主義的でポピュリスト的なレトリックのスパイラルは,それに対する批判が法的,医学的,社会的な専門家の間でそれぞれ広範に共有されているにもかかわらず,打破するのが非常に困難である.

薬物関連法は,政治的に動機付けられた刑罰政策の最も明らかな例であると同時に,現代のスカンジナビア諸国の犯罪政策における明らかに最も例外的な立法である.同様のことが性犯罪や暴力犯罪の領域でも,いくつかの側面において生起してきている.これらの改革は,特にスウェーデンとデンマークにおいて,政府による政治的「達成(achievement)」のリストの中に,目立った位置を占めるにいたっている.刑法やそのますますの厳格化は,異なる性別間の平等をめぐる問題となってきており,こうした改革に抵抗することを政治的に非常に難しいものとしている.統制を強化することに対する賛同の声は,組織化された犯罪——特にバイク盗——と戦う必要性によってさらなる支援を得ることになる.伝統的で,公平中立的で,エビデンスに基づいたプラグマティックな刑罰政策からのこのような逸脱は,実際上の重要な帰結をもたらしつつある.拡大する薬物統制は,スカンジナビア諸国の拘禁率の増加のうち,半分以上の部分に対して責任をおっている.薬物と暴力を合わせると,増加分の約75〜80％を説明することができるほどだ.それに対して,性犯罪——性犯罪は政治的に最も目立つ(visible)犯罪である——の占める割合は,より穏当なレベルのままで推移している.

犯罪政策は,スカンジナビア諸国において確かにその政治的性格を強めてきているといえる.しかし,現在の政策は実際には**どのくらい**ポピュリスト的で,**どのくらい**処罰的なのだろうか.もう一度言えば,それは多くの面において判断基準をどこにおくかにかかっている.スカンジナビア諸国の評論家にとって処罰的な対応の一つの例として感じられるものは,イギリスやアメリカ合衆国の読者にとってのそれと同じものではないだろう.強姦の刑期が2年から2年半へ,6カ月ほど期間延長されたことは,フィンランドにお

いては非常に大きなことであるのに対して，他の国々においては必ずしもそうではないだろう．「理性的で思いやりのある犯罪政策」というキーワードは，政治的レトリックや公的声明の中からは消え去ってしまったが，抑圧的な司法や，公的な侮辱（public humiliation），個人の社会的および政治的権利の否定といった事例は，ノルウェーの刑罰政策において著しく不在なのである．犯罪統制の問題は，かつてないほどに政府レベルで議論されているが，そうした議論の多くは，刑法に関わる議論ではなく，社会的・状況的予防に焦点化する犯罪予防プログラムに関する議論として生起している．2006年度における最初の暴力の予防に向けた国家計画（National Program for Preventing Violence）においては，社会的周縁化への対策を鍵となる要素として定義しているのに対して，刑法に関してはほとんど触れられていない．

　国家間における政治化の度合いにも，同様に違いがある．スウェーデンとデンマークにおいて，刑罰上の問題は国勢選挙において主要な争点となったのに対して，フィンランドの2006年大統領選挙において全くと言ってよいほど争点にならなかった．政治システムですら，異なった反応を見せるように思われる．スウェーデンの政治領域は，ますます明白に二つのブロックに分割されるようになってきているように——それゆえ，ますますアングロサクソン国家型の二極構造に似てきているように——見える．スウェーデンにおいては，法務省が2011年までに1,750もの新たな刑務所を建設することを約束したが，同省のウェブページでは，「ヨーロッパの他のどんな国々よりも積極的」に新たな刑務所が建設されていることが，スウェーデン矯正局（Sweden prison administration）によって誇らしげに主張されている．フィンランドでは財務省が新たな刑務所に出資することを拒絶してきたため，法務省は「拘禁率をコントロールすること」が2007～2011年における一つのキー・ターゲットなのである，と宣言しているほどだ．少なくともフィンランドにおいては，真剣な注目に値する問題として，もう一度過剰収容問題が政治的で公共的な議論になってきていることを示唆するいくつかの兆しがある．

　けれども，犯罪に関する政治領域上のアクターの構成変化は，状況を不安定なものとしてきてもいる．公務員と刑罰専門家の力強い関与によって保障されてきた長期に渡る首尾一貫性は弱まっており，刑務所人口を減少させようとするある年の計画は，翌年にはそれとは異なるものに変更されているという有様である．しかしながら，「刑罰政策における専門的知識の終焉」と

言ってしまうのは悲観的過ぎるかもしれない．政治——犯罪政策にかかわる領域以外なら何であれ——における一つの主要な文化的変化が，調査に基づく知識と結びつきながら，社会的・政治的計画において重要性を増してきているのである．（政府の計画からはじまる）すべての主要な政治的計画は，「知識」を鍵となる要素として定義しており，そこでは，「競争的な福祉国家」の発展が組み込まれなければならない．「社会的・技術的革新の登場をサポートする」ようなインフラの建設は，今日のスカンジナビア諸国の政府にとってマントラ（お題目）となっている．疑いようもなく，こうしたプログラムの起草者は彼らの心の内に，「理性的で思いやりのある犯罪政策」以外の何らかのイメージを持っている．けれども，エビデンスに基づく政策を促進しようとする一般的な傾向は，これと同じロジックが刑罰政策に対しても適用されるべきだとする要求にとっての，一つの土台を提供するものであろう．

　ボトルには水が半分も入っていると言うべきだろうか，それとも，半分しか入っていないと言うべきだろうか．最近の変化にもかかわらず，まだ楽観論の余地は残されているかもしれない．とりわけ，（こうした変化の後ですら）拘禁率はいまだに低い．また，多くの他の刑罰システムがたどった道のいずれかを選ぶしかないというわけではない．アメリカ合衆国とイギリスにおける過剰収容を説明する社会的・政治的・経済的・文化的背景や条件が極めて希薄である，という点は，あらゆるスカンジナビア諸国に関してあてはまる．北欧の福祉国家によって保障されている社会的・経済的セキュリティは，寛容な犯罪政策を社会的にバックアップするシステムとしていまだに機能している．裁判官と検察官はこうした問題に専門家として関わるキャリア官僚であるし，これからもそうだろう．北欧の政治文化は，いまだに交渉を駆り立て，専門的意見の価値を認めている——少なくともそうでありたいと希望している．

　幸運なことに，これは単なる希望の問題ではない．一般的に理性的かつプラグマティックで責任ある議論に価値を置く政治文化において，できることは多い．われわれは，政治家や実践家，市民に対するより多くのよりよい情報を生産することによって，ポピュリスト的なポーズを超えた理性的な政策形成に向けた前提条件を向上させけれ ばならない．われわれは刑罰的ディスコースにおいても，政治的アカウンタビリティの規範的ルールを適用する必要があるのだ．政治的生活においてはどんな場面であれ，計画や提案がコス

トや利益，可能な代替案等の見積もりなしに表明されることはない．しかしながら，なぜこれが犯罪政策（そこでは決定されたことが法的に保護された基本的権利を侵害するし，莫大な費用もかかる）において許されてしまうのだろうか．また，われわれは，一般的に考えて政治においては，ポピュリズムや政治的にシニカルな点数稼ぎ（score-hitting）に対する——もしそれが暴露された場合には——嫌悪感情が普及している，という事実を見逃すべきではない．ポピュリズムを暴露し，ポピュリストの提案に見られる権利主張上の過度の単純化や嘘の前提，両岸的な価値コミットメントを指摘することは，あらゆるPenal Populistに対する政治的対抗勢力の手に，重要な知的武器を与えるのである．

［訳注］

1 incarceration ratesやprisoner(s) rates, imprisonment ratesといった用語に関しては，本論文ではまとめて「拘禁率」と訳している．それらは共通して，特定人口当たりの被収容者数をしめしている．

2 「レジーム（regime）」は，矯正処遇に関連した文脈では，規律や管理体制を含む（処遇）環境に近い意味で用いられるなど，多義的な言葉である．本論文において，筆者であるLappi-Seppäläは，福祉国家体制の分岐に関する類型論（福祉レジーム論）を展開したEsping-Andersenの議論を援用しながら，それとほぼ同様の類型化が拘禁率に対しても可能であることを指摘している．本論文でも述べられているように，Esping-Andersenの福祉レジーム論では，各国の福祉国家体制が，主に「自由主義レジーム」「保守主義レジーム」「社会民主主義レジーム」という三つに類型化され，分析される．筆者の言う「刑罰レジーム」という仮説的概念は，上記の福祉レジーム論における国家間比較（レジーム間比較）との類比において導かれたものだと理解することができよう．

［注］

1 日本に加えて，カンボジア，インドネシアはアジアに，スロベニア，スイス，イタリア，アイルランドはヨーロッパに含まれている．詳細な比較に関しては，本書第3章所収のJohnson論文を参照．

2 特に，Garland (2001), Tonry (2004) を参照．

3 Lappi-Seppälä（近刊）を参照．サンプルには，16カ国の西ヨーロッパ諸国，3カ国の東ヨーロッパ諸国（チェコ，ハンガリー，ポーランド），2カ国のバルト海沿岸諸国（エ

ストニア，リトアニア），4カ国のヨーロッパ以外のアングロサクソン系国家（アメリカ合衆国，カナダ，ニュージーランド，オーストラリア）が含まれている．これらのサンプルは主に西側の先進民主主義国家に焦点化しているが，十分なデータが利用できる東ヨーロッパ諸国やバルト海沿岸諸国からもサンプルが選ばれている．従属変数として用いられるのは人口100,000人当たりで測定された拘禁率であるが，拘禁率に関する情報は，KCL (http://www.prisonstudies.org/)，ヨーロッパ監獄情報会議紀要（Council of Europe Prison Information Bulletins），Sourcebooks (1995, 2000, 2006)，SPACE I，各国の公式統計，そして様々な調査報告等から得ている．拘禁率を説明する主な変数は，「恐怖」，「厳罰的傾向（punitivity）」，「信頼度（ICVS，EU ICS，ESS，WVS等のサーベイデータによって測定されている）」，「所得の不平等」，「社会福祉支出（LIS, Eurostat, UN, EUSI, OECD等のデータを利用している）」，「政治文化」，「コーポラティズム」（政治関連変数に関してはLijphart (1999)，Huber et al. (2004) を参照）などである．典拠に関しては，Lappi-Seppälä (2008) でより詳細な議論を行っている．データ利用上の制約により，日本のデータは横断的比較分析には含まれていないが，本論文の記述のある部分は，日本の状況に照らしてもレリバンスを有していると思われる（特にJohnson (2007) を参照）．

4 より詳細に関しては，Blumstein et al. (2005) を参照．
5 分析の中に日本を含めてしまうことは，この観点から見ると問題がある．高い拘禁率 (imprisonment rates) と死刑の活用は通常手と手を取り合って進むものである（アメリカ合衆国の場合のように．この相関関係についての詳細については，Lappi-Seppälä (2008) を参照）．しかし，日本は活発な極刑の活用の一方で拘禁率は低い，というようにこの点からみた場合の例外を構成している．異なる刑罰文化を持つ国々を俯瞰してみても言えることだが，このことは刑罰の説明における一般化されたモデルとシンプルな指標化には限界があることを示している．
6 こうした意味もあって，表3-1ではより深刻な犯罪に関する別々のカラム（BとE）を儲けている．そこで示されている通り，英語圏の国々における高い拘禁率は，部分的にはこの種の犯罪による被害率の高さによって説明されるだろう．
7 より詳細に関しては，Westfelt & Estrada (2005) を参照．
8 例えば，Greenberg (1999)，von Hofer (2003)，Sutton (2004)，Ruddell (2005) などを参照．
9 Greenberg (2001：70)．
10 最も有名なものとしては，Garland (2001)．Cavadino & Dignan (2006) の21頁以下

における議論も参照のこと．

11 所得分配の「公正」さはジニ係数によって測定される．この指標は，実際の所得分配が「理想的」で公正な所得分配からどの程度隔たっているかを示している（0＝完全な公正，1＝完全な不公正）．所得の不平等と拘禁刑との関連性に関しては，Killias (1986) や Tham (2005) も参照．

12 東側諸国のうち少数に関しては，一般的な結論を出すことはできない．バルト海沿岸諸国は，旧社会主義国家とは異なるパターンをたどっているように思われる．

13 時系列的な変化の詳細に関しては，Lappi-Seppälä (2008), Downes & Hansen (2006) を参照．アメリカ合衆国における同様の結果に関しては，Beckett & Western (2001) を参照．

14 Vogel (2003) は，以下のような区別をしている．北欧グループ（スカンジナビア諸国），そこでは，高いレベルの社会的支出，労働市場への参加，弱い家族の紐帯，相対的に低いレベルの階級・所得の不平等，低い貧困率が見られる一方で，若い世代と高齢世代との間の高レベルの不平等が存在する．南欧グループ（ギリシャ，イタリア，ポルトガル，スペイン），そこでは，福祉国家的給付の水準がかなり低く，低い雇用率，強い家族の紐帯，高レベルの階級・所得の不平等と貧困が見られるが，世代間不平等は小さい．西欧グループ（オーストリア，ベルギー，フランス，ドイツ，アイルランド，ルクセンブルク，オランダ，イギリス），このグループは前二者の中間型であるが，イギリスは所得の平等度，貧困，階級間不平等において南欧グループとほぼ同様の水準となっている（Vogel (2003) や Falck et al. (2003) を参照）．Castles (2004) の 25 頁以下でも同様の分類がなされているが，そこではスイスが特殊なケースとして扱われている．

15 これまで，比較福祉理論は主に西側諸国に焦点化してきた．そこでは，旧社会主義国家とほとんどのアジア諸国の双方が分析上看過されてきた．

16 Greenberg (1999：297)．

17 これに関しては，Hudson (2003) の 51-52 頁と参考文献を参照．

18 Simon (2007) の 23 頁を参照．こうしたリスクの均衡 (balancing) は，1970 年代のフィンランドの犯罪学理論において，「公正な分配」という一般的な政策意図の内に明白に表明されていた (Lappi-Seppälä (2001) を見よ)．

19 Hudson (2003：74)．

20 Garland (2001：47-48)．

21 Killias (1986) を参照．

22 Garland (2001) の 103 頁以下を参照．

23 Tonry (2004) の41-44頁と参考文献を参照.
24 Pratt & Clark (2005) を参照.
25 人々の間の信頼(「一般化された信頼」)は,以下の質問によって測定されている.「あなたはほとんどの人々は信頼できると思いますか,それとも,人々と相対する際にいくら警戒してもし過ぎることはないと思いますか?」(0を「いくら警戒してもし過ぎることはない」,10を「ほとんどの人々は信頼できる」とする).制度に対する信頼は,次のように尋ねられている.「あなたは,個人的に以下の制度に対してそれぞれどのくらいの信頼を置いていますか.「国会」,「法システム」,「警察」,「政治家」.それぞれ0〜10の数値でお答えください」(0を全く信頼していない,10を完全に信頼している,とする).
26 主要変数相互の相関関係や関連度についての詳細は,Lappi-Seppälä (近刊) において探求されている.
27 Fukuyama (1995:11).
28 Garland (1996:462).
29 信頼の喪失は,刑罰政策に対してインパクトを持つその他のメカニズムを引き出す原因ともなる.Pratt & Clark (2005) は,ニュージーランドにおいて,政治システムに対する信頼が劇的に低下したことや,(移民数が増加したこととあいまって)不安感が増大したことが——それらはメディアにおける広範な犯罪報道によって促進されたのだが——,刑事司法システムの硬化を主な標的として設定する新たな利害集団の登場を促したことを記述している.新たに創設されたCIR (Citizens Initiated Referendum) は,こうした集団が政府の政策に対する直接のインパクトを行使できるように,それらに対して一つの回路を提供するものともなったのであり,諸利害集団は事実インパクトを行使したのだった.
30 LaFree (1998) を参照.
31 Furedi (2002).加えて,信頼と福祉の相互関連性に関する先述の議論を参照.
32 Sampson et al. (1997) は,「『共通善のために在ろうとする思いと結びついた近隣同士の社会的凝集性』として定義される集合的共感性」に言及している.
33 社会資本は,「人々の間のネットワークやそうしたネットワークから生まれる共有された価値のパターンや強度」のように表すことができるだろう.社会資本の定義は変化しうるが,主な側面としては,シティズンシップ,隣人愛 (neighborliness),信頼と共有された価値,コミュニティ・インボルヴメント,ボランティア,ソーシャル・ネットワーク,市民参加 (ONS:http://www.statistics.gov.uk/socialcapital/) といったもの

である．Kubrin & Weizer (2003) も参照．そこでは，社会統制と社会資本という概念がほとんど同義的に用いられている．

34 Gatti *et al.* (2003) は，社会的連帯と信頼が子どもの社会統合をいかに促進するか，そして，犯罪行為をいかに低減させるかについて報告している．

35 Tyler (2003) を参照．

36 政策上の観点から言えば，信頼と刑罰の厳格さとの間の関連が見出されたことは，関係者にとって，刑事司法システムの正当性や機能に関して考慮すべき何らかの課題を与えずにはおかない．重罰化のようなことは，失われた信頼を取り戻し，正当性を促進するためのうまいやり方とはいえないように思われる．

37 Caplow & Simon (1999) や Tonry (2004) の38頁以下を参照．

38 Kyvsgaard (2001)，Bondeson (2005) や Cavadino & Dignan (2006) の149頁以下などを参照．

39 Lijphart (1999)．

40 しかしながら，Lijpahrt (1998) は適切で混乱のない概念化にはいくつかの困難がある，とも報告している．

41 Lijphart (1999) の34頁以下を参照．

42 コーポラティズムの歴史的ルーツは，古のギルド制度や，その多くが社会主義イデオロギーの影響に対抗するべく組織された20世紀初頭のイタリアの労働組合にまでさかのぼる．そして，その概念は20世紀末の政治経済理論によって改訂された．後継概念としてのネオ・コーポラティズムも，政府の意思決定に影響を与える上での組合組織の役割を重視するが，ネガティヴなアソシエーション（そのいくつかはイタリアのファシズム時代に端を発している）とは縁を切っている．

43 明らかに，コーポラティズム（もしくはネオ・コーポラティズム）もまた，別様に定義されうるだろう．Sutton の定義では，労働市場の次元に重きがおかれている．つまりそこでは，コーポラティズムは，「それを通して労働者，雇用者，国家が，経済全般に対して協働的なやり方で適用される経済政策を練り上げる作業に共に従事するような，一連の構造的布置」(Sutton 2004：176) である．

44 しかしながら，常にそうだと言うわけではない．アイルランドはその一例だが，強固なコーポラティズム的要素を持ちつつ，二大政党システムが採られている．より一般的には，テクストに書かれてある分類といったものは理念型として理解されるべきである，ということを強調しておく必要があろう．現実世界の民主主義は，コーポラティズムの度合い，合意形成的民主主義の度合いの双方において，スケール上のどこかに位

置づくのである.

45　Pratt & Clark (2005) が報告しているように，ニュージーランドは1999年に（かなりの困難性を伴いはしたが）比例代表制選挙システムを導入することによって，コーポラティズム型に近づいた.

46　Lijpart (1999 : 301).

47　Lijpart (1999 : 286, 297-298).

48　それらは，①行政上の権力が単一政党による単独政権に集中しているか，それとも広範な政党からなる連立政権によって行政権力が分有されているか，②行政府―立法府関係において，行政府が優勢か，それとも両者の権力バランスがとれているか，③二大政党制なのか，それとも多党制なのか，④多数決型（多数代表制）かつ非比例代表型の選挙システムなのか，それとも比例代表制なのか，⑤参入障壁なしの利害集団間の自由競争が保障された多元的利害集団システムなのか，それとも妥協と集権化を狙いとした協働的かつコーポラティズム的利害集団システムなのか，などの指標を含んでいる (Lijphaart (1999) の3頁以下を参照).

49　詳細に関しては，Huber et al. (2004) を参照.

50　政治文化は，その他多くの変数と相関している．合意形成的民主主義において，人々の犯罪に対する恐怖心はより低く，法システムに対する信頼度や他の人々に対する信頼度が高く，より高度の社会的・政治的平等を享受しており，また，人々の自分自身の生活に対する満足度はより高い．概して合意形成的民主主義において，民主主義は機能しているのである（近刊のLappi-Seppäläを参照）.

51　Victor (1995 : 71-72) は，1980年代初頭から引き続く合意形成的性質の退潮と議会内の「司法に関する常任委員会」における葛藤と対立の上昇について報告している．Tham (2001) によれば，社会民主主義政権下の時期においてすでに法と秩序に関する議論が力を増していたが，1991年から94年までの中道右派政権期においてその絶頂に達した，とされている．一般的には，1990年代におけるスウェーデンの刑罰政策は，法的な防衛手段 (legal safeguards)，人権の価値，スリム化された刑罰，権力乱用からの個人の保護などといった要素によって特徴づけられる「防衛的」な犯罪政策から，問題解決，直接的な手段の目的化 (direct instrumental ends)，処罰の乱用などを目的とする「攻撃的」な犯罪政策へとシフトする決定的な一歩を踏み出した，ということである (Jareborg 1995).

52　スカンジナビア諸国間の傾向と相違の詳細に関しては，Lappi-Seppälä (2007) において議論している.

53 刑罰政策を形成する上での人口動態的な要素の役割の詳細に関しては、Lappi-Seppälä (2008) を参照。

54 より詳細に関してはLappi-Seppälä (2007：241-244) やChristie (2000) を参照。

55 Roberts *et al.* (2003：86-87) を参照。

56 一例を挙げるならば、フィンランドとイギリスは、恐怖、厳罰的傾向 (punitivity)、拘禁率、そしてメディア文化という諸点において、西ヨーロッパ諸国の中でも正反対の位置を占めてきたように思われる。フィンランドとイギリスの新聞を比較すると、まるで二つの異なる世界を比較しているかのような思いにとらわれるし、加えて、イギリスのテレビ放送において、犯罪は（フィンランドとは）完全に異なる役割を担っている。メディア文化におけるこうした違いは、部分的にはメディアに対する公的支出と公的規制の国レベルの相違に関連しているだろう。強大な公共放送ネットワークは、より本質的で根拠のある (substantive) 内容、より教育的—文化的な内容、より上質でより低いレベルのポピュリズムを保障する。技術的な説明の1例としては、以下のような事実が挙げられる。フィンランドにおいては、新聞は1部ごとにではなく、予約購読形態で売られる。それゆえに、1日ごとに新聞を売る必要はない。しかもそれはメディアにおける慣行というばかりではないのである。政治・司法システムがメディアや（メディアやメディアでの世論調査の中に現れる）世論に反応するあり方に関しても、イギリスとフィンランドでは顕著な相違が見られる。

57 Tonry (2004) の206頁以下や、Garland (2005：363) を参照。アメリカ合衆国の刑罰政策の特徴を説明することは本論文の範囲を超える。アメリカ合衆国を説明するにあたっては、国民国家を弱いままに保持し、住民感情を静めたり効果的な社会制度や社会的連帯の諸形態を発展させることを不可能にしてきた憲政上の遺産や、異なるエスニック集団の不完全な統合、長期に渡る市場個人主義・最小化された福祉へのコミットメントなどにおそらくは目配りするべきだろう（Garland (2007：151) やTonry (2007) を参照）。

58 より詳細に関しては、Lappi-Seppälä (2001) を参照。

59 もし加害者からの賠償でない場合は、国費からの賠償となるだろう。賠償は常に処罰とともに命ぜられるという事実は、人々に対して、（賠償を、被害者が関わることすらできないその他のプロセスの中に隠してしまうようなシステムとは対照的に）犯罪の帰結全般に関するより現実的な視点を与えることに疑いはない。

60 例えば、1960年代と70年代におけるオランダの寛容性は、裁判官が犯罪学に関しても訓練を受けており、脱施設化を支持するその当時の犯罪学的知見（the anti-prison

criminological literature of that time) にも広く親しんでいたという事実によって説明されてきた (Downes 1982：345).

61 例えば，フィンランドの刑務所運営は，半世紀の間 (1945-1995)，二人のリベラルな心性を持つ改良家によって導かれてきたが，そこでは例外的に一貫した政策を採る上で好都合な環境が提供されていた．フィンランドの犯罪政策は長期に渡って，上記二人と同様の心性を持ち，法律の起草を担当する当局，司法部，刑務所運営，大学等において要職を占めた専門家集団によって影響を受けていた．こうした集団からは，4名の法務大臣，1名の最高裁判所長官 (president of the Supreme Court)，最高司法官 (the Lord Chancellor)，数名のトップ官僚が輩出された．こうしたことすべてが，他のいかなる地域においても打ち立てられなかった――ただしそれは全く不可能というわけではなかったが．戦後の福祉国家期のイングランドとウェールズにおいては，Ryan (2003) が述べるように多くの点でフィンランドと似たような状況がもたらされていた――イデオロギー的な首尾一貫性と合意のための諸条件を生み出したのだった．

62 例えば，Jareborg (1998)，Greve (1995)，Träskman (1999)，Nuotio (2003) などを参照．彼らの問題関心は北欧諸国に限られているわけでは決してない．「私は依然として以下のことに対して強い懸念を抱いている．つまり，現在の政治的雰囲気の中で，かりにもしEUレベルでの共通の処罰原理の採用にわれわれが賛同するとすれば，拘禁刑の活用が，そうした刑罰に関する正義や効果に関するいかなる現実的な議論も抜きに増加していくことだろう」(Padfield 2004：89).

［文献］

Balwig, Flemming, 2004, "When Law and Order Came to Denmark," *Journal of Scandinavian Studies in Criminology and Crime Prevention*, 5, pp: 167-187.

Beckett, Katherine & Western Bruce, 2001, "Governing social marginality: Welfare, incarceration, and the transformation of state policy," In David Garland (ed.) *Mass Imprisonment, Social Causes and Consequences*, Sage Publications Ltd., pp: 35-50.

Blumstein, Alfred, and Tonry Michael & Van Ness Ashley, 2005, Cross-National Measures of Punitiveness. In Michael Tonry and David P. Farrington (eds.) Crime and Punishment in Western Countries, 1980-1999, *Crime and Justice: A Review of Research*, Vol.33, Chicago: The University of Chicago Press, pp: 347-378.

Bondeson, Ulla, 2005, "Levels of punitiveness in Scandinavia: description and explanations," In John Pratt, David Brown, Mark Brown, Simon Hallsworth and Wayne Morrison (eds.) *The New Punitiveness. Trends, theories, perspectives*, Willan Publishing, pp: 189-200.

Caplow, Theodore, and Simon Jonathan, 1999, "Understanding Prison Policy and Population Trends," In Michael Tonry (ed.) *Prisons, Crime and Justice: A Review of Research*, Vol.26, Chicago: The University of Chicago Press.

Castles, Francis, 2004, *The Future of the Welfare State, Crisis Myths and Crisis Realities*, Oxford University Press, Oxford.

Cavadino, Michael, and Dignan James, 2006, *Penal Systems, A Comparative Approach*, London / Thousand Oaks / New Delhi: Sage Publications.

Christie, Nils, 2000, *Crime control as industry: Towards Gulags Western Style* 3d ed., London: Routledge.

Downes, David, 1982, "The Origins and Consequences of Dutch Penal Policy since 1945," *The British Journal of Criminology, Delinquency and Deviant Social Behaviour*, vol.22, No.4, London: Eastern Press Ltd., pp: 325-362.

Downes, David & Hansen Kristine, 2006, "Welfare and Punishment in Comparative Perspective," In Sarah Armstrong, and Lesley McAra (eds.) *Perspectives on Punishment: The Contours of Control*, Oxford University Press

Esping-Andersen, G., 1990, *The Three Worlds of Welfare Capitalism*, Cambridge: Polity Press (翻訳：2001, 岡沢憲芙・宮本太郎訳,『福祉資本主義の三つの世界』ミネルヴァ書房).

European Sourcebook of Crime and Criminal Justice Statistics - 2003, Boom distributiecentrum, Netherlands.

Falck, Sturla, von Hofer Hanns and Storgaard Annette, 2003, *Nordic Criminal Statistics 1950-2000*, Department of Criminology, Stockholm University, Report 2003, p: 3.

Fukuyama, Francis, 1995, *Trust, The Social Virtues and the Creation of Prosperity*, New York: Free Press Paperbacks Book (翻訳：1996, 加藤寛訳,『「信」無くば立たず――「歴史の終わり」後, 何が繁栄の鍵を握るのか』三笠書房).

Furedi, Frank, 2002, *Culture of Fear: Risk-Taking and the Morality of Low Expectation*, Rev. ed., London: Continuum.

Garland, David, 1996, "The limits of the sovereign state: Srategies of crime control in

contemporary society," In *British Journal of Criminology*, vol. 36/4, pp: 445-471.
―― 2001, *The Culture of Control, Crime and Social Order in Contemporary Society*, The University of Chicago Press.
―― 2005, "Capital punishment and American culture," *Punishment & Society, The International Journal of Penology*, vol. 7 No. 4, Sage Publications, pp: 347-376.
―― 2007, "Death, denial, discourse: on the forms and functions of American capital punishment," In David Downes, Paul Rock, Christine Chinkin and Conor Gearlty (eds.) *Crime, Social Control and Humanr Rights. From moral panics to states of denial, Essays in honour of Stanley Cohen*, Willan .
Gatti, Umberto, Tremblay Richard, and Larocque Denis, 2003, "Civic Community and juvenile delinquency," *British Journal of Criminology* 43, pp: 22-40.
Greenberg, David F., 1999, "Punishment, Division of Labor, and Social Solidarity," In William S. Laufer and Freda Adler (eds.) *The Criminology of Criminal Law, Advances in Criminological Theory*, vol.8, Transaction Publishers, pp: 283-361.
Greenberg, David F., 2001, "Novos ordo saeclorum?: A commentary on Downes, and on Beckett and Western." In David Garland (ed.) *Mass Imprisonment, Social Causes and Consequences*, Sage Publications Ltd., pp: 70-81.
Greve, Vagn, 1995, "European Criminal Policy: Towards Universal Laws?" In Jareborg Nils (ed.) *Towards Universal Laws: Trends in National, European and International Lawmaking*, Uppsala, Sweden: Iustus, 1995.
Hofer, Hanns von, 2003, "Prison populations as Political Constructs: The Case of Finland, Holland and Sweden," *Journal of Scandinavian Studies in Criminology and Crime Prevention*, vol.4, pp: 21-38.
Huber Evelyne, Ragin Charles, Stephens John, Brady David, and Beckfield Jason, 2004, *Comparative Welfare States data Set*, Northwestern University, University of North Carolina, Duke University and Indiana University.
Hudson, Barbara, 2003, *Justice in the Risk Society*, Sage Publications, 2003.
Jareborg, Nils, 1995, "What Kind of Criminal Law Do We Want ?," In Annika Snare (ed.) Beware of Punishment, On the Utility and Futility of Criminal Law, Scandinavian Studies in Criminology, Vol. 14, Pax Forlag, Oslo.
―― 1998, "Corpus Juris," *Nordisk Tidskrift for Kriminalvidenskab*, 1998.
Johnson, David T., 2007, "Crime and Punishment in Contemporary Japan,"

In Michael Tonry (ed.) Crime, Punishment, and Politics in a Comparative Perspective, *Crime and Justice: A Review of Research*, Vol. 36, Chicago: The University of Chicago Press.

Killias, Martin, 1986, "Power Concentration, Legitimation Crisis and Penal Severity: A Comparative Perspective," In *International Annals of Criminology*, vol.24, pp: 181-211.

Kubrin, Charise, and Weizer Ronald, 2003, New directions in social disorganization theory, *Journal of Research in Crime and delinquency*, 40(4), pp: 347-402.

Kyvsgaard, Britta, 2001, "Penal Sanctions and the use of imprisonment in Denmark," In Tonry Michael (ed.) *Penal Reform in Overcrowded Times*, Oxford University Press.

LaFree, Gary, 1998, *Losing Legitimacy: Street Crime and the Decline of Social Institutions in America*, Oxford: Westview.

Lappi-Seppälä, Tapio, 2001, "Sentencing and Punishment in Finland: The Decline of the Repressive Ideal," In M. Tonry and R. Frase (eds.) *Punishment and Penal Systems in Western Countries*, New York: Oxford University Press.

—— 2007, "Penal Policy in Scandinavia," In Michael Tonry (ed.), Crime, Punishment, and Politics in a Comparative Perspective, *Crime and Justice: A Review of Research*, Vol.36, Chicago: The University of Chicago Press.

—— Forthcoming, *Cross-Comparative Perspectives on Penal Severity: Explaining the Differences in the Use of Imprisonment*, Helsinki: National Research Institute of Legal Policy.

Lijphart, Arend, 1998, "Consensus and consensus democracy: Cultural, structural, functional, and rational-choice explanations," *Scandinavian Political Studies* 21/2, pp: 99-108.

—— 1999, *Patterns of Democracy, Government Forms and Performance in Thirty-six Countries*, New Haven / London: Yale University Press (翻訳:2005,粕谷祐子訳,『民主主義対民主主義:多数決型とコンセンサス型の36ヶ国比較研究』勁草書房).

Mayhew, Pat, and van Kesteren John, 2002, "Cross-national attitudes to punishment," In Julian V. Roberts and Mike Hough (eds.) *Changing Attitudes to Punishment, Public opinion, crime and justice*, Willan Publishing, pp: 63-92.

Nuotio, Kimmo, 2003, "Reason for Maintaining the Diversity," in Delmas-Marty,

M., Giucidelli-Delage, G. & Lambert-Abdelgavad É. (eds.) *L'Harmonisation des Sanctions Pénales en Europe*, Société de Legislation Compare, Paris.

Padfield, Nicola, 2004, "Harmonising of Sentencing: Will it encourage a Principled Approach," in Aromaa, K., and Nevala S. (eds.) *Crime and Crime Control in an Integrated Europe*, Heuni publications, Helsinki.

Pratt, John, and Clark Marie, 2005, "Penal populism in New Zealand," *Punishment & Society, The International Journal of Penology*, vol.7, No.3, Sage Publications, pp: 303-322.

Roberts, Julian V., 2004, *The Virtual Prison, Community Custody and the Evolution of Imprisonment*, Cambridge Studies in Criminology, Cambridge, 2004.

Roberts, Julian V., Stalans Loretta J., Indermaur David and Hough Mike, 2003, *Penal Populism and Public Opinion, Lessons from five countries*, Oxford: Oxford University Press.

Ruddell, Rick, 2005, "Social disruption, state priorities, and minority threat. A cross-national study of imprisonment," In *Punishment & Society, The International Journal of Penology*, vol.7, No.1, Sage Publications, pp: 7-28.

Ryan, Mick, 2003, *Penal Policy and Political Culture in England and Wales, Four Essays on Policy and Process*, Winchester UK: Waterside Press.

Sampson, Robert, Stephen Raudenbush, and Felton Earls, 1997, "Neighborhoods and Violent Crime: A Multilevel Study of Collective Efficacy," Science 277, pp: 918-24.

Simon, Jonathan, 2007, *Governing Through Crime, How the War on Crime Transformed American Democracy and Created a Culture of Fear*, Oxford.

Sutton, John, 2004, "The Political Economy of Imprisonment in Affluent Western Democracies 1960-1990," *American Siociological Review*, Vol.69, pp: 170-189.

Tham, Henrik, 2001, "Law and order as a leftist project?" *Punishment & Society, The International Journal of Penology*, vol.3, No.3, Sage Publications, pp: 409-426.

—— 2005, Imprisonment and Inequality, Stockholm University, Department of Criminology, Paper prepared for the 5th Annual Conference of the European Society of Criminology Kraków, Aug. 31-Sep. 3, 2005 (Working paper).

Tonry, Michael, 2004, *Thinking about Crime, Sense and sensibilities in American penal culture*, Oxford University Press.

―― 2007, Introduction, In Tonry Michael (ed.) Crime, Punishment, and Politics in a Comparative Perspective, *Crime and Justice: A Review of Research,* Vol.36, Chicago: The University of Chicago Press.

Träskman, Per-Ole, 1999, "A Good Criminal Policy is more than just new Law," In Heiskanen, V. & Kulovesi K. (eds.) *Function and Future of European Law, Forum Juris*, Faculty of Law, Unversity of Helsinki.

Tyler, Tom, 2003, "Procedural Justice, Legitimacy, and the Effective Rule of Law," In Michael Tonry (ed.) *Crime and Justice: A Review of Research*, vol.30, Chicago: The University of Chicago Press.

van Kesteren, John, Mayhew Pat, and Nieuwbeerta Paul, 2000, *Criminal Victimisation in seventeen Industrialised Countries*, WODC 187/2000.

Victor, Dag, 1995, "Politics and the penal System - A Drama in Progress," In Annika Snare (ed.), *Beware of Punishment, On the Utility and Futility of Criminal Law*, Scandinavian Studies in Criminology, Vol.14, Pax Forlag, Oslo.

Vogel, Joachim, 2003, "Welfare Institutions and Inequality in the European Union: A Lesson for Developing Countries," In Carlucci F., and Marzano F. (eds.) *Poverty, Growth and Welfare in the World Economy in the 21 Century*, Peter Lang.

Westefelt, Lars, and Estrada Felipe, 2005, "International Crime Trends: Sources of Comparative Crime Data and Postwar Trends in Western Europe," In Sheptycki, J. and Wardak A. (eds.) *Transnational and Comparative Criminology in a Global Context*, London: Cavendish Publishing.

Wilkins, Leslie T., 1991, *Punishment, Crime and Market Forces*, Dartmouth, Aldershot.

翻訳：平井秀幸

第6章 日本のポピュリズム刑事政策は後退するか　討論者として

宮澤節生

青山学院大学

本稿の役割

　私は，5本の報告が行われた部会での討論者の役割を演ずることを意図している．私は別稿（Miyazawa 2007a; 2007b）で，日本にもポピュリズム刑事政策（Penal Populism）が到来し，それが近未来に後退する見込みはないと論じたので，5本のペーパーの日本でのインプリケーションを検討する．

日本のポピュリズム刑事政策

　Miyazawa（2007a）における主要な論点は，以下のように要約することができる．
　(1)　私は，センセーショナルな報道の度合いが最も少ないという評価のある新聞（日本経済新聞，以下「日経」）と，リベラルという評価のある新聞（朝日新聞，以下「朝日」）について，記事の内容分析を行った．主要犯罪の発生率と殺人事件数は安定しているにもかかわらず，厳罰化という言葉を含む記事が，1997年に突如出現した．1993年と1994年のオウム真理教によるサリン・ガス攻撃が，日本における犯罪と刑罰に関する社会的議論のこの突然の変化の引き金となったようには見えない．その引き金となったのは，1997年に神戸で発生した，14歳の少年の二重殺人事件であるように思われる．厳罰化という言葉を含む記事は，2000年になると一気に増大した．1999年に18歳の少年が起こした光市母子殺人事件，同年の桶川ストーカー殺人事件，そして2000年1月に全国犯罪被害者の会（「あすの会」ともいう．以下「NAVS」）が運動団体として結成されたことが，すべてその変化に寄与していたように

思われる．厳罰化を含む新聞記事の数は，それ以来高水準で推移しており，厳罰化は，刑事政策に関する社会的議論の支配的テーマであり続けている．

(2) NAVSは，日本の犯罪被害者運動に質的変化をもたらした．それ以前の運動は，主として，(a)警察とメディアによる被害者とその家族に対する無神経な取扱いに対する批判と，(b)被害者とその家族に対する経済的，心理的，医学的な支援の改善に向けられていた．それに対してNAVSは，① 殺人に対する死刑，② 刑罰の全体的引き上げ（新たな犯罪類型の創設を含む），③ 刑事手続による民事損害賠償，④ 刑事手続への能動的メンバーとしての参加などの要求を追加した．NAVS代表幹事のプロフェッショナルとしての地位（日本最大の弁護士会のひとつの元会長）は，首相を含む与党（自民党）主要メンバーに直接アクセスすることを可能にした．彼は，自民党や国会の政策形成過程のみならず，通常は官僚，法曹，学者などで構成される法務省の法制審議会にすら直接参加した．メディアは，NAVSとその会員の活動を詳細にフォローした．かくしてNAVSは，政策形成過程において世論を代表する地位を獲得した．

(3) 政府と国会は，NAVSの要求に一連の立法と政策で応えた．それには，2000年11月の少年法改正，2001年11月の危険運転致死傷罪創設，2004年12月の刑法改正による刑罰の全体的引き上げと犯罪被害者等基本法の制定，2005年12月の犯罪被害者等基本計画の策定，2007年5月の少年法改正などが含まれる．

(4) 2007年6月の刑事訴訟法改正が，NAVSの成功の頂点である．NAVSの代表幹事は，法務省の法制審議会において，この改正の審議にも加わった．この改正は，一定の重大犯罪について，被害者あるいはその遺族に，刑事手続において検察官の隣に座り，被告人に質問を行い，量刑を勧告し，検察官の事件処理に関して質問するなどの権利を与えた．この改正は，また，刑事手続において民事損害賠償を与える制度（損害賠償命令の申立て）も導入した．この改正は，2008年12月1日から施行されている．

(5) 裁判所もまた，NAVSが代表する世論に，すべての審級で応じた．最も顕著な対応は，光市母子殺人事件に対する下級審の無期懲役を破棄，差し戻した，2006年6月の最高裁判決である．差し戻された高裁は，2008年4月に被告人を忠実に死刑に処した．

(6) この状況は，ポピュリズム刑事政策が日本に到来したことを意味す

る．被害者運動の特定のグループが世論を代表するようになり，政治家たちは，そのようなものとしての世論に迅速に応ずる．その政策を支持する学者と法曹のグループが形成され，裁判所もその流れに従う．

　(7)　日本のポピュリズム刑事政策が近未来に後退する可能性はない．西欧の研究者の中には，専門家が大衆の信頼を取り戻した場合にはポピュリズム刑事政策は後退しうると主張している者がある．日本では，しかし，厳罰を求める被害者運動を支持する学者，法曹，官僚などだけが大衆の信頼を取り戻す可能性を有するのであって，その政策は変化しないであろう．さらに，最近の立法や政策は，警察，検察，主流派裁判官などに，より大きな権限を与えた．彼らが増大した捜査権力や処罰権力を放棄するとは思われない．西欧の別の研究者たちは，刑事司法予算と刑務所過剰収容が行き過ぎた水準に到達すれば，厳罰政策は再検討され，押し戻される可能性があると主張している．しかし，そのようなシナリオは，日本には当てはまりそうにない．日本のポピュリズム刑事政策は，低くかつ安定した犯罪発生率の下で立ち上がってきたのである．2006年に刑務所人口は定員を15％超えていた（法務総合研究所2007: 58）が，2007年における刑務所人口の絶対値は，人口10万人あたり63人にすぎず，2007年のスカンジナビア諸国の水準（Lappi-Seppälä論文の表1-3）よりも低い．英語圏諸国の水準（Lappi-Seppälä論文の表1-1）のように行き過ぎた水準に達するには，長い時間を要するであろう．与党の交代すら厳罰化傾向を変化させるとは思われない．他の政策では自民党に取って代わろうとしている最大野党の民主党も，最近の立法は支持したのである．

　上記の要約のような傾向は，その後も続いている．そのことは，2008年6月の少年法改正や，その改正についてNAVS代表幹事が法制審議会委員となったことによって，示されている．

　NAVSの刑事司法の監督者としての役割は，メディアにも及んだ．朝日の夕刊には，14行の匿名風刺コラム「素粒子」がある．2008年6月18日の「素粒子」は，当時の鳩山邦夫法務大臣が，2カ月に1名（9カ月の在任中に13名）という，以前の法務大臣よりも早いペースで死刑執行命令に署名したので，将棋の名人を「将棋の神様」と呼び，入札談合にかかわった官僚を「厄病神」と呼んだのと並べて，鳩山法務大臣を「死に神」と呼んだ．それに対して，朝日には抗議の電子メールやファックスが殺到し，他紙や雑誌の中にも朝日を

批判するものが現れた．6月25日に，NAVSは朝日に質問状を送り，説明を求めた．法務大臣は職務を執行したにすぎず，迅速な死刑執行を望む犯罪被害者遺族も同様に死に神ということになる，というのである．NAVSは朝日の当初の回答は不十分として拒否したが，8月1日になって，3通目の回答を受け入れた．朝日は，出稿責任者である論説副主幹が「自らの不明を恥じるしかありません」と述べているとしたうえで，「弊社としても同様に受け止めています．犯罪被害者の方々が凶悪事件の被告に死刑判決を求めたり，確定死刑囚の執行を望んだりするお気持ちについては十分理解しております」と謝罪したのである（朝日2008年8月2日朝刊）．

Miyazawa (2007a) のTable 1のデータを更新・修正したものを，本稿の付録とした．確定死刑判決の数を追加してある．ポピュリズム刑事政策は，いまや日本で確立されたように思われる．それが近未来に後退する可能性があるとは思われない．以下，この観点から，5本の論文にコメントしてみたい．

Tapio Lappi-Seppälä, Michael Tonry, およびJohn Pratt

Lappi-Seppäläは主としてヨーロッパ諸国間の違いを検討しているのに対して，Tonryはアメリカに焦点を合わせている．私は，Lappi-Seppäläは一般的な分析枠組を提示しており，それはアメリカにも適用可能であると考える．

Lappi-Seppäläは，ヨーロッパ諸国間の差異を，①所得の平等性と社会福祉支出，②法制度への信頼と人々への信頼，③政治におけるコンセンサス志向とコーポラティズム，などの要因における差異によって説明する．Lappi-Seppäläは，これらの要因について高い値をとる国々（たとえばスカンジナビア諸国）は総人口に対する刑務所人口比率が低く，これらの要因について低い値をとる国々（たとえばイギリス）は刑務所人口比率が高いことを示す．アメリカは，この一般的分析枠組の中で，これらの要因の値が極端に低い国として，イギリスよりもさらに外側に位置づけることができる．しかし，これらの要因だけでは，アメリカが犯罪発生率の低下にもかかわらず極端に高い刑務所人口比率を示していることを十分に説明できない，ということも正しい．ここでTonryは，原理主義的宗教右翼と結びついた善悪の道徳主義的

区別や，人種関係の歴史という，アメリカ特有の追加的要因を強調することで，貢献している．

　Lappi-Seppäläの分析枠組は，日本での厳罰化傾向にも適用可能であろう．所得の不平等性が急速に高まる一方（Tachibanaki 2005），ネオリベラル政策の下で社会福祉プログラムが縮小されてきたことは明らかである．他方，国会両議院の中でより大きな権限を有する衆議院の選挙で1996年に小選挙区制が導入されて以来，政治家は世論に対してより応答的になってきたと思われる．法制度と他の人々に対する信頼については，体感治安という概念，つまり公共の安全性に対する主観的認識のレベルというものの重要性を考慮すべきであろう．この概念は，1995年以来，犯罪と刑事司法に関する社会的議論において使われてきた（Miyazawa 2007a: 69-70）．体感治安は，公式犯罪統計がどうであろうと，常に悪化するものである．大多数の人々は直接犯罪を経験することがないにもかかわらず，犯罪発生率は悪化し，社会は危険性を増していると信じているのである．刑務所人口比率の絶対値はスカンジナビア諸国よりもまだ低いが，最近の刑務所人口率の変化はイギリスにおける変化よりも大きい（David T. Johnsonの論文の表1と表2）．日本にはアメリカのような宗教右翼や人種関係は存在しないので，日本をLappi-Seppäläの一般的分析枠組に位置づけることは，より容易であろう．

　しかし，日本は，司法制度の構造や文化に関するLappi-Seppäläの主張に問題を提起すると思われる．

（1）Lappi-Seppäläは，裁判官や検察官が政治的任命の対象となっていない国々では，選挙による国々におけるよりも，ポピュリズムによって影響される可能性が低いと主張する．しかし，日本の裁判官や検察官は，政治的任命の対象ではないにもかかわらず，ポピュリズムに影響されている．

（2）Lappi-Seppäläは，スカンジナビア諸国では，刑法典が裁判官に大きな量刑裁量を与える広範な規定となっているとともに，キャリア裁判官の独立性が高いために，政治的介入に対する裁判官の脆弱性が低いと主張する．日本の司法権も，政府の他の部門に対するきわめて高度の制度的独立性を有している．たとえば，裁判官は，最高裁事務総局が作成した候補者名簿に基づいて内閣が任命しており，立法権はまったく関与しない．しかし，個々の裁判官は，判決内容に応じて，最高裁事務総局によって配転，昇進，昇給などで報酬または制裁を受ける状況にあるため，司法判断における独立性が低い

(Miyazawa 1994; Ramseyer and Rasmusen 2003). 現在進行中の司法制度改革は，裁判官の任命と評価における事務総局の権限をわずかに減少させたが，基本構造は変わっていない (Miyazawa 2007c: 86-87). さらに，最高裁判例に一致しない下級審判決は上級審によって破棄される可能性が高いため，下級審裁判官に可能な判断の幅は，きわめて制約されている．したがって，最高裁がポピュリズムの立場を取れば，大多数の下級審裁判官もそれに従うであろう．

(3) Lappi-Seppäläは，付帯私訴は厳罰要求を緩和するであろうと主張する．しかし，日本のNAVSは，日本の刑事手続に類似制度を導入することに成功したからといって，殺人事件における死刑要求の引き下げを検討しているようには思われない．

(4) Lappi-Seppäläは，訓練された裁判官を有し，法学部カリキュラムに犯罪学が含まれる国では，裁判官と検察官は，犯罪と刑事政策に対するより広範かつ深い理解を有するであろうと主張する．そのひとつのインプリケーションは，ポピュリズムに影響されることが少ないということであろう．日本の裁判官は訓練されたプロフェッショナルであり，犯罪学は通常法学部のカリキュラムに含まれる．しかし，日本の裁判官はポピュリズムに影響されている．犯罪学は司法試験科目ではないので，裁判官になろうとする者にとって履修へのインセンティヴがないのかもしれない．また，犯罪学を履修したとしても，その授業が，『犯罪白書』を読むこと以上のものを要求しないもので，大して実証的・批判的内容を持たないものであれば，ほとんどインパクトはないであろう．

要するに，Lappi-Seppäläは，キャリア官僚制としての司法権がポピュリズム刑事政策から自己を守るインパクトに，確信を持ちすぎているように思われる．官僚制は，最高裁と司法権内部の中枢官僚がいったんポピュリズム刑事政策を採用すれば，司法権全体をその方向に向かわせることができるのである．

西欧に関する3本目の論文は，John Prattの論文であり，それは基本的に彼の2007年の著書 (Pratt 2007) の要約である．私は，ポピュリズム刑事政策の概念を，その著書から援用した (Miyazawa 2007a; 2007b).

Prattは二つの主張を行っている．第1は，ポピュリズム刑事政策は不可避的ではないということである．カナダがその例であり，カナダはLappi-

Seppäläの一般的分析枠組にもあてはまるように思われる．隣国（つまりアメリカ）への批判的視点が，カナダ特有の追加的要因である．

　Prattの第2の主張は，ポピュリズム刑事政策には限界がありうるし，挑戦可能だということである．彼の母国であるニュージーランドにおける最近の展開が，その例である．彼は，他の政策分野から資源を奪ってしまうほどの刑務所費用の増大，国の国際的威信が損なわれたこと，刑務所の悲惨な状況に関する権威ある報告書などが，ポピュリズム刑事政策に対する反対陣営の再編を助けたと報告する．かくして，ニュージーランド政府はポピュリストの影響力に背を向け，従来の刑事政策体制に方向転換したという．Prattは，注意深く，ポピュリズム刑事政策を生み出した勢力はまだ存在しており，ニュージーランドの刑事政策の将来を見守る必要があると述べている．しかし，彼のポイントは明らかである．ポピュリズム刑事政策は，それ自体の問題を生み出せば，限界があるということである．私はすでに，この点に関する日本の状況を論じた．刑務所人口は，増加しつつあるものの近未来に行き過ぎた水準に達する可能性はないし，刑事司法機関は，ポピュリズム刑事政策の下で新たに獲得した権力を手放すとは思われない．

David T. Johnsonと浜井浩一・Tom Ellis

　Johnsonと浜井・Ellisは，日本の状況を分析している．彼らは，刑事政策がますます厳罰化しているという基本的事実については私と一致するが，同時に，私自身の説明に若干の変更を必要とする議論も提示している．

　Johnsonは，とくに死刑に関して，ポピュリズム刑事政策という概念の説明力に懐疑的である．彼は，アジアでは，ポピュリズム刑事政策が存在しないにもかかわらず積極的に処刑している国々がある一方で，刑務所収容についてはポピュリズム刑事政策が見られるにもかかわらず処刑は控えている国々があると指摘する．私は，前者のグループは説明が容易であると考える．世論にかかわりなく政府がそれ自体の必要から厳罰化政策を取ることがありうるのであって，とくに中国，ベトナム，北朝鮮，シンガポールなどの民主制の程度が低い国々や非民主主義国ではそうであろう．後者のグループは，より興味深い．フィリピン，タイ，カンボジア，台湾，パキスタン，インドネシアなどの政策決定エリートたちは，なぜ死刑に関する現在の政策を採用した

のであろうか．

　Johnsonは，「先頭からのリーダーシップ」という概念を，後者のグループのアジア諸国と日本の違いを説明するための鍵として提起する．Johnsonは，「どれだけの処刑がなされるか——より根本的に言えば，そもそも死刑は存続するか——を決定したのは，世論や大衆の要求ではなく，政治リーダーたちである」と主張する．彼は，韓国を，政策決定エリートによって「死刑が，刑事司法あるいは犯罪統制政策の問題としてではなく，人権問題として根本的に再構成され」て，死刑に対する世論の支持にもかかわらず政策決定エリートが処刑を減少させ，あるいは停止させた国の，最良の例として用いる．

　続いてJohnsonは，日本について二つのありうるシナリオを提起する．一つの可能性は，日本のエリートたちが，彼らの先輩が明治維新後の日本の近代化において行ったように，国際環境において尊敬される地位を獲得したいという願望から，死刑を人権問題として認識するようになることである．もう一つの可能性は，日本のエリートたちが，捕鯨に関する現在の政策が例示するように，「他の文明の普遍的主張」に対する嫌悪感から，現在の立場を固持し続けることである．

　日本には西欧に同調する文化があるという考え（Feldman 2006）は，第1のシナリオを支持するであろう．しかし，明治のリーダーたちと異なり，現在の日本のエリートたちは，日本はすでに国際的コミュニティにおいて尊敬される地位を占めており，死刑に関する政策を変更する必要はないと考える可能性が高いと思われる．それになにより，Johnsonが正しく指摘するように，死刑を用いる先進国として，アメリカが日本のはるか先を行っているのである．

　彼ら自身が現在どう考えているかはともかく，日本のエリートたちが死刑に関する自己の立場を変えて，死刑減少あるいは廃止の「先頭からのリーダーシップ」を発揮するかどうかは，死刑とポピュリズム刑事政策に反対する国内改革者たちの運動が成功するかどうかに，大きくかかっているであろう（Miyazawa 2006）．国内の改革者たちは，①自分が政策決定過程へのアクセスを獲得しうる政治的機会を発見して，それを捉え，②運動組織を形成，維持，発展させるための，運動メンバー，専門能力，メディア，その他の資源を動員し，③潜在的支持者を動員し，傍観者をとらえ，敵対者の士気を殺ぐために効果的となるように，自己の要求をフレームづけなければならない．

現在のポピュリズム刑事政策の下では，NAVSの要求を支持あるいは受け入れる学者，法曹，実務家のみが，政策形成過程へのアクセスを有しており，反対者への政治的機会は存在しないように思われる．私には，いかにすれば反対者たちが近未来に政治的機会を変化させうるか，不明である．Prattが示唆するように，おそらくは，ポピュリズム刑事政策の行き過ぎによって「スキャンダル」が発生するのを待たなければならないのであろう．

Johnsonは，「先頭からのリーダーシップ」という概念を，主として日本における死刑の未来に関する議論において提起しているのであるが，私は，その概念は，ポピュリズム刑事政策一般の増大に対して適用可能であると考える．それは，自民党政治家，法務省と警察庁の幹部官僚，そして主流派裁判官たちが，1999年から2000年にかけてなぜ急に厳罰化方向に走りはじめたのか，ということを説明しなければならないからである．

この点に関して，私は死刑と無期懲役を判別する要因に関する前田俊郎の論文（前田1983）に言及したい．前田は，1968年から1978年にかけて検察官が死刑を求刑したにもかかわらず確定判決が死刑と無期懲役に分かれた136の判決について，一種の判別分析を行った．58人が死刑となり，78人が無期懲役で終結した．前田は，確定した年が2番目に重要な要因で，殺人類型よりは弱い要因だったが，被害者の数よりも重要な要因であったということを発見した．死刑になる確率は，1968年から1976年にかけて，単に年がいつであるかによって低下していった．他の要因はコントロールされているので，この結果は，裁判官の態度が，この期間を通じて死刑支持の程度を低下させていったと結論づけなければならない．さらに，死刑に対する裁判官の支持はその期間の後で最低水準となり，その水準にとどまり続けて，死刑は，ポピュリズム刑事政策が勃興する前まで，ほとんど言い渡されることがなかった，と仮定してよいと思われる．他方，その期間を通じて日本人の大多数は死刑を支持していたと仮定してよいであろう．要するに，裁判官たちは自己の内部的基準に応じて裁量権を行使することが許されていて，大衆も政治家もほとんど関心を示さなかったのである．唯一の例外は，前田が分析した無期懲役の全事件で死刑を求刑した検察官たちであった．

私は，同じシナリオが無期懲役にも適用可能であると考えている．確定した無期懲役は1997年に32人であったが，徐々に増加して2002年には82人になり，2003年には117人に上昇し，2006年には135人に達した．それに

対して，有罪確定人員は，1997年の110万人近くから，2006年の74万人弱にまで減少したのである（法務総合研究所2007: 51）．このことは，刑罰の重さ一般に対する裁判官の態度が，2000年前後に厳格化し始めたことを意味する．

かくして，私の疑問は次のとおりとなる．この刑事政策の突然の変化において「先頭からのリーダーシップ」を取ったのは，誰であったのか．もしそのようなリーダーシップが現れていたとすれば，それはNAVSによって代表される大衆の要求なしに現われえたものであろうか．

浜井・Ellisの論文は，ここで登場する．彼らの主張のポイントは，検察官たちはNAVSが代表する世論に押されたように見えるが，じつは彼らは被害者運動が現れる以前から厳罰化に傾いていたのではないかということである．検察官たちは，被害者運動の登場を利用したにすぎず，したがって新たに獲得した権力を手放すことはないのではないか，ということである．

前田が分析した事件の全部で検察官が死刑を求刑していたことを考えると，これはきわめてありそうなシナリオである．被害者運動はたしかに厳罰化を求める検察官たちに政治的機会を提供したが，実際の立法に向けて「先頭からのリーダーシップ」を提供したのは検察官たちであった，ということである．

日本では，検察官は裁判の終わりに求刑を行うことができる．裁判官は，通常，求刑よりも少し軽い刑を言い渡すのである．しかも，検察官は，無罪や不満足な量刑に対して控訴する権限を有しており，高裁は，無罪の過半数で原判決を覆したり，控訴された事件の過半数で刑を引き上げたりしている（Johnson 2002: 62-63）．この構造を前提とすれば，死刑と無期懲役に関する判決の厳罰化は，求刑の厳罰化によって導かれたものと言えよう．裁判官に対する検察官のこの影響力の頂点が，少年に対する無期懲役を死刑を期待して原裁判所に差し戻した，光市母子殺人事件における2006年の最高裁判決である．

基本的に同じプロセスが，刑法改正と少年法改正についても存在したと思われる．刑法に関しては，法務省の法制審議会は，1974年に全面改正の起案を行っていた．少年法に関しては，法務省は，少年審判に検察官を導入することを目指して，1970年に法制審議会に対して諮問を行っていた．法務省は，とくに学界と弁護士界から強い批判を受けて，これらの改正に失敗した．

きわめて厳罰志向の被害者運動の登場は，法務省に対して，刑法と少年法を改正する政治的機会をついに作り出した．最近の改正の内容はかつての改正案の内容と同じではないが，検察官にとって成人と少年の両方に対してより厳しい処罰を求める機会が増えたことは，明らかである．

しかし，刑法の基本構造や，刑事手続に対する彼ら自身のコントロールが影響を受けそうな場合には，法務省の検察官たちはある程度の抵抗を示したように思われる．そのような事例が，いくつか報告されている．

(1) 2000年に，NAVS代表幹事は，同じ弁護士会に所属する自民党議員の紹介で，自民党司法制度調査会に招待され，付帯私訴の導入を要望した．それに対して，法務省の刑事法制課長は否定的に反応し，刑事手続と民事手続の構造的・理論的差異に言及した．これに対して，代表幹事を招待した議員が発言し，前向きに取り組む考えはないのかと質した（東2006: 90-92）．結局，法務省は，法制審議会に提案を行った．NAVS代表幹事は委員に任命され，付帯私訴類似の制度（損害賠償命令の申立て）が，2007年の刑事訴訟法改正において，被害者または被害者遺族が裁判で検察官と同席し，被告人に質問し，求刑を行うことを許す制度とともに，導入された．

(2) 2000年9月の参議院予算委員会において，ある議員が，酒に酔った運転手が運転する車に追突されて二人の幼い女児を失った遺族が書いた本を読み上げた．業務上過失致死傷に対する法定刑の上限は懲役5年で，この運転手は懲役4年の判決を受けていた．この議員は，悪質な交通事故に対する厳罰化の必要性を訴えたのである．これに対して法務大臣は，明らかに法務省官僚が用意した答弁に基づいて，それは慎重な検討を要すると答えた．刑法理論では，過失犯の刑罰は故意犯の刑罰よりも軽くなければならないから，法務大臣のこの回答は理解しうるものであった．これに対して首相は，官僚が用意した答弁を見ずに回答し，「隔靴掻痒の感」があるので「少しでも早く万全の措置ができるよう政府として取り組みたい」と述べた（読売新聞政治部2003: 92-93）．その後，国会に刑法改正案が提出され，法定刑の上限を懲役15年とする危険運転致死傷罪が創設された．

(3) 内閣は，2004年に成立した犯罪被害者等基本法に基づいて，2005年4月に，その下に犯罪被害者等施策推進会議を創設した．具体案を検討するために，その下に検討会が作られ，NAVS代表理事はその委員に任命された．そこに法務省から出ていた委員が，付帯私訴に関して自民党司法制度調査会

で否定的な意見を述べた前出の検察官であった．法務省刑事法制課と日弁連が刑事手続への被害者の積極的参加を認める提案に反対し，警察庁は，犯罪被害者に対する給付金を自動車損害賠償保険と同水準に引き上げる提案に対して否定的反応を示した．しかし，犯罪被害者等施策担当国務大臣は，躊躇する官僚たちを叱責し，NAVSは自己の提案を支持する105の自治体の決議を提出した．結局，内閣は2005年12月に犯罪被害者等基本計画を策定し，それには，付帯私訴と刑事手続への被害者・遺族の直接参加を2年以内に実現するという条項が含まれていた．かくして，法務省も他の官庁も，この基本計画に拘束されることになった (東 2006: 287-312)．他方，NAVSを最初に自民党に紹介した議員が，2005年秋に法務大臣に就任した．

したがって，法務省と幹部検察官は，NAVSの要求を，政府のトップあるいはトップに近い自民党政治家の強い圧力の下で，渋々受け入れたように思われる．第一線検察官たちは，犯罪被害者・遺族の手続参加が裁判官に対する厳罰化の圧力を高めるので，直接参加を歓迎したかもしれない．そのような圧力は，2009年5月に導入される，3名の職業裁判官と6名の裁判員によって構成される新たな裁判制度の導入後に，さらに強い影響力を持つかもしれない (Miyazawa 2007c: 75-76)．しかし，新たに導入された二つの制度は，法務省も検察官も望んだものではなかったという結論は下してもよいと思われる．

かくして，私の当初の主張は，微調整を要すると思われる．法務省と検察官に関するかぎり，①単純な刑罰引き上げと②刑事立法と刑事手続の根本的変更は，区別すべきである．法務省と検察官は，①に関してのみ「先頭からのリーダーシップ」を発揮したと考えられる．

政治家に目を転ずると，NAVSを自民党と首相に紹介し，躊躇する省庁や官僚にNAVSの要求を受け入れるよう圧力をかけ，あるいは説得するために，数名の自民党議員が重要な役割を積極的に果たしたことは，いまや明らかである．それらの政治家の中で最も目立ったのが，元裁判官で現在は弁護士である法務大臣であり，もうひとりの目立った政治家が，やはり弁護士で，被害者関係立法が最高潮に達した時期の法務大臣であった．犯罪被害者等基本法の制定と，それに続く立法は，これらの政治家によって密接にコントロールされた．2007年6月に刑事訴訟法が改正されたとき，NAVS代表幹事は，そのウェブサイトで，犯罪被害者等基本法以来の，被害者の尊厳を守る一連

の立法は，小泉純一郎首相と安倍晋三首相の強いリーダーシップの下で「政治主導」で行われたものであり，とくに刑法改正は与党（自民党と公明党）の強い意思の下で実現したと述べて，深い謝意を表明した（http://www.navs.jp/2007_6_20.html，2007年6月26日閲覧）．これは，ポピュリズム刑事政策の，ほとんど文字通りの実例である．

　日本政治に関するより広い観点から見ると，自民党議員が支配するこの立法過程は，官僚に対する政治家の地位の上昇という一般的パターンの一例としてとらえることができる．1970年代までの立法過程は，担当分野において政治家よりも豊富な専門知識と経験を有する官僚によって支配されていた．しかし，多数の退職官僚が自民党に加わり，議員歴の長い自民党政治家は，1980年代になると次第に，立法者としての自己の公式の地位を主張しうるに足りるレベルの専門知識を蓄えるに至った．それらの政治家は，各自の専門分野でグループを形成し，族議員と呼ばれるようになった（Abe, Shindo, and Kawato 1994: 24-25, 48-49）．そのような政治家が自民党政務調査会の主要メンバーとなり，政務調査会が，法案が内閣に送られる前に承認あるいは拒否の権限を持つようになった．

　司法制度調査会は政務調査会の一部会である．そのような族議員はまず経済政策分野で現れたが，刑事立法は法務省が支配し続けており，法務省が最高裁・日弁連と交渉していた．しかし，司法制度関係の問題に関する政策形成についての法務省の独占は，1999年から2001年にかけて司法制度改革審議会が内閣の下に設置されたことによって失われた（Miyazawa 2007c: 54-61）．自民党司法制度調査会は，審議会の審議に側面から活発に介入した．調査会のメンバーは司法族と呼ばれた．法務省官僚は，司法制度改革審議会の最終報告書に基づいた立法の実施段階に対するコントロールを回復したが（Miyazawa 2007c: 61-69），司法制度調査会は司法関係問題に関する政治的決定を行う最も重要な場としての地位を維持し，そこに法務省その他の官庁の官僚が呼ばれて，自己の提案に対する説明を求められることになった．

　1996年に導入された小選挙区制は，野党との競争が高まる中で，世論に対する政治家の応答性を高めたと思われる．1990年代末まで政治家は刑事司法に対してほとんど関心を示さなかったが，NAVSが彼らの関心の引き金となった．司法族政治家は，とくに法務省が受け入れを躊躇した提案について，ポピュリズム刑事政策に向けて「先頭からのリーダーシップ」を発揮したの

である.

結論

　日本のポピュリズム刑事政策は後退するであろうか.ノーである.
　NAVSは,世論の唯一の代表者としての地位を維持し続けるであろう.警察,検察官,保守的裁判官は,新たに拡大された捜査,訴追,処罰の権限を享受するであろう.法務省は,厳罰化に関するかぎり「先頭からのリーダーシップ」を発揮し,自民党司法族政治家は,より制度的な問題に関するポピュリズム刑事政策に向けて「先頭からのリーダーシップ」を発揮し続けるであろう.与党の変化もこの状況を変えるようには思われない.たとえば,2000年の少年法改正,2004年の犯罪被害者等基本法制定,2007年の刑事訴訟法改正などは,自民党とその連立与党が支持したが,自民党から政権を奪おうと努めている民主党も支持したのである.他方,現在の政治的機会を考えると,ポピュリズム刑事政策の反対者たちが近未来に有効な反対運動を形成する方法を発見するとは思われない.

付録： Miyazawa (2007a) の Table 1 の改訂版

年	犯罪認知件数		確定死刑判決[3]	厳罰化を含む新聞記事[4]		Miyazawa (2007a) と本稿で言及された主要事項
	人口10万人あたり主要犯罪[1]	殺人[2]		日経	朝日	
1974						＊三菱重工本社爆破事件.
1981						＊犯罪被害者給付法成立.
1990						＊日本被害者学会設立.
1993	1,442	1,272	7	0	1	＊東京医科歯科大学に犯罪被害者相談室開設.
1994	1,425	1,321	3	0	0	＊松本でサリン・ガス攻撃.
1995	1,420	1,312	3	0	1	＊東京でサリン・ガス攻撃.
1996	1,440	1,257	3	0	0	
1997	1,506	1,323	4	4	8	＊7月：神戸で14歳の少年による二重殺人事件発生.

1998	1,608	1,466	7	9	33	＊5月：全国被害者支援ネットワーク設立． ＊12月：法務省・自民党が，成人手続で審理しうる年齢下限を引き下げるために，少年法改正を行うことを決定．
1999	1,710	1,338	4	2	21	＊4月：18歳の少年による光市母子殺人事件発生． ＊10月：桶川ストーカー殺人事件発生．
2000	1,925	1,462	6	44	153	＊1月：全国犯罪被害者の会（NAVS）設立，第1回大会開催，自民党国会議員が支持表明． ＊3月：光市母子殺人事件で，地裁が無期懲役判決． ＊5月：犯罪被害者保護二法制定． ＊9月：NAVS第2回大会開催． ＊10月：NHKスペシャル「犯罪被害者はなぜ救われないのか」放映． ＊11月：少年法改正，成人手続で審理しうる年齢下限を引き下げ．
2001	2,149	1,436	5	27	93	＊4月：犯罪被害者等給付法改正． ＊6月：法務省が危険運転致死傷罪新設を決定． ＊11月：刑法改正，危険運転致死傷罪新設． ＊11月：NAVS第3回大会開催． ＊2001年が日本における犯罪被害者運動の元年と呼ばれるようになる．
2002	2,240	1,489	3	12	130	＊3月：光市母子殺人事件で，高裁が地裁の無期懲役を支持． ＊10月：NHKがクローズアップ現代「犯罪被害者をどう守るのか」を放映． ＊12月：NHKスペシャル「犯罪被害者をどう守るのか」放映．
2003	2,187	1,530	2	15	116	＊7月：12歳の少年が4歳の少年を殺害． ＊7月：NAVSが，被害者の刑事裁判参加を支持する39万人の署名を法務大臣と首相に提出． ＊10月：日弁連人権擁護大会で「犯罪被害者の権利の確立とその総合的支援を求める決議」採択．

2004	2,007	1,508	15	19	80	*2月：法務大臣が刑法改正により刑罰を全体的に引き上げることを決定． *6月：12歳の少女による殺人事件が発生． *6月：自民党プロジェクト・チームが，犯罪被害者の権利に関する報告書を首相に提出． NAVS幹部が首相に面会． *8月：法務大臣が，少年院収容可能年齢を引き下げるための少年法改正を決定． *11月：奈良女児誘拐殺人事件発生． *12月：刑罰の全体的引き上げを図る刑法改正が成立． *12月：犯罪被害者等基本法成立．
2005	1,776	1,458	11	11	71	*4月：政府が犯罪被害者等施策推進会議を設置，NAVS代表幹事が委員となる． *6月：国会で少年法改正審議開始． *9月：法務大臣が，執行猶予判決を減らすため法定刑に罰金を追加することを決定． *11月：広島女児殺人事件が発生． *12月：内閣が犯罪被害者等基本計画を決定．被害者の刑事裁判参加と付帯私訴を，2年以内を目途に実施することを含む．
2006	1,605	1,309	20	46	371	*6月：最高裁が，光市母子殺人事件における無期懲役を不当として差し戻し． *6月：法務大臣が付帯私訴の導入を決定． *7月：広島女児殺人事件で地裁が無期懲役判決．朝日新聞が軽すぎるとして批判． *9月：警察庁がひき逃げに対する刑罰引き上げの方針を発表． *9月：奈良女児誘拐殺人事件で，地裁が死刑判決． *9月：法務大臣が刑事裁判への被害者参加を導入する意向を表明．
2007				50	242	*1月：法務省が，刑事裁判への被害者参加と付帯私訴を導入するための刑事訴訟法改正を決定． *5月：内閣が上記の刑事訴訟法改正案を国会に提出． *5月：少年院収容可能年齢を引き下げる少年法改正が成立． *6月：上記の刑事訴訟改正が成立．

| 2008 | | | | | *4月:光市母子殺人事件で差し戻し後の高裁が死刑判決.
*6月:被害者・遺族に少年審判の傍聴を認める少年法改正が成立.
*6月:風刺コラムで法務大臣を「死に神」と呼んだ朝日新聞に対してNAVSが謝罪を要求,朝日が謝罪.
*12月:刑事裁判への被害者参加と損害賠償命令の申立てが施行された. |

注:
1 交通関係業務上過失致死傷を除く刑法犯.
2 殺人および強盗殺人,未遂を含む.
3 上訴を尽くして確定した死刑判決と,上訴がなく確定した死刑判決.
4 外国に関するものなど,日本の犯罪・刑事司法と明らかに無関係な記事を除く.

出典:
(1) 犯罪認知件数と殺人:法務総合研究所(編)『犯罪白書』平成13年版・19年版.
(2) 新聞記事:日経は,http://telecom21.nikkei.co.jp/,朝日は,http://database.asahi.com/.
日経記事は全国版のみ,朝日記事は地方版を含む.

[文献]

Abe, Hitoshi, Shindo Muneyuki, and Kawato Sadafumi (tr. by James W. White), 1994, *The Government and Politics of Japan*, Tokyo: The University of Tokyo Press.

Feldman, Eric A., 2006, "The Culture of Legal Change: A Case Study of Tobacco Control in Twenty-First Century Japan," *Michigan Journal of International Law*, 27(3), pp: 743-821.

Higashi, Daisaku, 2006, *Can You Hear the Voice of Crime Victims? [Hanzai Higaisha no Koe ga Kikoe masuka?]*, Tokyo: Kodansha (原題:東大作, 2006,『犯罪被害者の声が聞こえますか』講談社).

Homusho Homu Sogo Kenkyujo [Justice Ministry Research and Training Institute], 2007, *2007 White Paper on Crime [Heisei 19-nen-ban Hanzai Hakusho]*, Tokyo: Saeki Printing (原題:法務総合研究所(編), 2007,『平成19年版犯罪白書』佐伯印刷).

Johnson, David T., 2003, *The Japanese Way of Justice: Prosecuting Crime in Japan*, Oxford: Oxford University Press.

Maeda, Toshiro, 1983, "The Watershed of Death Penalty and Indefinite Imprisonment: A New Table to Discriminate between Death Penalty and Indefinite Imprisonment [Shikei to Muki Choeki no Bunsuirei: Atarashii Shikei-Muki Choeki Shikibetuhyo]," *Jurisuto [Jurist]*, 787, pp.37-42 (原題:前田俊郎, 1983,「死刑と無期懲役の分水嶺──新しい死刑・無期懲役識別表──」『ジュリスト』787号).

Miyazawa, Setsuo, 1994, "Administrative Control of Japanese Judges." In Philip S.C. Lewis (ed.), *Law and Technology in the Pacific Community*, Boulder, CO: Westview Press, pp: 263-281.

—— 2006, "How Does Culture Count in Legal Change?: A Review with a Proposal from a Social Movement Perspective," *Michigan Journal of International Law*, 27(3), pp: 917-931.

—— 2007a, "The Politics of Increasing Punitiveness and the Rising Populism in Japanese Criminal Justice Policy," *Punishment and Society*, 10(1), pp: 47-77.

—— 2007b, "Epilogue: The Arrival of Penal Populism and the Challenges for Its Critiques [Epirogu: Popurizumu Keiji Seisaku no Torai to Hihanteki Tachiba eno Kadai]." In Koichi Kikuta, Haruo Nishimura, and Setsuo Miyazawa (eds.), *Criminal Justice and Criminals in Society [Shakai no naka no Keiji Shiho to Hanzaisha]*, Tokyo: Nihon Hyoronsha, pp.579-594(原題：宮澤節生「エピローグ：ポピュリズム刑事政策の到来と批判的立場への課題」菊田幸一・西村春夫・宮澤節生（編）『社会の中の刑事司法と犯罪者』日本評論社).

—— 2007c, "Law Reform, Lawyers, and Access to Justice." In Gerald Paul McAlinn (ed.), *Japanese Business Law*, The Netherlands: Kluwer Law International, pp: 39-89.

Ramseyer, J. Mark, and Rasmusen Eric. B., 2003, *Measuring Judicial Indepenence: The Political Economy of Judging in Japan*, Chicago: The University of Chicago Press.

Tachibanaki, Toshiaki, 2005, *Confronting Income Inequality in Japan: A Comparative Analysis of Causes, Consequences, and Reform*, Cambridge, MA: MIT Press.

Yomiuri Shimbun Seijibu [Yomiuri Newspaper, Politics Department], 2003, *Law Were Born This Way: A Documentary on the Legislative State [Horitsu wa Koshite Umareta: Dokyumento Rippou Kokka]*, Tokyo: Chuo Koron Shinsha(原題：読売新聞政治部，2003,『法律はこうして生まれた　ドキュメント立法国家』中央公論新社).

特別寄稿　**日本と西洋における犯罪の展開に関する三つの仮説**

Malcolm Feeley（マルコム・フィーリー）
カリフォルニア大学バークレイ校

訳者注：　本稿は，龍谷大学矯正・保護研究センターとイギリス・ポーツマス大学刑事司法研究所の共催で開催された第3回日英刑事司法シンポジウム（2007年3月4日，龍谷大学）に際し，記念講演として招聘された米国・カリフォルニア大学バークレイ校のMalcolm Feeley教授の講演（2007年3月3日）をもとに執筆された原稿を翻訳したものである．なお，本稿の初出は，『龍谷法学』41(3)に収録されている．

はじめに

　浜井浩一とTom Ellisの最近の研究（2006, 2008）において，彼らは日本の刑事司法制度の研究，さらには比較犯罪学に対し注目すべき貢献を行っている．彼らは，少なくとも英語圏では，従前は議論されることのなかった日本の刑事司法過程における新たな展開を明らかにしている．そして，彼らはこれらの展開についての重要な理論的な検討を開始している．本稿は彼らの中心的な知見の概略について述べ，その後に彼らの理論上の関心について詳しく言及するものである．最後に，この研究の理論と比較の次元を拡張する三つの仮説を提示する．
　二つの最近の論文において浜井とEllisは，近年日本の刑事司法過程における劇的な変化を指し示す多くの根拠を吟味している．彼らは日本の『平成13年版犯罪白書』（法務総合研究所 2001）が，暴力犯罪の認知件数について1991年と2001年の間でほぼ80％増加していると報告していることを指摘する．その数値は，凶悪犯罪と殺人に関するマスコミの報道が1995年以降の10年間に5倍程度に増加したことを示すものである（2008）．同様に，彼らは世論調査が有意かつ厄介な傾向を示していることを指摘している．すな

わち，犯罪不安 (concern about crime) が近年主要な社会問題となっているというのである．「若年者の暴力と大量殺人が騒がれるようになり，犯罪が主要な政治的問題に転換したために，1990年代後半以降，日本のマス・メディアと公衆は自らの安全と刑事司法制度の有効性についての自信を喪失している」と彼らは述べている．日本において犯罪は，いまや強い関心を呼ぶ政治的な問題なのである．

　これらの知見は重要である．それは，日本が多くの西洋諸国と同じ道をたどるであろうという，これまでにない，従来とは異なることがらなのである．彼らの研究は主に，日本の犯罪対策と実務がともに成功裡かつ良好に行われているという，日本の犯罪および犯罪対策についての最も知られた英語圏の説明 (Bayley 1991 ; Braithwaite 1989 ; Foote 1992) に異議申し立てを行っている．この新たな研究の登場は，日本の刑事司法過程についての説明を見直すものである．その研究のいくつかは本稿執筆時にはすでに公表されている．浜井・Ellis (2006) に加えて Dag Leonardsen (2006) も参照されたい．より多くの研究がまもなく参照可能となるであろう．たとえば，宮澤節生による最も重要な論文（2008），および日本の近時の犯罪とその対策についての展開を評価する David T. Johnson の2本の論文（2007aおよび2007b）を参照していただきたい．

　しかし，たとえ彼らがエビデンスを整理しても，浜井とEllisはこれら変容の性質と意味の解釈について慎重である．たとえば，これらのデータが実際に劇的な変容についての何らかの意味のある基準を示しているのかを問うている．彼らは，劇的に増加したと考えられている犯罪率が，主に警察庁の犯罪認知実務の変更の作用であることを指摘している．その不履行が叱責されるまで，長らく警察庁は軽微な暴力犯罪を一貫して認知しなかったのである．しかし，より新しく正確な認知件数をもってしても，これらの顕著な増加率が何を表しているのか明確ではないことを彼らは指摘する．新たな犯罪認知制度では「暴力犯罪」がより高い率を示すことは確かであるが，このなかの「重大」犯罪のみに焦点を当てたとき，重大犯罪の率は1970年以来減少し続けていたことを彼らは見出している．

　しかしながら，世論，メディアの報道，そして利益団体の活動の変化がより厄介な問題であることを彼らは認めている．これらの変容は簡単には説明できない．それらは不気味に繰り広げられている．増大する犯罪不安の

帰結の根拠として，彼らは2004年に施行された二つの法律を指摘している．一つは，刑事手続において被害者の役割を高めるものであり，もう一つは特定の犯罪の法定刑を引き上げるものである．この立法は，安全に対するより深刻な公衆の不安を制度化し，犯罪に対してより厳しい対応を行うことへの支持を増大させることになるであろう，新たな「鉄の四重奏（Iron Quadrangle)」──メディア，被害者と支援団体，警察と政治家，そして刑事司法の「専門家」（法律家と精神科医）からなる──の出現を示していると彼らは述べている（2006：171）．

　これらの新たな知見を示し，その含意を考察することに加えて，浜井とEllisはそれらを理論的に理解することをも追求する．このために，彼らはStanley Cohenのモラル・パニック理論（1972）とDavid Garlandの「統制の文化（Culture of Control）」理論（2001）という，刑事司法過程に関する二つのよく知られた理論に照らして，それらを提示するのである．その双方とも西洋において展開され，主に西洋の制度に適用されてきたものである．浜井とEllisの研究は，それらの日本への適用可能性をも提起している．とりわけ，彼らは自らの知見について相互に関係する二つの解釈を推し進めるためにこれらの理論を用いている．第一には，犯罪率のうえでの認知件数の増加，1990年代の犯罪被害者の権利運動の出現，1999年から2000年にかけての警察不祥事，1995年の地下鉄サリン事件，そして若年者によるものを含む一連の耳目を集める殺人事件は，すべて世論に重大な影響与えているとする．これらの事象は，Cohenのモラル・パニック理論で理解可能であると浜井とEllisは論じている（2006：159-160）．すなわち，一連の無関連の事象と営為が，誇張された不安のきっかけとなり，状況がその不安を正当化できないとき，モラル・パニックが生み出されるというのである．第二には，彼らの知見のいくつかのものに関しては，Garlandの「統制の文化」理論をも支持すると彼らは述べている．「最新の犯罪被害実態調査の結果と刑務所人口の増加によって，日本の公衆と裁判官の態度のなかに，世論に支えられた新たな権威主義(popular authoritarianism)が確かに現れている．それらは，刑事司法に関する既存の再統合的でインフォーマルな観念からの急速な変化を生み出し，それらはよりフォーマルで応報的になり，いかにもGarlandがいう「刑罰的福祉国家（penal welfare state）」のようにみえる」と彼らは記している（2006：160）．彼らは誇張なく以下のように評して結論づけている．

「日本は，イギリスやアメリカのような他の先進国に倣い始めており，ポピュリズム的な厳罰主義に向かっている」と（2006：176）．

　浜井とEllisは彼らの最も驚くべき知見を解釈するためにCohenとGarlandの理論に依拠しているが，彼らは，いかなる系統的な方法においても，これらの理論の性質を吟味したり，日本への適用可能性の考究を行っていない．これが，以下で私が言及しようとする課題である．私は，浜井とEllisによって描写された条件と，彼らが依拠する結論に基づき，これら二つの理論とその含意について考究することとしたい．まず，日本の状況に鑑みてCohenとGarlandの中心的な命題の再検討から始め，それから他の関連する理論的関心事項について考究するものとする．

　浜井とEllisが示す，先例のない，予期せぬ犯罪の展開を考察する際に（2006：159-161），彼らがこれら二人の著名なイギリスの社会理論家の研究に依拠していることは至当である．そこには探求されるべき明白で重要な課題と結びつけられるべき連関が存在している．しかしながら，その二つの理論は互いに幾分異なっているために，まずはそれらを分けて考察し，日本における状況に対しそれぞれのもつ意味を明らかにすることが有益である．次に，この吟味を通じて，その他の理論的問題を提示することになる．そしてこれらの二つの理論に立ち返るものとする．私の論証は三つの仮説の形で組み立てられることになる．

日本における犯罪への対応に関する三つの仮説

仮説1．モラル・パニック理論は，「統制の文化」（Culture of Control）理論によるよりも近時の日本における犯罪の展開をより妥当に説明できる．

　Cohenが説明するように（1980：9），モラル・パニックは独特の状況の下で現れる．脅威が適当な条件の下で引き起こされたとき，モラル・パニックは突然現れ，跡形もなく消えてしまうものにすぎない．Cohenはモラル・パニックを，常態が戻る前に，その直後の時期に大きな混乱を生み出す自然災害になぞらえている[1]．それゆえモラル・パニックは，ときに重要かつ永続的な影響を有するにもかかわらず，通常，つかの間の「社会的構築物」にすぎない．そのため，Cohenの分析はさらなる問題点を導き出す．どのような条件の下でモラル・パニックは発生し，どのような付随的な条件の下で，新た

な社会的な合意が制度化され，変更されるのか，ということである．しかし，Cohenによって古典的に公式化されたモラル・パニック理論の要点は，モラル・パニックを促進する社会的に構築された問題に対する観衆の反応のありように向けられている．

これに対してGarlandは，社会の物質的条件と構造的特徴における変容が，深刻かつ永続的な「統制の文化」を引き起こすと論証する（2001）．「後期近代社会は，暴力犯罪の顕著な増加と，ひどく抑圧的な制度的応答を用いることによって特徴づけられる」とGarlandは主張する．これらの現象は，伝統的な価値を掘り崩し，社会の構造を弱体化する「統制の文化」を生み出している．Garlandは問う．「犯罪を統制し，正義を実現する今日のあり方を生み出している社会的歴史的過程とはどのようなものか」と（2頁）．彼の回答には，おびただしい具体的で物質的な要因が含まれている．すなわち，熟練労働者階級の中産階級化であり，労働人口における女性の増加であり，家族の変容であり，非熟練者の雇用機会の減少であり，自動車所有の拡大であり，移動可能性の増大であり，放送マス・メディアの重要性であり，消費と消費者主義の風潮であり，不平等の伸長であり，広告業であり，戦後ベビーブームであり，より民主主義的な，あるいはいずれにしてもポピュリズムによって生じた要求と期待であり，政治的秩序であり，そして多くのその他の要因である．そのすべてが「後期近代の社会組織の全領域にわたって影響を与えているのである」(89頁)．

それゆえ，Garlandにとって「統制の文化」理論がモラル・パニック理論を逆にしたものであることに対し，Cohenにとってのモラル・パニックは（少なくとも彼の当初の公式化においては，Feeley and Simon (2007) を参照），自然発生的な事象への反応が社会統制の機関と道徳的権威によって増幅されたときに結果として生じるものなのである．後期近代の物質的な条件の劇的な変容のために犯罪が蔓延し，犯罪への不安（fear of crime）が広がるときにこのことが起こるのである[2]．浜井とEllisは同時に双方の伝統を包含することを望んでいるが，私が解釈するところでは，彼らの説明では，固定的な「統制の文化」を生じさせる条件についてのGarlandの分析よりも，Cohenのモラル・パニックについての記述の方がより明確に符合する．たしかに，浜井とEllisは日本の誇張された寛容さ——たとえば，国家と公衆が謝罪や償いや再統合を非常に信奉すること——が神話であることを暴き

だしている．そして彼らは，犯罪被害者の権利擁護団体の声がさらに強まることによって厳罰化政策への変容が求められていることを指摘する．しかしながら，これらの動向の意味はなお不明確であり，それはある時点が来るまで不明確なままである可能性がある．さらに，浜井とEllisが強調するように，刑事司法過程全般と同様に，警察と裁判所の態度の変化はごく僅かでしかない[3]．実際，重大犯罪は西洋と比べ非常に低水準であり，減少し続けており，犯罪不安の急激な増大は，劇的な大事件，とりわけ身の毛もよだつものであるが，個別的かつ例外的な犯罪によって引き起こされているように思われる．その劇的な大事件には，1995年1月の阪神・淡路大震災があり，そしてちょうど2カ月後に発生するオウム真理教による東京での地下鉄サリン事件がある．二つの事件は日本人にとってトラウマとなった．それらの事件は，一般人が非常に大きな事件に対しては対処の仕様がなく，いかに脆弱 (vulnerable) であるか，そして，政府がこれらの事件を予期し対応することにいかに軟弱 (weak) であるかを明らかにした．双方の場合において，日本の行政は完全に無防備さにつけこまれ，対応を開始しようとしたときには無能であるように思われたのである．とりわけ，阪神・淡路大震災への中央政府の対応の失敗はいまいましいものだった．中央政府は何をなすべきか考えあぐねていたが，民間組織は上手に救援活動を開始していた．この失敗への中央政府に対する長きにわたる批判によって，遂に法律上の変化がもたらされた．阪神・淡路大震災以前には極めて困難であったことであるが，今日では民間団体が法人格をもち，「公認された」NGOの役目を果たすことが非常に容易になっている[4]．同様に，サリン事件は，疑いなく，より積極的な被害者権利運動の関心を煽ることになった．そのような条件は，モラル・パニックの激情を煽るであろう，まさにCohenの理論が示す要因なのである．実際，二つの突然の事件の一つは，かつては自然災害であったが，この時点では「そのようなもの」ではなかったのである．もう一方の地下鉄サリン事件は，ある識者の言によれば「日本の9・11」なのである．それは日本が大規模攻撃に対して脆弱であるということを真剣に気づかせるものであった．そのような事件は永続的なモラル・パニックと思われるものを呼び覚ますのに十分なものであり，実際，モラル・パニック理論はこのように拡大しているのである (Feeley and Simon 2007；Simon 2007を参照)．なお，モラル・パニック理論は，「統制の文化」理論の説明においてGarlandによって強調された諸

要因とは異なる要因を同定する傾向にある．モラル・パニック理論は，社会科学に対し現象学的な手法に基盤を置いている．それは，現実との均衡を失した危機を理解することに依拠した社会構築主義者の説明である．これとは対照的に，Garlandの「統制の文化」理論は，物質的な条件と関係している．それは，高い犯罪率であり，理にかなった恐怖であり，厳しい反作用であり，伝統的な社会統制の制度を掘り崩す異常な社会的条件なき一連の破壊力である．Cohenとモラル・パニック理論にとって，そういったものが多かれ少なかれ永続的に制度化されたとしても，それは劇場，不必要な劇場なのである．Garlandにとっては，それは確立した社会秩序の「衰亡（decline and fall）」の始まりを示す，変容する物質的条件なのである．二つのアプローチは，確かに互いに全く正反対なのではない．しかし，それらは互いに重大な争いのある異なる理論的伝統に由来するものである．Cohenのアプローチは，Emil Durkheim, Edmund Husserl, Erving Goffman, そしてHowie Beckerの研究に依拠している．Garlandのそれは，Marx, Max Weber, そしてEdward Shilsである．それゆえ，私はそれらを二者択一的な理論枠組みとして取り扱うことは有益であると考える．そして，浜井とEllisが整理した根拠を通じて考察するならば，日本における刑事司法のあり方についての最近の他のレヴィジョニストの説明と同様に，その知見はGarlandの「統制の文化」理論よりもCohenのモラル・パニック理論の方がより矛盾がないように私には思われるのである．

　しかしながら，私はこのことを最終的な「真実」ではなく，将来の研究を導き，重要な現在の変容についての原因となる背景要因を同定することに有用な仮説として提示することに重きをおくものであり，それは日本の刑事司法過程の性質とあり方に関し，疑いなく，一般に認められた通念の多くを完全に再考させることになるだろう．

　次の二つの仮説は，密接に関連しているが，明らかに犯罪学よりも政治科学に深く根ざしている．第一のものは，社会についての自己意識の政治的再形成を含むものであり，もう一方は強靭な国家と軟弱な国家の古典的な区分に近づくものである[5]．

仮説2．貴族政治と階層制の歴史的遺産を有する近代民主主義は，平等主義と階層制の遺産をもたない近代民主主義よりも，より穏健な刑罰制

度を有しがちである．それゆえ，貴族政治と階層制の伝統を有する社会のように，日本はより穏健な刑罰を有し，アメリカやイギリスよりも，より大きな尊厳を犯罪者に与える可能性がある．

　この仮説は，歴史家James Whitmanの研究 (2003)，そして彼のヨーロッパ（フランスおよびドイツ）とアメリカにおける刑罰の比較歴史研究から直接導かれたものである．その研究において，刑罰に対する社会のアプローチは，その社会の過去の理解の方法に深く根ざしていると彼は論じている．ヨーロッパ，とりわけドイツとフランスの社会とアメリカの社会を比較して，Whitmanはこのうえもなく皮相的な事柄を強調している．すなわち，封建主義，貴族政治，そして最近ではファシズムの歴史的遺産を有するヨーロッパが，犯罪者に尊厳を与え，赦しの可能性を提示する穏健な刑罰政策を行うことによって，こうした過去に応答する自己意識を有しているというのである．対照的に，自由と平等主義について急進的な伝統を有するアメリカは，厳しく，品位を損なう (degrading) 刑罰を科すことによって犯罪問題に応答している．一見して，これは矛盾することのように思われる．しかし，よく考えてみると，以下のような論理があるとWhitmanは論じている．

　（アメリカにおける）厳しい刑罰（とヨーロッパ大陸における非常に穏当な刑罰）を理解する鍵は，社会階層の伝統と刑罰の劣位化の力学の間の結びつきである．現代のアメリカの刑罰は，ヨーロッパ大陸における刑罰よりも品位を損なうものである．品位を損なうことに対する感受性（susceptibility）はアメリカの刑罰を厳しくさせるものの核心にある．そして，私たち（アメリカ人）の劣位化への感受性は，私たちに「貴族政治的要素」が欠如していることとまさに関係があるのである (7頁)．

　換言すれば，民主的な平等主義を志向して意識的に貴族政治の過去を否定する社会には，相対的に温和な刑罰が存在するのである．平等主義的な改革は，あらゆる人を貴族とすることを求めるものである．つまり，単に身分の階層を除く以上のものなのである．その改革は低い身分の者を貴族へと高めるのである．「かつての拘禁の『名誉ある』形態は『不名誉な』形態を排撃した．可能なかぎり，現在の大陸の刑事施設に入所している誰しもが貴族やその同類がかつて処遇されたように処遇され，品位と敬意のある処遇の規範が一般化するようになった」とWhitmanは記している (10-11頁)．こんにち，ドイツとフランスの刑事法は，理論と実務において，アメリカ人とイギリス人に

は理解しがたいやり方で個人を保護することに余念がないのである[6].

　対照的に，その草創期からアメリカは，平等かつ無階級の社会として構想された．アメリカよりも漸進的ではあるが，フランスやドイツを性格づける過去への意識的拒絶を伴わずに，イギリスの平等主義は出現した．たとえば，家柄のよい者と労働者階級中の「自由民のイギリス人」に対して差異のある刑罰を定めるイギリスの政策は，18世紀半ばまでにはほとんど消滅したのである（フランスやドイツにおいてはそのような政策は19世紀まで存続したのであるが，後にそれらは否定された）．さらにより顕著な平等主義的政策というものは，アメリカの植民地と共和制初期に育まれたのである[7].

　平等社会に転じた際，伝統的に階層的な社会は，こうした伝統が欠如しているか控えめであるアメリカやイギリスのような社会よりも，より穏健な刑罰を創り出し，より確固たる赦しの観念を採用し，有罪者により大きな尊厳を与えるとWhitmanは論じている．この奇妙な図式を彼は以下のように解説している．「ヨーロッパ人は階層社会の時代の記憶とともに生きており，歴史的に低い身分の者への刑罰に対して同じく嫌悪を感じている．ヨーロッパ人にとって，品位を損なう刑罰の賦科を許容することは，一般人が鞭打ち刑や切断刑やさらに酷い刑罰に怯えていた恥ずべき古い旧来の政体の世界に回帰することを許容することなのである」．(10頁) 対照的に，アメリカ人の側にはそのような記憶がない．「たとえば，ヨーロッパ人の懸念をなんら感じることなく，私たちは旧式なやり方で人前で恥をかかせることを復活させることができるのである．私たちにとって犯罪者に恥を与え，品位を損なわせることは，階層社会めいたものではないのである．私たちは，ヨーロッパ人がそうするように，不平等な実務として恥の付与と劣位化を考えてはいないのである」．(14頁)

　こうした同様の歴史的な記憶は，刑罰を科すときに個人的な要因を考慮したり，ときに恩赦を与えることについてのヨーロッパ人のより強い意思の説明ともなる．そのような実務は，アメリカの制度とは（相反するのでなければ）相容れないものであり，アメリカの制度は犯罪者に敬意をまったく払うことのないものである．アメリカにおいてはポピュリズム的な文脈と法的文脈の双方において，重罪犯人は「国家の奴隷」であり，「権利なき人格」であり，「市民的に死んだ者」なのである．ごく最近（1970年代から80年代）になってそのような言い回しは社会的に受け入れがたいために消滅したが（Feeley and Rubin 1998)，その影響は実務のなかで継続している．たとえば，事実上，受刑中のアメリカの犯罪者には選挙権がなく，ほとんどのアメリカの州はこのような諸権利を重罪犯人から永久に奪い去っている．近年，非常に品位を損なうと考えられたため何年も前に廃止された，被収容者を鎖で繋ぐ制度がいくつかの州では復活している．現代のヨーロッパ人の犯罪者の尊厳に対する関心と明確に対照的に，劣位化はアメリカの刑罰制度には残存しているのである．

　Whitmanの説明にかんがみて，階層制と貴族社会の長い伝統を拒絶し，平等で民主的な価値観を採用した社会である日本における刑罰の実務は，アメリカの刑罰実務よりもヨーロッパのそれにより近似していると思われる．私はその詳細を論じることについては日本の文化や歴史の専門家に任せることにするが，浜井とEllisの独自の研究とその一般的な図式は概してその主張を支持するものであると私は考える．それゆえ，第二の仮説となるのである．

仮説3．強靭な民主的国家は，軟弱な国家よりもポピュリズム刑事政策（Penal Populism）と厳罰化から免れている．それゆえ，強靭な民主的国家のように，日本はアメリカやイギリスよりも，ポピュリズム刑事政策に耐性がある．

　政治学者には，国家の「強靭さ」と「軟弱さ」の区別はすでによく知られており，公共政策上，それは非常にさまざまな差異を説明することに用いられている（Migdal 1998; Damaska 1991; Kagan 2001）．その差異とは以下のようなものである．強靭な国家は，社会の「理論」や良好な生活のヴィジョンを促進し，こうしたヴィジョンを実現する青写真を提供する．強靭な国家は「楽観主義で満たされている」．その使命は，社会の集合的目的を実現するという覇気ある目標を達成することである．それゆえ社会政策は，さまざまな利害を調整する過程以上のものである．それは理想の具体化であり，計画の現実化なのである．つまり，強靭な国家とは，能動的な国家（activist state）なのである．

　能動的な国家は競争を許容しない．最も包摂的な社会制度のように，その国家は良好な生活を促進することに責任を負っている．集合的な利益を犠牲にして偏狭な利害を求めるような他の諸制度に対して慎重である．それゆえ，教会，市民組織，労働組合，企業集団といったヴォランティア組織は疑い

のまなざしで見られている．それらのまさに存在そのものが国家の自律性と市民的徳目への国家の関与を脅かすのである．よって，強靱な国家とは粗暴な市民社会に抗するのである．

　対照的に，軟弱な国家は，良好な生活について支配的なヴィジョンをもたない．しかし，軟弱な国家は「失敗した」国家や，自国の問題を片付けることのできない国家と混同すべきではない．すなわち，成功した軟弱な国家とは，反作用的で，市場拡張型の国家である．その任務は，ブローカーの利害衝突を調整し，私的な利益が高められるように秩序をまとめることである．理想的な軟弱な国家とは，「最良の政府は最小の政府」というAdam Smithの観念や，Milton Friedmanの「警察国家(policemen state)」を体現するものであり，それは理念的には，国防，国内治安維持，契約の履行といったわずかなもののみに，政府に基本的な責任を与えることを限定するものである．アメリカほど非常に名高い近代の軟弱な国家は他にはない．その擁護者は，脱中央集権化，断片化，開放的な政党，予備選挙，利用しやすい官僚制など，アメリカの統治過程の多くの特徴を指摘する．そのような特徴は，政府が応答的であることや民主的な説明責任を容易にし，応答性の鈍い専制的な政府を防ぐものであると論じられている．Arthur Bentleyの利益団体の理論についての研究(1908)やTruman(1953)とDahl(1961)の研究に基づくアメリカの多元主義的な政治理論は，そのような信念を補強するものである．

　実際に，強靱な国家と軟弱な国家においては，民主主義の理論についてまったく異なる二つの伝統がある．北欧の強靱な民主主義は，統制のとれた政党制度，責任ある立法府，議会制度，独立して専門的な公務員制度などが必要であるという信念に依拠している．これらの構造的な条件が実施されることで，政策は決定的なものとなりうる．選挙は明確な選択肢を創出し，選挙による多数派は決然と行動しうるのである．そして，それが実行されると，政策は権威的に執行されうるのである．軟弱な民主主義の理論は，異なっている．その理論は，そこに到達することは最終的には困難であるが，政府の制度は利害を有する諸個人や団体に開かれ，利用しやすい，参加が容易な(porous)過程が構想され，実際に実施されている．政党には参加制限がなく，訓練を積むことを必要とせず，立法者は有権者に対して応答し，立法は延々たる駆け引きと妥協を伴う開かれた過程において実現される．そして，結局それはなお裁判で異議申し立てがなされうるものなのである．

犯罪対策に関しては，強靭な民主的国家と軟弱な民主的国家の間の差異は顕著なようである．北欧のように，強靭な国家においては，政策立案者は「専門家」であることが多く，犯罪対策を設計し，施行し，執行する際には相当な自律性を行使することができる．彼らは強力な権限があり，決然と行動する能力を有しており，世間の圧力からその政策を守る技能と法的要件を備えている．アメリカやイギリスにおけるように，軟弱な国家においては，犯罪対策はポピュリズム刑事政策（Penal Populism）によって形成されている．専門家でない立法者が政策を策定する．その政治過程は，反作用的であり，世論に敏感であり，利益団体に応答し，移ろいやすい公衆の激情に影響されやすいのである．執行者は，――アメリカの各州において選挙で選ばれ，実力によって選任されるのではない裁判官と検察官でさえ――専門家としての自律性と自身の意思を肯定する威信のいずれをも欠いているのである．

　以上のことから，私の第三の仮説の原理的な説明は明白であろう．すなわち，強靭で能動的な国家は，軟弱で反作用的な国家よりもポピュリズム刑事政策に影響されにくい．その能動的な使命に矛盾することなく，強靭な国家は刑事司法過程について，刑罰に関する哲学を伴う十分に練られた理論と，決然と行動し，少なくとも世間による干渉と立ち向かいうる強力な権限を有する官僚を通じてこのヴィジョンを実行する能力を有していることが多い．対照的に，支配的な公共哲学に基づかない軟弱な国家は，世間の雰囲気の変化により影響を受けやすいのである．それらはポピュリズム刑事政策や，強靭な国家における政策立案者が抗することができる，継続的でときに無定見な圧力に応答しがちである．政策を考案することとそれを執行することの双方において，名目上の専門家は，ときに世間一般の意思に従わなければならないのである．

　もちろん，この第三の仮説は，日本が相対的に，比較的軟弱な市民社会の制度を有する「強靭な国家」であるという前提に依拠している[8]．このことは世論にいかなる役割も与えないということではない．明らかに，民主主義において公衆の意思は，実行すべき政策課題を設定するうえで重要である．しかし強靭な国家においては，政策を考案し，それを実行する際，市民社会の制度を通じた公衆の役割は比較的限定されている．市民社会の諸制度が新たな政策をうまく形成しているところでさえ，この政策を遂行し，実行する際には主要な役割を果たさないことが多いのである．これは行政官に定め

られた役割なのである．たしかに，日本における検察官の意思決定に関するJohnsonの先駆的な著作（2002）は，実働する強靭な国家における行政官についての素晴らしい記述であると私は考える．

たしかに，浜井とEllisは，この仮説に合致しないかもしれない動向を指摘しており，注目すべきことには，被害者権利擁護団体の出現と影響を指摘している．しかし，もし仮に私が正しければ（そして，上手く表現できるのであれば），政府がこれらの集団に卑屈に追従しているように見える事実にもかかわらず，これらの集団は僅かな影響力しか有していない．検察官や裁判官を含む政府の官僚は，そのような活動家の集団がたいてい同意するような，怒りを和らげ，中和しさえするさまざまな手法を有している．日本のリベラルな法律関係の活動家は，まさしくこのように政府当局に用いられてきたという長い歴史がある（Miyazawa 1991; 1999）．日本弁護士連合会は，活動する能力をひどく限定されることで，一貫して政府当局によってその活動を阻まれてきたのである．実際，阪神・淡路大震災後の批判の結果として，政府は法人格付与に関する法規を劇的に自由化したのであるが，NGOはなお，効果的に組織することがほとんど不可能なようである．表向きは，脱税への懸念から，法が寄付による控除を許容しているにもかかわらず，財務省の官僚は，個人がNGOに対して租税控除申告することを不可能にしている．要するに，新たな保守的な法律と秩序志向の集団が上手くやっていくことを考えるための理屈はないのである．日本の政府当局と被害者権利擁護団体の間の協働事業に関する京明の興味深い研究（2006）は，私の懐疑論を裏付けるように思われる．日本の法務省は，アメリカのそれと違い，強力な権限を有しており，実際，刑事司法行政の点に関しては比較するものがない．アメリカの刑事司法制度は，非常に細分化されているのである．

むすび

本稿は，国際的に高く評価されている日本の刑事司法制度について一般に認められている通念に異議申し立てする，重要で新たな研究を探究するものである．実際，この新たな研究によって，日本の犯罪と刑事司法過程に関する主要な説明を見直す者に何らかのものを与えることになる．この新たな，そして継続する研究の真価の一つは，ともかくも西洋の研究者が位置づけた

基礎付けから日本を切り離すということである．この新たな学識は，日本の不可思議さについて語るようなものではなく，その代わりにそれをより淡々と，比較研究の視点で扱うものである．浜井とEllisは，日本における犯罪とその対策についての展開に関する刺激的な新たな知見を提示し，比較研究の視点からそれらを考察するために私たちを招待した．私は，日本における犯罪と刑事司法過程についての学識が比較研究の視点で探究され，かつ永続的で重要な理論的枠組みに基づくことが可能となることを示すことで彼らの招待に応えた．正直なところ，いくつかの理由によりこれはリスクを伴う作業である．浜井とEllisやその他の者が同定した傾向は，すべて比較的最近の起源のものであり，私が提唱する比較研究や理論分析は長期間の傾向の分析が必要なのである．さらに，犯罪率の変容，犯罪への対応，そして新たな犯罪対策の採用の原因と結果が，解明することが困難なものであることは周知のとおりである．日本も例外ではない．日本の刑事司法過程についての比較研究と理論研究の双方を活性化することを求めて，私は三つの仮説を提示した．しかし，私が大胆な仮説を提示したとしても，本当に新しい展開は何であるかを私たちが調査をする際に，何が求められているか，そしてどのように進めるべきかということについて示唆するように，私はそれらを注意深く提案することとなった．私の仮説が最終的に日本で認められることについて自信がない．しかしながら，これらの仮説に影響を与える一般的かつ包括的な理論的関心の観点から，日本の犯罪を比較の手法によって評価することが有益であるということに私は自信をもっている．

[注]

1 Cohenの理論に独特である青年労働者階級に関する分析は，モラル・パニックの多くが短命な性質であることを示すものである．彼の著作の第2版が刊行される時点までに，「モッズとロッカー」のモラル・パニックは消滅し，無論，彼が繰り広げた理論は犯罪学理論の中核の一部分で生き続けているが，彼の研究はある種の歴史的分析になったのである．

2 もちろん，その二つの理論は両立可能なものとして解釈されうるし，モラル・パニック理論のその後の一定の展開はまさにこの点を論じているのである．しかしながら，私は，二つの理論がもたらされた相異なる理論的伝統に着目して，それらを峻別することに価値を見出すのである．以下の論証を参照のこと．

3 もちろん,このことすべては,浜井とEllisがすでに認めていることを単に支持するものである.たしかに,彼らは,彼らの知見が日本にとっての「統制の文化」理論の仮説を検証することに固執していない.「その展開といったものが,日本が,アメリカやイギリスのような他の先進国に倣い始め,世論による厳罰化に移行しつつあることを示唆する」ことについての観察による分析で締めくくっている点において,せいぜい,彼らはそのような意見をそれとなく言っているのである(2006: 175-176).

4 しかしながら,典型的な場合,一度この手の法律が制定されると,政府は「望ましい」市民社会の団体の数の結成を制限する他の方法を見出してきた.それゆえ,その法律は,あたかもNGOを助長するようにみえて,これを困難にさせるように管理されることになるのである(Feeley and Miyazawa 近刊).

5 一つめの仮説はJames Whitmanの重要な著作である『Harsh Justice』(2003)に直接由来する.それは,「後期近代」を経験する社会の共通の特徴について焦点を合わせる現代の社会学的分析を修正し,これに代えて,異なる社会がその過去についての示差的特徴を理解する方法を描く,より歴史的に不確定な研究を引き受けなければならないことについて論証することを強いるものである.

6 たとえば,Whitmanが考えた相違の種類の端的な事例については,van zyl Smit and Duenkel (2007)参照.彼らの論文で,アメリカの裁判所によって採られる刑事施設拘禁の条件に関する憲法適合性についての裁判所のレビューにおける相対的に決断力に欠けるアプローチと,ドイツの憲法裁判所によって採られるより詳細で積極的なアプローチが対比されている.

7 このことはWhitmanの説明が重大な問題ではないということを述べるものではない.多くのレビュワーは,ほとんどのアメリカの犯罪学者が,アメリカにおける犯罪対策を説明するために中心的に考えてきた多くの課題について彼が取り組むことに失敗したかどで咎めたてている.彼らのなかで最も重要なことは,人種に関するアメリカの経験である.さらに,Whitmanはアメリカ南部についての区別を対比していない.すなわちそれは,最も著しい「貴族的な」伝統を有する地域であるが,総じて,最も厳しく,品位を欠く刑罰を科す地域でもある.多くの犯罪学者たちは,地域と人種の問題を結び付けている.Whitmanはこの論点については完全に沈黙している(Zimring 2005参照).さらに,アメリカとヨーロッパの宗教性の程度の相違,とりわけアメリカのとあるプロテスタントの集団の清教徒的な傾向が,犯罪者の処遇に関する相違と結びついていると主張する犯罪学者もいる.結局,ファシズムの悲劇的な経験を理解することなしに,人はヨーロッパの刑罰政策を理解することができないと論じる者もある.

これらの問題でも同様に，Whitman は沈黙している．これらは重大な怠慢である．しかしながら，彼が焦点化した他の要因についての分析は，それらのことによって全般的に害されるものではないと私は主張したい．

8　Garland のポピュリズム刑事政策と「統制の文化」に関する主要な例がアメリカ，すなわち典型的な「軟弱な国家」であることは驚くに値しないのである．

［文献］

Bayley, David H., 1991, *Forces of Order: Policing Modern Japan*, Berkeley, CA: University of California Press.

Bentley, Arthur F., 1908, *The Process of Government: A Study of Social Pressures*, Chicago: University of Chicago Press.

Braithwaite, John, 1989, *Crime, Shame, and Reintegration*, Cambridge, UK: Cambridge University Press.

Cohen, Stanley, 1972, *Folk Devils and Moral Panics*, London, UK: Mac Gibbon and Kee.

Dahl, Robert A., 1961, *Who Governs?: Democracy and Power in the American City*, New Haven, CT: Yale University Press.

Damaska, Mirjan R., 1991, *The Faces of Justice and State Authority: A Comparative Approach to the Legal Process*, New Haven, CT: Yale University Press.

Feeley, Malcolm M., 2003, "Crime, social order, and the rise of neo-Conservative politics," *Theoretical Criminology*, 7, pp: 111-130.

Feeley, Malcolm M. and Edward L. Rubin, 1998, *Judicial Policy Making and the Modern State: How the Courts Reformed America's Prisons*, New York: Cambridge University Press.

Feeley, Malcolm M. and Jonathan Simon, 2007, "Folk Devils and Moral Panics: an appreciation from North America," in David Downes *et al.* (eds.) *Crime, Social Control, and Human Rights: From Moral Panics to States of Denial: Essays in Honor of Stanley Cohen*, Devon, UK: Willan Publishing.

Foote, Daniel H., 1992, "The Benevolent Paternalism of Japanese Criminal Justice," *California Law Review*, 80, pp: 317-390.

Garland, David, 2001, *The Culture of Control: Crime and Social Order in Contemporary Society*, Oxford, UK: Oxford University Press.

Hamai, Koichi and Tom Ellis, 2006, "Crime and Criminal Justice in Modern Japan: From Re-Integrative Shaming to Popular Punitivism," *International Journal of the Sociology of Law,* 34, pp:157-178.

―― 2008, "Japanese criminal justice: was re-integrative shaming a chimera?", *Punishment & Society,* 10(1), pp: 25-46.

Haley, John, 1991, *Authority without Power: Law and the Japanese Paradox,* New York: Oxford University Press.

Johnson, David, 2002, *The Japanese Way of Justice: Prosecuting Crime in Japan,* New York: Oxford University Press.

―― 2007a, "Criminal Justice in Japan," In Daniel H. Foote (ed.) *Law In Japan: A Turning Point,* Seattle and London: University of Washington Press, pp: 343-383.

―― 2007b, "Crime and Punishment in Contemporary Japan," In Michael Tonry (ed.), *Crime, Punishment, and Politics in Comparative Perspective, Crime and Justice: A Review of Research,* Volume 36, Chicago and London: The University of Chicago Press, pp: 371-423.

Kagan, Robert A., 2001, *Adversarial Legalism: The American Way of Law.* Cambridge, MA: Harvard University Press.

Kyo, Akira, 2006, "The Victim Support Scheme in Japan: A Legal Perspective," *Corrections and Rehabilitation Research Center Journal,* 3, pp: 150-158.

Leonardsen, Dag, 2006, "Crime in Japan: Paradise Lost?" *Journal of Scandinavian Studies in Criminology and Crime Prevention,* 7, pp: 185-210.

Migdal, J., 1998, *Strong Societies and Weak States: State-Society Relations and State Capabilities in the Third World,* Princeton, Princeton University Press.

Miyazawa, S., 1991, "Administrative Control of Japanese Judges" In P. Lewis (ed.), *Law and Technology in the Pacific Community,* Boulder, Westview Press.

―― 1999, "Lawyering for the Underrepresented in the Context of Legal, Social, and National institutions: The Case of Japan" In L. Trubek and J. Cooper (eds.), *Educating for Justice around the World: Legal Education, Legal Practice, and the Community,* Aldershot, Ashgate.

―― 2008, "The politics of increasing justice punitiveness and the rising populism in Japanese criminal justice policy," *Punishment & Society,* 10(1), pp: 47-77.

Research and Training Institute of the Ministry of Justice, 2001, *White Paper on*

Crime 2001, Tokyo: Ministry of Justice.

Schwartz, Frank and Susan Pharr (eds.), 2004, *The State of Civil Society in Japan*, New York: Cambridge University Press.

Simon, Jonathan, 2007, *Governing Through Crime*, New York: Oxford University Press.

Smit, Dirk van zyl and Frieder Duenkel, 2007, "The Implementation of Youth Imprisonment and Constitutional Law in Germany," *Punishment & Society*, 9(4), pp: 347-369.

Whitman, James, 2003, *Harsh Justice: Criminal Punishment and the Widening Divide between America and Europe*, New York: Oxford University Press.

Zimring, Franklin, 2005, "Path Dependence, Culture, and State-level Execution Policy," *Punishment & Society,* 7, pp: 377-384.

翻訳：藤井 剛

本書に寄せて　Penal Populism に関する一考察

David Garland（デイビッド・ガーランド）
ニューヨーク大学

抄訳に代えて（浜井浩一）

　以下，Garland のコメントの骨子を筆者なりに解釈し，要約する．
　Penal Populism（ポピュリズム刑事政策）という言葉は，最近 10 年間，犯罪学者の間で頻繁に使われるようになってきたが，その意味するところは，それほど明確ではなく，その使い方も犯罪学者によって少しずつ異なっているようにも思える．Penal populism という言葉には経験的，概念的，規範的なものが詰め込まれている．そして，メディア，世論，政治的リーダーシップなどの関係が複雑に絡み合い，刑事政策を策定する過程における刑事司法の専門家と社会感情のバランスのあり方を問題とする．
　犯罪学の分野において Penal Populism は，刑事政策が，専門用語を操る専門家の手から常識的な言葉で訴える世論の手に委ねられていく現象を意味し，否定的な文脈で使われることが多い．しかし，Penal Populism 自体は政策ではなく，政策を議論する方法であり，現状では，結果として厳罰化を志向しているに過ぎない．理論的には，厳罰を志向しない，犯罪者に寛容な Penal Populism というものもあり得る．つまり，厳罰化は Penal Populism から必然的に導き出されるものではないということである．そして，Penal populism は，市場主義的メディアを持つ民主主義社会の一つの特徴ですらある．
　そもそも厳罰化を求めるポピュリズム的言説は，これまでにも散発的に存在していた．ただ，最近は，そうした厳罰化を求めるポピュリズム的言説が大臣や国会議員に取り上げられるほど影響力を持つようになってきたということである．それは，それまで専門家によって独占されていた「犯罪者の矯正（改善更生）主義」とは対照的なものであった．つまり，Penal Populism には，歴史があるのであり，その分析には歴史的視座が必要である．20 世紀の刑事政

策は，量刑，仮釈放，保護観察，受刑者処遇などすべて市民の見えないところで，官僚組織化された専門家によって担われてきた．その中で世論は政策決定に支障をもたらす障害と見なされていた．しかし，そうした時代は終わりを告げ，現在では，刑罰は市民に公開され，メディアによって報道され，政治的な課題となっている．市民やその代表者はもはや専門家の判断を信用せず，その結果生まれたものが仮釈放を制限する「真実量刑（truth-in-sentencing）」などの厳罰政策である．

　このような変化をもたらしたものは一体何だろうか？　矯正主義が失敗だったというイメージ，政府への不信感，新自由主義，タブロイド的メディアの影響，犯罪被害者支援運動の影響などいろいろな仮説が考えられる．そして，こうした変化は，単なる表面的なものなのか，それとももっと深いところで進行している何かの象徴なのか？

　Penal Populismの変化を生み出す条件についての議論は，本質的に歴史的なものである．しかし，最近の国際比較研究などによって，Penal Populismの出現には，制度上の条件が影響を与えていることが明らかになってきた．つまり，政治体制や社会制度の違いによってPenal Populismの現れ方が異なるのである．Penal Populismは，いくつかの社会でたまたま同時発生したものか，あるいは底流に何らかの根があるのか，その探求は始まったばかりであるが，そこには歴史的な視点や国際比較的な視点が不可欠である．

　Penal Populismは，特定の団体やメディアによる世論誘導によって生み出されたもので，厳罰化に強い影響力を持つとされるが，そのプロセスは十分に解明されていない．また，そもそも世論とは何か，政治家が世論をどのように理解し，解釈するのかというプロセスもよくわかっていない．犯罪学の分野では，Penal Populismは批判的に取り上げられることが多いが，犯罪学者自身が，Penal Populismにおいて影響力を失いつつあるリベラルな専門家なのであり，彼らの世界の中では，Penal Populismがなぜ好ましくないのかを説明する必要すらもないのである．しかし，刑事政策が犯罪統制の手段としてではなく，応報的正義によるモラルの問題として語られる今日においては，世論がなぜ専門家を支持しないのかを考えてみる必要がある．

　Penal Populismは，刑罰と民主主義の問題であり，そもそも単に死刑の是非を尋ねただけの世論調査の結果がはたして世論といえるのかなど，さらに深い探究が必要である．いずれにしても，歴史的に見て，専門家が刑事政策を独

占する時代は終わったと考えるべきであり,時計の針を戻すことはできない.市民から支持されない刑事政策は正当性をもたないであろう.

　刑罰を考える上で,Penal Populismは注目に値する現象であり,本書は,Penal Populismを国際比較の見地から検討した貴重な論文集である.

A Note on "Penal Populism"

David Garland

　"Penal populism", together with its near synonym "populist punitiveness", has become a familiar phrase over the last decade but its meaning and implications remain matters of contention among criminologists. Some regard penal populism as a significant and disturbing element in the contemporary criminal justice landscape, attributing to it a causal efficacy in bringing about a "new punitiveness", pointing to its spreading influence around the globe, and suggesting "countermeasures" that might limit its impact. Others remain unconvinced, viewing the concept as imprecise, its application as overly general, and its normative status as less clearly negative.

　In light of this dissension, it may be worth pausing to reflect on our use of this now-popular term. In this note I want to consider in more detail the phenomena to which "penal populism" alludes and to set out more precisely the issues it entails.

　The term "penal populism" condenses a whole series of empirical, conceptual and normative issues - issues that we have yet to address with the care and attention that they deserve. It poses questions about the relations between the press, the public, and political leadership - what they are and what they should be. It prompts us to consider the proper balance between professional expertise and community sentiment in the formulation of penal policies that have moral as well as instrumental dimensions. And it suggests empirical questions about the nature of "public opinion" and its changes over time; methodological questions about our means of taking its measure; and political questions about its proper status in the democratic process. Finally, it raises historical and comparative questions about the conditions under which penal populism comes to prominence and analytical questions about its effectiveness in shaping policy and practice. None of these questions are yet settled, and the authors in this book take up positions on different sides of these emerging debates.

What is penal populism?

Penal populism is a form of political representation that denigrates the views of professional experts and liberal elites and claims instead the authority of 'the people' whose views about punishment it professes to express. According to some commentators, populist forms of discourse are becoming dominant in the policy debates of many nations - hence the title of this issue: "globalized penal populism". Instead of attending to the views of experts and practitioners, legislators are said to take their lead from the long-suffering, ill-served people, above all from victims, whose preferences are said to be for more punitive measures. Where once public opinion operated as an occasional brake on policy initiatives, it is now said to function as a privileged source. Empirical research and criminological knowledge are downgraded and in their place is a new deference to the voice of 'experience', of 'common sense', of 'what everyone knows'.

Penal populism goes hand in hand with a politicization of policy-making and a reduction in expert control of the penal process. It entails a reversal of what Foucault referred to as the "declaration of penal independence", a curtailment of the power of professional decision-makers and an expansion of direct political control over penal matters such as sentence lengths, conditions of confinement, supervision, and decisions about release. It also involves a change in the emotional tone of the penal process, replacing the cool detachment of professional decision-makers with a more expressive emotivism that claims to communicate the sentiments of an aroused and often angry public. Finally, it involves an increased role for the popular media, which - in concert with populist politicians and high-profile victims -

represents itself as the voice of the people. Tabloid headlines and editorials take on an increased importance in the shaping of penal decisions, and penal measures are crafted to play well in the popular media. Political debate about punishment plays to the crowd instead of attending to criminological evidence or bowing to professional opinion.

How to think about penal populism?

Conceived in these terms, penal populism is not a policy, whether punitive or otherwise. It is, instead, a way of arguing for policy, a distinctive form of political discourse that claims to represent "the people" and is designed to appeal to popular audiences. This crowd-pleasing orientation presents policy measures in idiomatic, tabloid-friendly, image-conscious language - the "short, sharp shock", the "boot camp", "three-strikes", and "Megan's law." Penal populism typically moves penal law towards harsher, more punitive measures - to "populist punitiveness" - though it is possible to imagine populist policies that embrace more lenient policies if these happened to resonate with popular sentiments. (One might suggest, for example, that President Obama's announcement, on the first day of his new administration, that Guantanamo Bay detention camp was to be closed down - an announcement that offered no detailed discussion of the difficult technical issues involved - involved an element of populism, albeit a progressive populism.)

The connection between populist policies and punitiveness is thus a contingent rather than a necessary one. Indeed commentators sometimes suggest that the linkage between populism and punitiveness is based on a misreading of popular sentiment, which may be less harshly retributive than is suggested by superficial opinion poll data. And it hardly needs to be said that not all punitive policies are populist. Authoritarian rulers in non-democratic societies impose harsh punishments in complete disregard of public preferences. Penal populism is a characteristic of democratic societies and especially of democratic societies with a commercialized, competitive mass media.

What motivates penal populism?

What motivates penal populism? For most commentators the answer is simple: political expediency and opportunism. Populist positions are adopted by politicians in order to please an electoral constituency. Most criminological commentators regard populist policies with barely-disguised disdain - being experts themselves, and members of the "liberal elite", they view such policies as a professional and political affront. Hence the tendency to characterize populist policies as the cynical ploys of pandering politicians who care more about electoral advantage than about rational policy-development. One might note, however, that politicians (unlike criminologists) do not have the luxury of being able to disregard forcefully expressed public views. Indeed, on some versions of democratic theory, political representatives have an obligation to be responsive to their constituents' reasonable preferences. It is therefore conceivable that some populist policies are adopted in good faith because they accord with the expressed preferences of the median voter, and politicians regard it as their proper task to respond accordingly. (There are, it must be said, plentiful examples of the more cynical version of events: one thinks, for example, of the adoption of new capital punishment statutes by state legislators who privately admit that the new statutes are a crowd-pleasing gesture that will never result in anyone actually being executed.)

Under what conditions does penal populism emerge?

Populist discourse about punishment has probably always existed - at least as a minor current - wherever democratic institutions allow the general public a voice in penal policy-making. There has always been the occasional politician, or judge, or newspaper editor willing to embrace a populist stance and rail against "the establishment" in the name of the masses. What seems different today, at least to some commentators, is that this style of penal-political discourse has become much more prominent, and has been adopted not by mavericks and outsiders but by government ministers and state legislatures. And while it is an overstatement to claim that penal populism now dominates official penal discourse, it is easy to see why commentators might form this impression. What is striking about the penal populism of the last twenty years is that it stands in sharp contrast to the prior correctionalist era in which penological experts and professionals played a dominant role.

In other words, penal populism has a history. A marginal current in the penal-welfare period, it has moved to centre-stage in the culture of control that followed. What explains these developments? Explaining the first phase of this history seems relatively simple. The processes of professionalization, rationalization and bureaucratization that shaped criminal justice in the 20th century tended to empower trained experts and administrators. That power was further entrenched by the indeterminate sentencing regimes that accompanied correctionalism - regimes that allowed parole boards, prison wardens, and probation officers to control decisions about time served, treatment applied, and conditions of custody or supervision, and to do so in a manner that was relatively hidden from public view. In this period, considerations of public opinion were excluded to the degree possible, since the public was assumed to be a repository of punitive, retributivist views that had long since been discredited among penal professionals. For penal progressives, public opinion was an obstacle to good decision-making, not a necessary component of it.

That situation has now disappeared. Punishment has been brought out into the open, politicized, subjected to intense media attention, and increasingly controlled by legislatures. Discretionary powers are no longer allocated to behind-the-scenes decision-makers. The public and their representatives no longer trust penal professionals to make the right decisions. Judicial discretion in sentencing is curtailed by mandatory sentence laws; the parole board's expertise is rendered redundant by "truth-in-sentencing" polices.

Political actors have reversed the declaration of penal independence and taken direct control of punishment once again.

Why this unexpected reversal? The answer to this is more contested.

Did penal populism emerge because the reform of the indeterminate sentencing system prompted an unintended politicization of penal policy? Did it obtain traction because of the perceived failure of penal-welfarism and its expert-dominated system? Because of the collapse of trust in government? The rise of neo-liberalism? The new power of the tabloid media? Because of globalization? Because of a shifting axis of penal power? As a result of transient, contingent factors that may soon pass....? Choosing between these hypotheses depends, in part, on how we judge penal populism as a historical phenomenon. Is it a surface shift in political tactics or a more profound shift in public sentiment? Is the rise of penal populism merely a mutation in political discourse or does it express deeper changes in the collective experience of crime and the popular attachment to punishment?

Much of the discussion about the conditions under which penal populism arose has been historical in nature, pointing to temporal developments - the collapse of correctionalism, the rise of a victims' movement, increased fear of crime - and their impact on penal politics. But in recent years the turn to comparative analysis has made it clear that there are also institutional conditions that make the emergence of penal populism more likely in some national (or sub-national) polities than in others. Comparative studies of the different political and social institutions that govern penal policy formation in different countries strongly suggest that susceptibility to penal populism is a variable that is differentially distributed across political systems. The strength and authority of the civil service relative to the political branch; the relative strength and cohesion of political parties; the frequency and competitiveness of elections; the relative accountability of individual representatives; the character of the media - all of these have a bearing on the fate of penal populism, quite apart from the vicissitudes of crime rates, victims' movements and public fears. Comparative work is just beginning to trace these differences and ascertain their impact on penal policy-making, just as it is beginning to explore whether the "spread" of penal populism is primarily the result of policy transfer or of internal developments occurring in several societies simultaneously.

How to assess and evaluate penal populism?

Penal populism is often characterized as a political force of great effectiveness that has played a prominent role in moving penal practice in a more punitive direction. It is also characterized as having misrepresented public opinion, understating the nuanced and ambivalent aspects of collective penal sentiments and exaggerating their harsh, vindictive aspects. But these characterizations entail empirical claims that have not been fully demonstrated nor properly specified and differentiated. Some populist measures may have less impact on penal practice than is implied by the publicity that accompanies their introduction. Indeed, penal populism may be predisposed to gestural acts and "symbolic" legislation, since a primary concern is with audience effects rather than policy effects. (One thinks of the "three strikes" sentencing laws of many American states - other than California - which, despite the hoopla, have had little impact on the actual pattern of incarceration.) Of course, even where penal populism amounts to little more than discourse, it still has effects of a sort - denigrating expert opinion, affirming the sovereignty of public opinion, reinforcing a punitive disposition. But we should not confuse these with the wholesale transformation of penal practice.

Similarly, we still know very little about the processes by which political representatives construct their understanding of "public opinion" and translate this understanding into policy proposals. Given the methodological difficulty of accurately ascertaining and interpreting public views about the treatment of offenders, it is hardly surprising that politicians "distort" or "misrepresent" public sentiment. The question is, can we obtain more accurate information about public sentiments and can that information be used to contest political statements that are clearly inaccurate?

And what about the normative issues? Most commentators who talk about "penal populism" do so in a critical fashion. Indeed, in its current usage the phrase has only negative connotations. But as I noted above, most commentators are criminological experts who see themselves being displaced or liberals who associate populism with illiberal policies. Since their audiences are mostly other criminologists and other liberals, these writers rarely feel the need to defend their preferences. Nor do they explain why the public ought to defer to penological experts, especially in an era when penal policy is framed primarily as a moral question of retributive justice and not as an instrumental form of crime control. One or two progressive commentators draw back from openly condemning populism on the basis that we ought to trust the people, be skeptical of elites, and seek to engage ordinary people more fully in the process. But such views are a distinct minority.

Recently, though, we have seen the beginning of an informed debate about these political and moral issues and commentators are beginning to explore the relationship between democracy and punishment. As they do so, it quickly becomes apparent that "democracy" can be understood in several rather different senses, and is often in conflict with other values - such as liberalism - which are also held sacred in contemporary political culture. At the same time, we are seeing the beginnings of an effort to engage more seriously with "public opinion" about crime and punishment, with more in-depth explorations of public attitudes and the promotion of more deliberative styles of public discussion. Most informed commentators are skeptical about the value of the standard opinion polling techniques and the punitive attitudes that pollsters report, and seek instead to get at the more complex and ambivalent sentiments that deeper inquiries sometimes reveal.

Can penal populism be countered?

And what of possible "counter-measures"? If penal populism is a pathological politics as so many commentators imply, is there an antidote that will restore penal policy-making to its former health? Here, of course, the proper treatment depends upon the prior diagnosis. If punitive populist proposals are based on a misreading - willful or not - of public opinion, then a solution might be to counter this reading with more accurate information about what the public really thinks and feels. If populist proposals are accurate in their readings of public opinion, but that opinion is based on misinformation, then a solution might lie in educating the public and raising awareness about the facts of crime and criminal justice. (Governments have sometimes engaged in such projects - for example, when they have sought to counter exaggerated crime fears by educating the public about their risks of victimization. The results have rarely been impressive.) If public opinion is viewed as being unalterably and inappropriately harsh in its penal preferences then a solution might lie in attempts to insulate penal policy-making from popular influence, perhaps by shifting authority to expert panels (sentencing commissions, parole boards, Royal Commissions, advisory committees, etc.). The experience of recent decades, however, suggests that the era of government by experts is now over and it is hard to imagine it being re-introduced any time soon. And even were it practicable, such a solution would raise principled objections. In a democracy, political representatives are obliged to engage with public opinion and edify it where possible by means of education, information and deliberative debate. Policies that proceed in flagrant disregard of majority preferences need to be specially justified - for example by reference to constitutional or human rights and the necessary protections they entail. Without such engagement and the legitimacy it brings, counter-majoritarian measures will not survive the political and media scrutiny that they will sooner or later attract.

Penal populism then, is a phenomenon that should command our close attention. In this collection on globlized penal populism and its countermeasures, some of our most distinguished criminological authors reflect on its significance, its appearance in different nations, and its relationship to the patterns of penal practice that have emerged in recent years.

著者紹介：ニューヨーク大学教授．エジンバラ大学で法社会学の博士号を取得．専門は刑罰・統制の社会学など．英語圏における刑罰研究では最も引用される研究者の一人．主著に『The Culture of Control: Crime and Social Order in Contemporary Society』などがある．

▷著者・訳者略歴（掲載順）

Michael Tonry／マイケル・トンリー
ミネソタ大学教授．専門は犯罪学，刑事法学．シカゴ大学，バーミンガム大学，メリーランド大学を経て，元ケンブリッジ大学犯罪学研究所長（1999-2004年），元アメリカ犯罪学会会長（2006-2007年）を務めたほか，ライデン大学，ローザンヌ大学，マックス・プランク比較・国際刑事法研究所で客員教授を経験．主著に『Punishment and Politics: Evidence and Emulation in the Making of English Crime Control Policy』，『Thinking about Crime: Sense and Sensibility in American Penal Culture』，『Malign Neglect: Race, Crime, and Punishment in America』などがある．

John Pratt／ジョン・プラット
ヴィクトリア大学教授．専門は刑罰史，刑罰社会学．ロンドン大学で法学を専攻した後，キール大学とシェフィールド大学で犯罪学を修了．2000年および2002年にヴィクトリア大学優秀研究賞を受賞し，1997年から雑誌『Australian and New Zealand Journal of Criminology』の編集理事を務める．主著に『Penal Populism』や『Punishment and Civilization: Penal Tolerance and Intolerance in Modern Society』，『Governing the Dangerous』などがある．

David T. Johnson／デイビッド・ジョンソン
ハワイ大学教授．専門は法社会学．シカゴ大学で社会学を専攻の後，カリフォルニア大学バークレー校で法律学と社会政策の博士号を取得．2002年にAmerican Society of Criminology最優秀図書賞受賞．主著に『The Japanese Way of Justice: Prosecuting Crime in Japan』，『The Next Frontier: National Development, Political Change, and the Death Penalty in Asia』（共著）などがある．

浜井浩一／はまい・こういち
龍谷大学法科大学院教授．専門は犯罪学．早稲田大学教育学部卒業後，1984年に法務省に採用され，少年鑑別所，少年院，刑務所，保護観察所等の犯罪者処遇の現場のほか，矯正局，法務総合研究所，在イタリア国連犯罪司法研究所を歴任．臨床心理士．主著に『犯罪統計入門』（編著），『刑務所の風景』（いずれも日本評論社），『犯罪不安社会』（光文社新書，共著）などがある．

Tom Ellis／トム・エリス
ポーツマス大学刑事司法研究所主任講師．専門は犯罪学．イギリス内務省統計調査局研究官，在イタリア国連犯罪司法研究所研究官などを歴任．イギリス法務省人種統計委員会委員を務める．主著に『Improving race relations in prisons: what works?』，「Pachinko: A Japanese Addiction?」『International Gambling Studies』Vol.8 No.2,「Japanese Community Policing Under the Microscope」T.Williamson (ed.)『The Handbook of Knowledge-based policing: Current Conceptions and Future Directions』（いずれも共著）などがある．

Tapio Lappi-Seppälä／タピオ・ラッピ＝ゼッパーラ
フィンランド国立司法研究所所長．専門は法社会学と犯罪学．法務省の上級立法顧問として，フィンランド刑法改革推進委員会理事や未成年者処罰制度改革委員会副会長などを歴任．主著に『Cross-Comparative Perspectives on Penal Severity: Explaining the Differences in the Use of Imprisonment』，『Crime and Justice: A Review of Research』(共著) などがある．

宮澤節生／みやざわ・せつお
青山学院大学教授．専門は法社会学・犯罪社会学．イェール大学で社会学博士号 (Ph.D.) を取得，北海道大学で法学博士号を取得．1993年にAmerican Society of Criminology, Division of International Criminologyの最優秀図書賞受賞．犯罪社会学関係の著書・編書として，『犯罪捜査をめぐる第一線刑事の意識と行動』，『Policing in Japan』，『Japanese Adversary System in Context』などがある．

Malcolm Feeley／マルコム・フィーリー
カリフォルニア大学バークレイ校教授．専門は法社会学．2005年から2007年まで法社会学会会長 (the Law and Society Association) を務める．『Punishment & Society』編集代表．1992年に『The Process is the Punishment』で司法に関する優れた作品に贈られるアメリカ法曹協会Gavel賞を受賞．主著に『Judicial Policy Making and the Modern State』ほか多数ある．

◆◆◆◆◆

布施勇如／ふせ・ゆうすけ
龍谷大学矯正・保護研究センター嘱託研究員，記者．主著に『アメリカで、死刑をみた』(現代人文社)，共著に『京都 影の権力者たち』(講談社，講談社＋α文庫) などがある．

本田宏治／ほんだ・こうじ
龍谷大学矯正・保護研究センター博士研究員．主著に，「ドラッグ問題に対するリスク社会論的考察――ハーム・リダクション政策の権力構造を焦点として」『犯罪社会学研究』31号，「わが子をドラッグ使用者として語り続けることへの逡巡」『家族社会学研究』20巻1号などがある．

桑山亜也／くわやま・あや
龍谷大学矯正・保護研究センター嘱託研究員，同大学大学院研究生．共著に『刑務所改革のゆくえ』(現代人文社)，『拷問等禁止条約をめぐる世界と日本の人権』(明石書店) などがある．

平井秀幸／ひらい・ひでゆき
日本学術振興会特別研究員．共著に『若者の労働と生活世界』(大月書店) などがある。

藤井　剛／ふじい・つよし
龍谷大学法学部非常勤講師，同大学矯正・保護研究センター嘱託研究員．共著に，『犯罪統計入門』(日本評論社)，『更生保護制度改革のゆくえ』(現代人文社) などがある．

編者紹介：日本犯罪社会学会について

日本犯罪社会学会は，1974（昭和49）年に設立され，学術大会の開催，学会機関誌「犯罪社会学研究」の刊行，国際交流など，犯罪・非行問題について研究活動を行っており，大学・各種研究所等に所属する研究者，裁判所・刑務所・少年院・少年鑑別所・保護観察所・中学校や高等学校等に勤務する実務家たる研究者など，現在450名を越える会員を擁しています．また，会員の研究分野は，犯罪社会学や刑事学の基礎理論，犯罪・非行問題の調査研究をはじめとして，犯罪・非行問題に関わるあらゆる分野・領域にわたっています．
（学会ウェブサイト　http://hansha.daishodai.ac.jp/action/index.html）

グローバル化する厳罰化（かげんばつか）とポピュリズム

2009年4月1日　第1版第1刷発行

編　者	日本犯罪社会学会編（責任編集：日本犯罪社会学会編集委員長　浜井浩一）
発行人	成澤壽信
編集人	桑山亜也
発行所	株式会社 現代人文社
	〒160-0004 東京都新宿区四谷2-10 八ッ橋ビル7階
	Tel　03-5379-0307（代）　Fax　03-5379-5388
	E-mail　henshu@genjin.jp（編集）　hanbai@genjin.jp（販売）
	Web　http://www.genjin.jp
	郵便振替口座　00130-3-52366
発売所	株式会社 大学図書
印刷所	株式会社 ミツワ
装　丁	Malpu Design（長谷川有香）

検印省略　Printed in JAPAN
ISBN978-4-87798-410-6 C3036
©2009 by Japanese Association of Sociological Criminology

本書の一部あるいは全部を無断で複写・転載・転訳載などをすること，または磁気媒体等に入力することは，法律で認められた場合を除き，著作者および出版者の権利の侵害となりますので，これらの行為をする場合には，あらかじめ小社または編者宛に承諾を求めてください。